未开放的故宫

陈连营 张 楠／编著

人民出版社

目　录

前　言

　　紫禁城作为明清两代的皇宫，恐怕是中国最具吸引力和知名度的地方之一，原因就在于，在长达500年的历史中，它是中国的政治权力中心，有无数帝王将相在这里演绎权力博弈，500年间几乎所有历史大事，都可以在这里找到源头；它又是天之骄子——皇帝及其家人这样一群世上最尊贵、最神秘的一家人的居所，演绎了明武宗与刘娘娘、顺治帝与董鄂氏的浪漫情爱，有明嘉靖皇帝在乾清宫里遭遇的意外惊魂，更有慈安皇太后、光绪皇帝及其珍妃的神秘死亡……

　　经历过600年的历史沧桑，紫禁城的几乎每一座宫殿、每一座院落、每一处山石，甚至每一口水井、一床一案，都有一段不同的经历，引人入胜，发人深思。因此，可以说，由能工巧匠和艺术家们所建造的这些巍峨宫阙、朱红高墙、御苑琼台，不仅体现着东方建筑艺术的最高成就，而且蕴藏着极为丰富的历史文化信息。

　　宫内的规章典制、宫廷建筑以及皇帝的日常起居和后妃的宫闱生活，也是人们想要知道的问题。这里还曾经进行过历史上最大规模的文献整理工作，举世闻名的《四库全书》就是在这里编纂完成的。

　　这里的收藏品，不仅有汉民族的文化创造，还包括大量的各民族文物，全面记载着我们这个统一多民族国家形成的真实历史，成为中华民族共有的最宝贵的文化遗产。

　　这里还保留着明代以来世界各国流传到中国的工艺品、科学仪器、艺术作品，是中国人民与世界各国友好交往最直接的物证。因此，对国内外人士来说，它既是了解中国传统文化、风俗习惯的窗口，又是寻找历史记忆和慰藉历史情感的地方，也因此拥有着无穷的魅力。

　　而对于笔者来说，还有另外一份情感在里

从景山南望紫禁城

面。那就是，作为一个历史工作者，一个研究明清历史20多年的历史爱好者，第一次零距离接触故宫的一切，自然多了一些感动和震撼。那是一种既新鲜又熟悉、既陌生又亲切的感觉。因此，自18年前进入故宫博物院工作以来，我们一直怀着一种敬畏、一种渴望的心情，急切地寻觅着紫禁城的一切，也实地了解到一些不为人知的往事。这是一种莫大的幸运！

随着对紫禁城了解的不断深入，想写一本书的愿望日益强烈，一是感觉到现有图书的鱼龙混杂、道听途说，非常有必要给读者提供一个了解真实故宫的窗口。因此，我们希望通过对故宫历史进行一番梳理后，能够提供这样的窗口。再者就是希望读者与我们一起分享发现的快乐。原因有二：一是偌大的紫禁城，院落众多，且没有全部开放，无论是观众还是故宫工作人员，真正能走进其各个角落、了解其全貌者毕竟有限，因而有全面介绍的必要；二是紫禁城不仅仅拥有富丽堂皇的瑰丽建筑，更拥有大批艺术珍品和具有丰富历史文化信息的文物、证物，还有说不完道不尽、隐藏在文物背后的传奇历史故事。本书虽定名为《未开放的故宫》，但为了便于读者全面了解故宫，还是将目前已开放和未开放的部分全部收录其中。

本书的特点就在于：真实、准确地讲述紫禁城的建筑沿革、曾经在此活动的风云人物、曾经在此发生的重大历史事件，以及留存其中的丰富文物收藏，相关的传统文化知识，等等，从而让读者能够相对全面地认识故宫所具有的独特文化价值。

一　紫禁城概说

（一）

如果您经常乘坐飞机旅行，经常来往于北京上空，并且仔细游览过故宫博物院，您一定会对北京市中心那一片金碧辉煌的宫殿建筑群留下深刻的印象。那一座座红墙黄瓦的宫殿建筑，蕴涵了那么多的政治理念和传统文化内涵，建筑技术又是那么精美绝伦，那众多的宫、殿、楼、阁、亭、榭、厅、堂、廊、厦、门、庑规划得如此严谨，以至于让人感觉这一庞大的建筑群并不显得拥挤，而是起伏错落、疏密有致，简直就是巧夺天工！从而发出对中国传统宫殿建筑艺术辉煌成就的由衷赞叹。

北京故宫又被称作紫禁城、宫城，是中国封建社会最后的两个王朝明、清两代的皇宫。明代第三位皇帝朱棣在继位后的第四年即开始肇建北京宫殿，永乐十八年（1420年）建成。明清时期，先后有24位皇帝在这里居住。在紫禁城的高墙深宫内，演绎了帝王的统治、盛世的辉煌，以及最终走向

衰亡的历史。1911年10月，辛亥革命爆发，1912年2月12日，隆裕皇太后在无可奈何的哭泣声中，颁布退位诏书，中国封建社会最后一位皇帝，年仅6岁的溥仪退位。经历了492年的风风雨雨，紫禁城结束了它作为帝王宫殿的历史。

紫禁城占地78万平方米，有房屋8000余间，建筑雄伟壮观，气势恢宏，是我国现存规模最大、保存最完整的宫殿建筑群。这座宏伟的宫殿，在明清时期既是帝王统治国家、日理万机的政治中心，也是其庞大的家庭成员居住、休息、娱乐以及进行其他许多活动的地方，因此包括有议事听政、接见使臣、发布重大政令、举行庆典，以及寝宫、藏书、戏台、花园、佛堂等具有吃、穿、用、行、娱乐等众多服务设施的建筑物。这座宫殿集中体现了中国宫殿建筑的空间布局、建筑造型、装饰艺术，承载着中华民族几千年古老文化的丰厚积淀。踏进紫禁城，它的凝重沉稳、壮丽辉煌，独具魅力的皇家气派，震撼着每一个人的心，给人们留下的是深深的思考和不尽的遐想。

溥仪退位后，根据《清室优待条件》，被允许"暂居宫禁"

的内廷。1913 年，民国政府决定在紫禁城的外朝筹建"古物陈列所"，并将热河行宫（承德）和盛京故宫（沈阳）的文物迁移至北京故宫的"外朝"存放。1914 年，古物陈列所成立，开放外朝，太和殿、中和殿、保和殿、武英殿、文华殿等作为文物陈列展室。1924 年，冯玉祥发动"北京政变"，将溥仪逐出宫禁，并成立了"清室善后委员会"，清点查验清宫文物。1925 年，故宫博物院成立，以故宫内廷为院址。1947 年，古物陈列所并入故宫博物院，实现了故宫完整统一管理。

　　紫禁城集历代宫殿建筑之大成，是中国古代宫殿建筑的典范。作为世人瞩目的世界珍贵文化遗产，1961 年，故宫被列为中华人民共和国第一批全国重点文物保护单位。1987 年，故宫作为"中国古代皇宫的唯一完整实例以及它的世界遗产价值"，被列入世界文化遗产名录。

入住北京紫禁城的第一位皇帝
明成祖永乐皇帝朱棣

（二）

明代第一位皇帝明太祖朱元璋曾以"驱除鞑虏、恢复中华"相号召，以汉文化传承者自居，因而在建国之初，曾以宋朝国都汴梁（今河南开封）为北京，以老家凤阳（今安徽凤阳）为中都，以晋代古都建康（今江苏南京）为南京，作为国都，甚至还曾派其子朱标前往汉唐故都长安考察，看是否适合在那里建都。洪武元年（1368年）八月，大将徐达攻克元大都后，遂改元大都为北平府。但鉴于北京战略地位的重要性，加之位居抵御蒙元残余势力的最前沿，因而于明洪武三年（1370年），把最有才干的第四子朱棣封为燕王，准备让其镇守这座北方文化、政治中心（洪武十三年三月就任）。

洪武三十一年（1398年），朱元璋病故，而太子朱标已先他去世，遂由22岁的皇太孙朱允炆继位，改年号建文。建文皇帝本是文弱书生，面对拥有军政大权、分布全国各地的诸位叔王们，他深感地位的不稳，所以继位后三个月，即采纳大臣齐泰、黄子澄等人的意见，开始对有实力的诸位叔王们采取了"削藩"的政策。在不到一年的时间内，以各种理由削除了周、湘、齐、代、岷5位藩王，并切责燕王。燕王朱棣面对大难将临的局面，于是起兵"靖难"。靖难之役历经3年，建文四年（1402年）六月，燕军攻入南京城。建文皇帝不知所终，至今仍为疑案。燕王朱棣遂在南京称帝，改元永乐。

朱棣登基后，复周王橚、齐王榑、代王桂、岷王楩旧封，以北平为北京，遂形成南北两京制。但从北京发家的明成祖并不喜欢南京的一切，更忘不了雄踞北边的龙兴之地，所以在他即位之初，就开始充实北京的工作：不断发流罪以下人员前往开垦北京附近的土地；迁移直隶苏州等10郡、浙江等9省富民充实北京。为了巩固北部边疆和明王朝的统治，永乐皇帝在与大臣们议决后，决定修建北京宫殿以为临幸之所。永乐四年（1406年）派工部尚书宋礼到四川、吏部右侍郎师逵到湖广、户部左侍郎古朴到江西、右副都御史刘观前往浙江、右佥都御史史仲成前往山西，督军民采办木料。同时命泰宁侯陈珪、北京刑部侍郎张思恭督军民匠造砖瓦；命工部征调全国各类行业的工匠。在京军卫及河南、山东、陕西、山西都司，中都留守司，直隶各卫，选派军士；河南、山东、陕西、山西等布政司，直隶凤阳、淮安、扬州、庐州、安庆、徐州、和州选派民丁前往北京服役。开始为营建北京城工程备料和进行规划，并先期进行道路、河流、排水及主要的基础设施等项工程。

经过10年的筹建、备料和准备，永乐十五年（1417年），明政府开始了大规模的兴建工程。永乐十八年（1420年）年底，北京宫殿建成，朱棣决定次年正月亲临新殿接受百官朝贺，并改北平行在为都，改南京为留都，以迁都北京诏告天下，正式迁都北京。永乐十九年（1421年）正月初一日，永乐皇帝亲临奉天殿（今太和殿）接受朝贺，大宴群臣。北京开始了作为明代政治统治中心的历史。

北京宫殿的建成，为永乐皇帝稳固北部边疆和明朝政权创建了一个理想的都城。名重当时的文渊阁大学士金幼孜、杨荣等人都曾作赋称颂，金幼孜《皇都大一统赋》称之：

> 超凌氛埃，壮观宇宙。规模恢廓，次第毕就。奉天屹乎其前，谨身俨乎其后。惟华盖之在中，竦摩空之伟构。文华翼其在左，武英峙其在右。乾清并耀于坤宁，大善齐辉于仁寿。

李时勉在《北京赋》中这样描述紫禁城：

> 奉天凌霄以磊砢，谨身镇极而峥嵘。华盖穹崇以造天，俨特处乎中央。上仿象夫天体之圆，下效法乎坤德之方。两观对峙以岳立，五门高矗乎昊苍。飞阁屹以奠乎四表，琼楼巍以立于两旁。庙社并列，左右相当。东崇文华，重国家之大本；西翊武英，俨斋居而存诚。彤庭玉砌，璧槛华廊。飞檐下啄，丛英高骧。辟闱闾其荡荡，俨帝居于将将。玉户灿华星之炯晃，璇题纳明月而辉煌。宝珠焜耀于天阙，金龙夭矫于虹梁。藻井焕发，绮窗玲珑。……其后则奉先之殿，仁寿之宫。乾清坤宁，眇丽穹窿。掖庭椒房，闺闼闳通。其前则郊建圜丘，合祭天地。山川坛壝，恭肃明祀。至于五军庶府之司，六卿百僚之位。严署宇之斋设，比馆舍而并置。列大明之东西，割文武而制异。至于京尹赤县之治所，王侯贵戚之邸第。辟雍成均，育贤之地。守羽林而掌伎飞者，至九十而有四卫。莫不并列而棋布，各雄壮而伟丽。

然而，新宫殿建成仅数月时间，一场突如其来的天灾即摧毁了这一切。

永乐十九年（1421年）四月，奉天、华盖、谨身三殿遭雷火被焚。当月的万寿节被迫停止举行。后因物力财力不继，加之北部边患不断，朱棣三次亲征，最后死于途中，故永乐年间未能重建。明仁宗洪熙帝在位时间仅有7个月，并有意还都南京，所以无意重建修整北京宫殿。宣德年间，推行与民休息的政策，罢采木、营造之举，重修被毁宫殿的工作也没有提上议事日程。直到正统五年（1440年）二月，明英宗始"以营建宫殿，发各监局及轮班匠三万余人，操军三万六千人供役"，重建北京宫殿。此时距永乐年三大殿天灾已超过19年，以至明仁宗、宣宗、英宗三朝皇帝继位时，竟无金銮宝殿可坐。正统皇帝因此命宦官阮安会同左都督沈清、少保兼工部尚书吴中等重建三大殿。至次年九月，奉天、华盖、谨身三殿，乾清、坤宁二宫建成。

关于明初三大殿被毁一事，民间曾有传说称，当年宫殿盖好之后，意得志满的永乐皇帝曾把一位会推算未来的胡姓官员找来，让他推算一下以后会发生什么事情。不料胡姓官员回答说：明年四月初八日新宫殿会发生火灾。永乐帝听后大怒，随即把他关进监狱，并说到时候新殿若不着火就杀你的头。当时谁都没有把这个人的话放在心上，大家都沉浸在新宫殿建成后的喜悦之中。公元1421年5月9日，也就是胡姓官员所预测的那个日子，一场灾难真的就到来了。那一天，他在狱中眼巴巴地等着起火好脱免死罪。可一直等到正午（中午12点）时分已过，狱卒告诉他大内并没有着火。他一看自己推算失灵，不免一死，于是就服毒自杀了，死时正是午时三刻（中午12点45分）。而此时，三大殿突然燃起大火，真的就被雷火击中焚毁了。

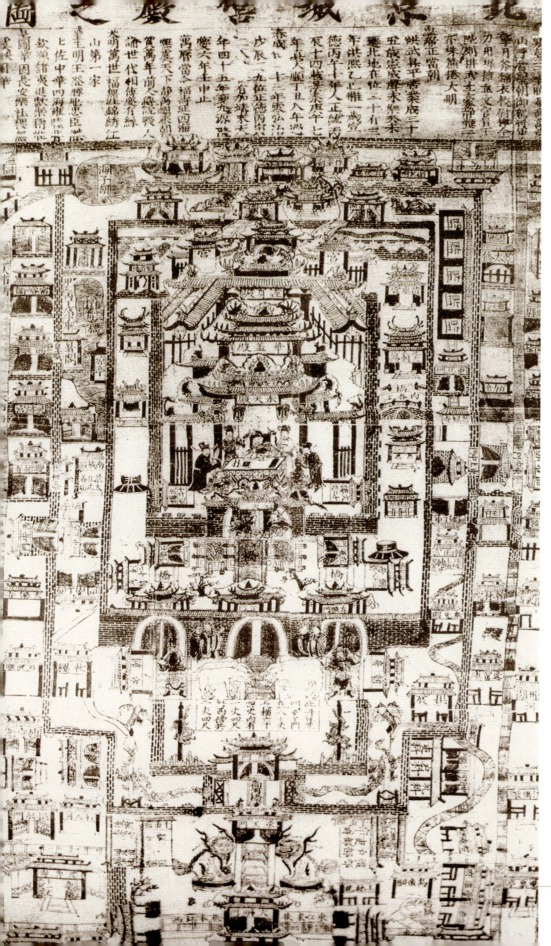

明代北京城宫殿图

　　嘉靖三十六年（1557 年）四月十三日，奉天殿再遭雷击起火，延烧华盖、谨身二殿，火势延烧至午门及午门外左右廊房，以致外朝三殿二楼十五门皆被烧毁，成一片焦土。直到两年后的嘉靖三十八年，才开始再次修复。此次动用了大量的人力物力，用了 4 年的时间，至嘉靖四十一年（1562 年）三殿等才陆续恢复重建，迷信风水的明世宗嘉靖帝遂更名奉天殿为皇极殿，华盖殿为中极殿，谨身殿为建极殿。文楼改名文昭阁，武楼改名武成阁，奉天门初改名大朝门，后又改为皇极门，并改左顺门为会极门，右顺门为归极门，东角门为弘政门，西角门为宣治门。

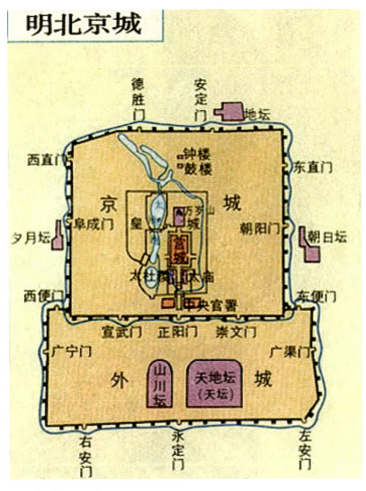

明北京城布局示意图

万历年间,明朝盛极而衰。万历二十四年(1596年)三月,乾清宫、坤宁宫及交泰殿再次被烧,修复工程尚未完工,次年(1597年)归极门又发生火灾,延烧至三殿、二阁及周围庑房,而修复工程却被搁置下来。直到28年后的天启五年(1625年)始动工修建,至天启七年(1627年)重建完成。

顺治元年(1644年)清军入关击败占据北京的李自成农民军,据明故宫为清代的皇宫。当年十月,顺治皇帝在奉天门(太和门)颁诏天下,开始了清朝的统治。

清代在沿袭明宫殿建置的基础上,又根据使用的需要进行过一些重建和改建。清初,由于战乱未平,统治者还无力对明宫殿进行大规模的修缮,摄政王多尔衮曾将武英殿作为治事之所,而孝庄皇太后则暂居皇帝的寝宫乾清宫,顺治皇帝福临居住在外朝的位育宫(即保和殿)。顺治二年(1645年)五月,清廷开始对外朝三殿略加修整,并改皇极、中极、建极三殿名为太和殿、中和殿、位育宫,至顺治三年完工。顺治十年(1653年)开始,又相继对内廷部分建筑进行修缮。仿照盛京清宁宫规制将原明代皇后居住的坤宁宫改为祭祀满族萨满教的场所,将慈宁宫重新修缮后作为皇太后的寝宫,并重修东、西六宫。而康熙皇帝继位后直至大婚,就住在清宁宫(即保和殿),大婚后的第三年,即康熙八年(1669年)正月,孝庄太皇太后认为"以殿为宫,于心不安",命将乾清宫、交泰殿加以修理,太和殿因"建造年久,颇有损漏",亦命兴工修理,康熙皇帝从位育宫(即保和殿,又称清宁宫)移居武英殿暂住。当年十一月,太和殿、乾清宫整修工程完工,康熙皇帝由武英殿移居乾清宫,清代的御门听政也于此时改在乾清门举行。

康熙初年,皇太后与太皇太后均健在,为此,康熙皇帝将内廷外东路一区建筑修缮后改称宁寿宫,供皇太后居住。孝庄太皇太后仍居慈宁宫。康熙二十二年(1683年)恢复重建了文华殿。康熙二十五年(1686年)再次重修东、西六宫,供妃嫔居住。康熙朝将明代御门听政的地点从奉天门(太和门)挪移在乾清门,一些官署的值侍之所随之从太和门外东西庑房迁至乾清门一带。

康熙朝重建太和殿的工程当是清王朝定都北京50余年间在紫禁城内实施的一项最大的工程。康熙十八年(1679年)腊月初三日,保和殿西庑御膳房起火,火乘风势顺着太和殿与中右门之间的斜廊延烧至太和殿。大火过后,紫禁城中的金銮宝殿化为一片焦土。虽然当年康熙皇帝以天灾大赦天下，但对6名酿成大祸的宫殿太监们却不容宽免，判处绞刑。

太和殿的重建工程备料始于康熙二十一年（1682年）。当时已令各省采集木料、临清城砖、苏州金砖、京窑琉璃瓦料、京西大石窝青白石料、石灰，江南的颜料、桐油、金箔铅锡等项，供宫殿大工使用。但因平定台湾、抗击沙俄入侵、平定噶尔丹叛乱，以及处理太皇太后去世（孝庄太皇太后于康熙二十六年十二月去世）等诸多事件，重建工作并没有真正启动。直到康熙三十四年（1695年），太和殿重建工程才正式动工。据档案记载，太和殿重建工程自康熙三十四年（1695年）二月二十五日开工，三十六年（1697年）七月十八日完工，耗银200余万两。考虑到防火的因素，此次重建将太和殿两侧的斜廊改成砖墙，并将太和殿两侧明廊封闭后改为夹室。《太和殿纪事》一书详细记载了康熙年间重建太和殿的过程。

雍正皇帝胤禛继位后，将皇帝寝宫由乾清宫迁至养心殿。雍正勤于政事，在位期间常住紫禁城。雍正七年（1729年），清廷对西北准噶尔用兵，为方便皇帝随时召见大臣商讨军事机密，在距离皇帝居住的养心殿附近，即乾清门外西侧建置房屋，作为军机大臣们临时办事处所，后称"军机处值房"。由于祭祀天地必需的斋戒仪式也在宫内举行，又于雍正九年（1731年）在乾清宫东侧新建了一处专供斋戒使用的宫殿——斋宫。雍正十年（1732年）又在奉先殿南侧新建了一座独立的建筑，称射箭亭，是为清代考武状元的地方。

乾隆年间是清王朝的鼎盛阶段，乾隆皇帝在位60年，对紫禁城内建筑改建、添建、修缮工程从未间断，新建、改建工程项目之多为明清各朝之首，形成了紫禁城宫殿建设的一个高潮。

乾隆初年，将乾隆皇帝做皇子时居住的乾西二所改建为重华宫；乾隆七年（1742年），又将乾西四所、五所改建为建福宫及其花园。乾隆十四年（1749年），在内廷西六宫西侧原明代隆德殿的基础上，改建了一座藏式建筑——雨花阁；乾隆二十三年（1758年）改建添建慈宁宫花园中的一些建筑，作为老太后供奉藏传佛教内容的佛堂。从乾隆三十六年（1771年）开始到四十一年（1776年）对皇太后居住的宁寿宫进行改建，则是乾隆年间最大的一项改建工程。仿照太和殿、乾清宫改建后的宁寿宫，作为乾隆皇帝在位满60年退位后做太上皇时居住的宫殿，建筑规模巨大，各项设施齐备，装饰精美豪华，是乾隆盛世建筑的代表之作。

乾隆三十九年（1774年），为收贮即将编纂的《四库全书》，在外朝东侧文华殿之后，原明代医圣祠的位置新建了一座大型藏书楼——文渊阁。文渊阁仿浙江宁波范氏天一阁修建，青砖砌筑，饰以冷色，覆盖青黑色琉璃瓦，古朴典雅，成为宫中为数不多的黑色建筑之一。

当时，外朝三台上的栏板望柱因年久风化腐蚀严重，为添换需要，也为省工省时且达到更新换旧的目的，乾隆皇帝采纳主办大臣和珅等人的意见，决定将中轴线上自午门直至大清门中心白石御路石换成青石，将换下的白石改用在三台的工程上。至此，明代中轴线上的原白石御路，均改为青石铺砌。为此，民间还流传着一则故事：和珅主修御路，将磨损石板翻过来使用，从而达到偷工减料、中饱私囊的目的。中没中饱私囊且不去说，由此可见和珅确实善于经营规划，废物利用，省工省时又省钱，岂不一举多得！

乾隆在位60年，虽然工程不断，新建改建工程也很多，但紫禁城内建筑的总体布局仍然保持着明初始建时的格局，在继承明代宫殿建筑的基础上充实和发展，形成了今天的紫禁城建筑规模。

明代大朝情形，源于
明余士、吴钺合绘
《徐显卿宦迹图》册
页之皇极侍班。故宫
博物院藏。

从太和门丹陛石望太和殿，20 世纪 20 年代

从嘉庆开始,清朝国力日渐衰弱,宫殿建筑多以岁修为主,清末更是内外交困,除在咸丰、光绪年间对内廷东、西六宫的部分建筑进行了一定程度的改建,对宁寿宫一组建筑进行过修缮外,此后再无大的工程。至溥仪退位,清朝灭亡时,整个紫禁城已呈衰败凄凉景象。

（三）

中国古代建都均有一定规制，而历代建都以"王者必居天下之中"为礼制原则，所以要"择天下之中而立国，择国之中而立宫"。紫禁城位于北京城的南北中轴线上，也正是遵从了这一思想而规划实施的结果。

太和殿广场，1900 年

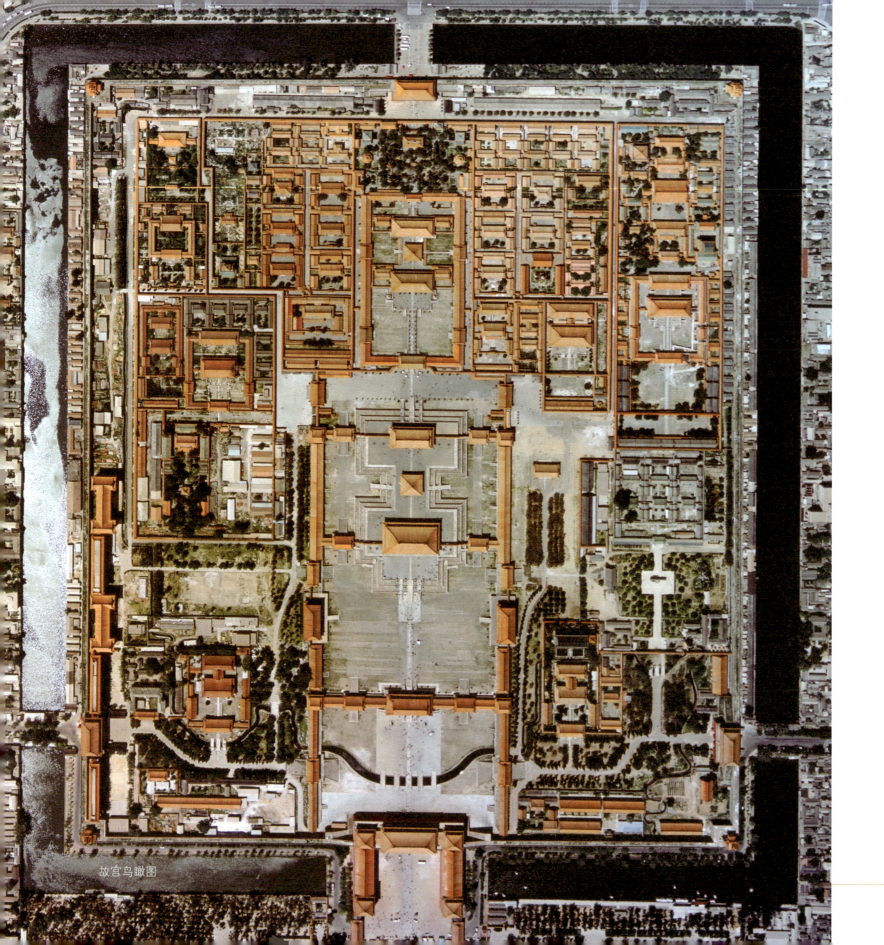

故宫鸟瞰图

以紫禁城为中心的南北中轴线，向南延伸至永定门，长4600米，向北延伸至钟楼北侧城墙，长3000米，构成了北京城长达近8公里的南北中轴线。南半部从紫禁城正南门午门向南依次建有端门、天安门、外金水桥、千步廊、大明门（清代称大清门，民国时期称中华门，新中国成立后拆除），至京城南门正阳门，形成了一条长1500米的天街；沿着南部轴线的两侧，在宫城南分别设置了祭祖的太庙和祭五谷的社稷坛；在天安门外千步廊两侧，设置了六部、各院办公的衙署；在正阳门外和永定门之间轴线的东侧建有祭天的天坛，西侧设祭祀先农的先农坛等坛庙建筑。这些坛庙、衙署与中轴线组成了宫前区极具特色的空间序列，皇权的神圣地位在都城规划中得以充分表现。

紫禁城是在元大都的基础上平地建造，为了追求好的风水环境，初建时，在宫城四周开挖护城河，引护城河水入紫禁城。同时将开挖的大量土方运至宫城北侧，堆砌成山，即今天的景山，形成了背山面水的最佳环境效果。

紫禁城占地78万平方米，城高10米，外有宽52米的护城河环绕，总体布局以轴线为主，左右对称。建筑分布根据朝政活动和日常起居的需要，分为南北两部分，以保和殿后至乾清门前之间的横向广场分隔内外，形成了宫殿建筑外朝、内廷的布局。建筑规划有序，布局严谨，建筑形式多样，装饰华丽，体现了皇家建筑的豪华与气派。

南半部外朝占据紫禁城中轴线南侧2/3部分，以太和、中和、保和为中心的三大殿，建在高8米"土"字形3层汉白玉石台基之上，以廊庑、门、阁、楼等围合成8万平方米宽广开阔的庭院；三大殿外左设文华殿，右设武英殿，呈现左辅右弼横向排列。外朝建筑雄伟宏大，为皇帝举行重大典礼和朝廷处理政务的地方。

北半部为内廷区域，是皇帝处理日常政务、生活起居和皇室生活、娱乐的主要场所。以帝、后居住的乾清宫、交泰殿、坤宁宫为中心，左右有供妃嫔居住的东、西六宫，乾清宫东北、西北部有皇子居住的乾东五所、乾西五所；紫禁城的西部明清时期先后建有供皇太后居住的慈宁宫、寿康宫、寿安宫；太上皇宫殿建在东部；另有花园、戏台、藏书楼等文化娱乐、游憩及服务等设施。

故宫总体布局以尊礼为崇，单体建筑也同样受到"礼"的制约和影响。以礼为准绳规范建筑规模、形制，制定出建筑的不同等级，以确定建筑的体量、规模、形式，甚至色彩和装饰。而帝王居住的宫殿以多、大、高、文为贵的思想，在紫禁城建筑中表现得淋漓尽致；同时，少、小、矮、平的不同建筑形式与之形成的鲜明的等级差别，体现了紫禁城宫殿建筑多样性的统一。可以说，"礼"是紫禁城建筑总体设计思想的理论基础。

中国传统的阴阳五行对宫殿建筑规划设计也有着重要的影响，主要体现在方位的选定，环境的处理以及建筑装饰上，其运用手法多含蓄、隐秘，然寓意深刻、内涵丰富。

例如，土的方位为中，位居紫禁城中心的三大殿的台基即为"土"字形，寓意居中统摄天下的意思；木属东方，色彩为绿,表示生长,因此明代将太子居住和使用的宫殿建在紫禁城的东南方,清朝康熙年间修建的太子宫毓庆宫、乾隆年间新建的皇子居住的"阿哥所"也选在东南方,而且屋顶均用绿琉璃瓦装饰,寓意皇家人丁兴旺、子孙繁盛;火属南方,色彩为红,南门午门色彩装饰就以红色调为主;水属北方,紫禁城最北部的钦安殿供奉玄天大帝,殿后正中有一块栏板为双龙水纹,即表示主水,装饰奇特,手法含蓄;金属西方,属秋季,因此将太后们居住的宫室安排在紫禁城的西部。紫禁城中建筑色彩以红黄色为主,黄色为明清帝王专用色彩,火色红,为土之母,紫禁城中大面积的红墙黄瓦,表示事业旺盛、经久不衰。

紫禁城宫殿是一个庞大的建筑群体,是以群体组合完善而著称。庞大的建筑群体的形成源于数的积累以及有序的排列。中国古代建筑以"间"作为基本计算单位,数间的积累成为座,数座单体建筑根据需要组合为院,院作为群体建筑的基本单位,"院"的构成,多少、大小,决定了建筑群体的规模。

总体上说,紫禁城建筑群体的构成是以天子听政的太和殿为中心布局,前为五门,后为寝宫,外朝东文华、西武英二殿辅弼;寝宫两侧有东、西六宫,乾东、乾西五所拱卫。这个格局体现的就是"北辰居其所而众星共之"(《论语·为政》)的境界,形成了以帝王为中心的整体布局。

数字故宫图

二 门禁森严

——紫禁城的城池

城池是伴随着战争的发生而修建的。早期的城池比较简单，只有围墙、城门而已，后来增加了角楼、箭楼、瓮城、女墙（即墩台）、护城河等。早期的城池多为土城，也有少数的石头城。元代以前土城为多，随着经济的发展，城池的建造也有所改进，特别是京师外围的城墙和城楼开始采用砖石结构。明清紫禁城的城池体系集其大成，进一步完善。

紫禁城是"天子"居住的"紫微禁地"，统治者对紫禁城的安全保卫极为重视。紫禁城的城池布局具有重要的防御功能。紫禁城城墙高 10 米，顶面宽 6.66 米，底面宽 8.62 米，墙身内外两侧包砌城砖，磨砖对缝，平整坚实，内里素土夯实。城墙顶部外侧筑堞，是禁军防守的垛口，内侧砌有沟槽，排泄雨水。而城垣四面各辟城门，南门曰午门，北门曰神武门，东西曰东华、西华门，建筑在四门之上的四座城楼高耸威严，尤以午门最为壮观。紫禁城四隅设置角楼，作为瞭望警戒的城防设施。又环紫禁城开挖宽 52 米、深达 6 米的护城河，两侧驳岸条石垒砌，陡直坚固，河岸砌筑矮墙，用以防护。

（一）午 门

午门位于紫禁城南北中轴线的南端，即紫禁城的正门。古代以北为子、南为午，又以日中为午，居中向阳，此门正当午位，因得其名。午门城台平面呈"凹"字形，为古代宫门双阙（阙即古代皇宫大门两边的瞭望楼）遗意，故又称午阙。由城台和城楼两部分组成，通高 37.95 米。城台又称墩台，正面开有三座门洞，左右两掖开门洞各一座，形成"明三暗五"的局面。城台两端的内侧，各有三段转折的坡道以通上下往来，俗称为马道。有道路相通，便于防卫联络。午门不仅是紫禁城等级最高、体积最大，最为宏伟壮观的一座城门，也是中国古代建筑"门阙合一"形式的完美体现和留存的唯一例证。

城台以上为城楼，由正楼、明廊、角亭、雁翅楼几部分组成。

午门正楼面阔 9 间，60.05 米。进深 5 间，25 米，前后出廊。

午门

重檐庑殿顶，覆黄琉璃瓦。正楼两侧明廊各 3 间，原来放置钟、鼓各一架，遇有大典礼时鸣钟严鼓，肃穆森严。由左右明廊折而南出，东西各有长庑 13 间，俗称雁翅楼。雁翅楼南北两端各建一座四角攒尖重檐顶的角亭。午门整组建筑高下错落、左右映带、势若朱鸟展翅，故又有五凤楼之称。

午门正楼为午门建筑的主体，梁架结构形式独特。上下檐的金柱并不相对，下层当中 5 开间到上层改为 7 开间。这种灵活的变通形式可以缩小檩枋等构件的跨度，减小各种承重构件的尺寸以节省材料。

午门正楼与太和殿虽同属古建筑的高等级重檐庑殿顶 9 开间建置，但出廊有所不同。午门正楼前后檐出廊，两山不出廊，做法较简，等级也稍低。午门楼宇的装饰，一如宫殿模式。丹楹朱户，黄琉璃瓦，配以汉白玉栏杆。城台饰以土朱红，与楼阁互相映衬。楼宇的内外檐彩画，采用朱红衬地的"西番草三宝珠彩画"，与一般以青绿色为主的彩画做法有所不同。古有所谓四方之神，午门位在南方，属于四神中朱雀之象，在五行中属火，故彩画以朱红为地，用意可能与此有关。

午门前广场面积达 9900 余平方米，遇有典礼活动，在此陈设仪仗的一部分。御道两侧，分别陈设日晷和嘉量，为我国古代国家制定的计时器和标准量器，具有象征皇权的作用。明代午门外左右廊房之前曾盖有松叶棚，为朝臣上朝前暂憩之所，清代悉行拆去。

午门建于明永乐十八年（1420 年），次年元旦启用，四月即遭奉天殿（今太和殿）火灾延烧，将前朝门庑殿宇尽行焚毁。直至正统五年（1440 年）三月才得以复建。嘉靖年间又遭火灾重建。崇祯十七年（1644 年）遭李自成农民军撤退时焚毁，清朝入关后，于顺治二年（1645 年）开始复建。康熙十八年（1679 年）再次毁于火灾，至康熙三十四年（1695 年）重建，3 年后完工。至乾嘉年间又屡有修饰，但建筑形制仍因明旧。

清王朝被推翻以后，1914 年外朝部分辟为古物陈列所，曾对午门进行修缮保养。后古物陈列所并入故宫博物院，修缮工程由故宫博物院统一管理。

新中国成立以后，故宫博物院加强对古建筑的修缮保护。除一般性的修缮保养以外，1962年又对午门正楼进行结构加固。在前期勘查中发现，午门正楼的绝大部分五架梁在瓜柱以下部位出现垂直断裂。按常规办法需挑顶大修，更换受损梁架。但经过审慎分析、研究和论证，最后决定采用夹板式支撑桁架进行结构加固。不仅节省了大量开支，而且最大限度地保存了原有建筑构件。1976年至1978年，又对午门进行了全面的维修并油饰彩画。

午门在明清两代为宫廷禁地，戒备森严，擅入者要严加治罪。午门城台的5座门洞各有用途，按清朝制度规定，中间的门洞主要是供皇帝出入的通道。此外，皇帝大婚时，皇后可以从中间门洞经过一次。再者就是殿试的前三名，即状元、榜眼、探花，在太和殿传胪（宣布考试名次）后，出宫时可以从此走一次，以示恩宠。文武大臣出入走东侧门洞——左掖门，宗室王公走西侧门洞——右掖门。左右掖门平时不开，凡有大朝会，百官按文东武西分别从两侧掖门出入。殿试文武进士，按名次单数走左掖门，双数走右掖门。皇帝亲祀坛庙出午门，午门楼上则鸣钟，祭太庙则击鼓，临太和殿御大朝会则钟鼓齐鸣。

明清两代，一些重要的典礼仪式要在午门举行。每逢较大规模的战争取得胜利后，要在午门举行受俘仪式，皇帝亲御午门城楼，接受献俘礼。

清代规定，每年十月初一日在午门举行颁发历书的仪式，称为颁朔礼。遇皇帝举行朝会或大祀，以及元旦（春节）、冬至、皇帝万寿节、皇帝大婚等重大节日，还要在午门外陈设卤簿仪仗。

民间俗语有"推出午门斩首"之说，实际上是根据戏剧及野史小说内容衍生而来，历史上并无此实例，只不过在明代曾将午门外用作廷杖的场所。廷杖是皇帝处罚大臣的一种刑罚，即在午门前广场进行杖责。明武宗是个喜欢游乐的皇帝，正德十四年（1519年），群臣谏止武宗南巡，引得他大发雷霆，将舒芬、黄巩等147人施以廷杖，陆震等11人毙命。明正德十六年（1521年），武宗卒后无子，遗诏由其叔父兴献王长子朱厚熜嗣位，是为明世宗。世宗自即位始便就如何崇祀其生父兴献王，以及如何尊崇其生母兴献王妃的问题，展开了为时很久的"大礼议"之争。

大学士及礼部官员建议世宗以孝宗为皇考，兴献王为皇叔父，为世宗所拒绝。观政进士张璁等迎合帝意，建议世宗尊兴献王为皇考，大学士杨廷和等人认为此举不合礼法，论争达3年之久，最后还是追尊兴献王为"皇考恭穆献皇帝"，世宗之母被迎进宫内，尊为"本生圣母章圣皇太后"。至嘉靖三年（1524年）上册宝时，世宗命去掉"本生"二字，又引起众多官员反对。前后上疏13次之多，竟至群臣230余人集合于左顺门（今协和门）跪地哭喊，"声震阙廷"。引得世宗大怒,命将闹事的主要大臣134人下狱,86人待罪,对为首的进行拷讯,其余四品以上官员夺去俸禄,五品以下官员则执行廷杖。计180余人被施以杖责,有17人先后死于廷杖。

在明代还曾有午门观灯之举。每年正月十五日上元节,午门楼上张灯结彩,午门外设鳌山灯。将千百盏彩灯堆叠成山,多至13层,形似鳌,称为鳌山。允许臣民观灯3天,以示皇帝与民同乐,共享太平盛世。

明清时期,一些重大历史事件都与午门有关。

正统十四年(1449年)七月,蒙古瓦剌部首领也先率兵四路入侵内地,宦官王振挟英宗朱祁镇亲征。八月,明军兵败于河北怀来土木堡,英宗被俘,史称"土木之变"。皇太后召集百官集于午门阙下,命英宗之弟郕王朱祁钰监国。郕王临午门,言官及大臣纷纷弹劾王振倾危宗社,应予灭族。郕王接受了众官意见,命锦衣卫指挥马顺执行。众官认为马顺为王振党羽,不可信,马顺则从旁喝斥百官退去。众官愤起击毙马顺,又群击王振党羽二人,一时朝班大乱。此时兵部侍郎于谦挺身而出,请郕王支持众意,从而稳定了局面。郕王下令奖励百官,又清除了王振余党,铲除了内患,从而为后来保卫北京之战的胜利和稳定政局奠定了基础。

明崇祯十七年(1644年),李自成率农民起义军攻入北京,直捣紫禁城,推翻明王朝,史称"甲申之变"。三月十七日,起义军包围京师,环攻九门。十八日晚,守城太监曹化淳开彰义门(今广安门)投降,起义军入城。崇祯皇帝走投无路,自缢于万岁山(今景山)。十九日中午,李自成由丞相牛金星、

《康熙帝南巡图卷·回銮京师》午门

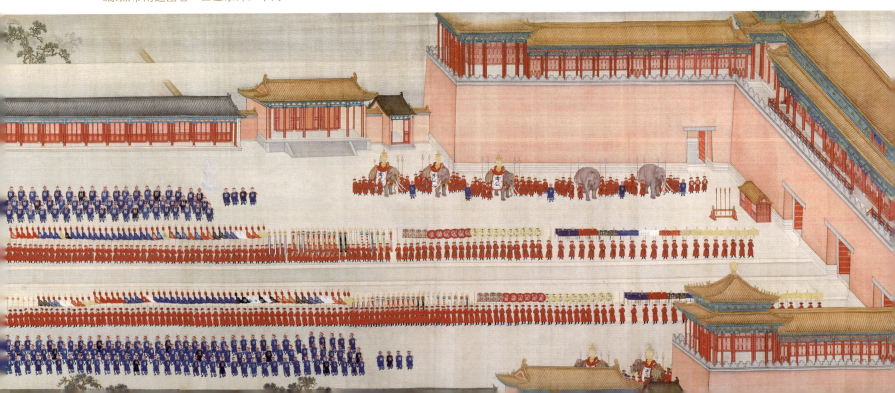

MORT DU DERNIER EMPEREUR CHINOIS DE LA RACE DE MING EN 1644. tirée de Nieuhof

欧洲人想象的《崇祯皇帝自缢图》

平定回部
馘俘
畣首寅占
末月寇傾
心東坦歆
天閱理官
頂試驃騎
渾問寧
清武保定
藏西海永
午門三御
典昭詳旼
今更顧各
斯事體養
吾民共樂
康辰年表
月上游作
御章

清人绘平定伊犁回部战图册午门献俘

尚书宋企郊等跟随,经承天门(今天安门),自午门进入皇宫,从而宣告了明王朝的覆灭。

有清一代,频繁用兵西北和西南,康、雍、乾三朝以至道光时期,曾多次在午门举行献俘礼,届时午门正楼设御座,檐下张黄盖,卤簿设于阙下,王公大臣、文武百官分班侍立,皇帝穿龙袍衮服乘舆出内宫。乘舆时午门鸣钟,至太和门时鸣金鼓、奏铙歌。皇帝登楼升座,兵部官员率将校引战俘于午门前跪拜,兵部尚书奏:平定某地,所获俘囚等谨献阙下,请旨。皇帝降旨或将战俘交刑部,或恩赦释放。战俘叩首谢恩,

由将校引出,丹陛大乐作,王公百官行礼,皇帝乘舆还宫。乾隆年间,平定新疆伊犁、大小和卓叛乱、平定大小金川等战役之后,都曾在此举行献俘礼。

清嘉庆十八年(1813年),北京、河南、山东等地连续发生天理教农民起义。起义军的一支,以宫内太监做内应,分别由东华门和西华门混入紫禁城,在协和门、隆宗门一带与清军展开激战,午门守门护军闻风丧胆,望风而逃。起义军终因寡不敌众而失败,曾有起义军藏匿于午门城楼,给清廷以极大的震撼。

二 门禁森严

西洋人笔下道光皇帝午门阅兵

午门第一张照片（1860年10月）

民国初年的午门，1912—1917 年

1948 年纳入故宫博物院管辖的午门

外国公使和夫人在紫禁城午门前

清光绪六年（1880 年），在午门还发生过一起护军殴打太监的事件。八月十二日清晨，慈禧太后命太监李三顺将赏赐给醇亲王福晋（慈禧的妹妹）的银两和物品送到醇亲王府。李三顺等行至午门，因没有携带合符，守门护军不予放行，双方发生争执以致护军将李三顺殴伤。此事因涉及慈禧太后，所以非同小可。光绪皇帝和慈安太后怕慈禧太后心怀不满，将守门护军治罪，并在量刑上屡屡加码。多亏陈宝琛上书光绪皇帝，力陈门禁法度重要，获罪护军才得以从轻发落。

《春牛芒神图》局部

1911年10月，辛亥革命爆发，清帝逊位。1912年1月1日，中华民国临时政府在南京成立，筹设博物馆于北京，由当时的教育部负责。1912年7月9日，在北京安定门内成贤街清代国子监旧址，成立了历史博物馆筹备处。1917年7月，又以"国子监馆址地处偏僻，房舍狭隘"，由教育部提议将历史博物馆筹备处迁至天安门内，以端门至午门的建筑为馆址，辟午门正楼及两雁翅楼为陈列室。1926年10月10日，北京的国立历史博物馆正式成立，陈列室也同时正式对外开放。1930年10月25日，国民政府行政院批准《完整故宫保管计划》，指示自中华门以内直至保和殿所有一切殿廷统由故宫博物院接收，合并内宫，一同保管。

但因时局动荡，当时并未实现统一管理，直到1947年最终实现。

（二）神武门

位于紫禁城中轴线的北端，建于永乐十八年（1420 年），称玄武门。清代因避康熙皇帝玄烨之讳改称神武门，乾隆二十六年（1761 年）曾有修缮。神武门由城台和城楼两部分组成。城台辟有三座洞门，城台东西两侧各设两段转折而上的马道。

1930 年神武门

神武门外联军分列式

城楼面阔五间，周围出廊，上覆黄琉璃瓦重檐庑殿顶。前后檐明间与次间安菱花隔扇门，梢间为盲窗，只在墙体上雕出菱花槛窗形式。东西两山正中设实榻大门，两侧仍为盲窗。

明代曾在神武门（当时称玄武门）外设内市，凡宣德铜器（诸如宣德炉）、成化瓷器、永乐年间果园厂所制各色漆器、景泰年间所制珐琅器等奇珍异宝应有尽有。

神武门上设有钟鼓，明属钟鼓司、清隶属銮仪卫掌管，派人鸣钟击鼓，钦天监每日派博士一员在神武门值守，指示督察报时准确无误。皇帝居住宫中时则只打更而不鸣钟。

神武门逼近内廷生活区，是内廷人员日常出入频繁的大门。清朝皇帝往圆明园等处暂住、皇后前往祭先蚕坛、亲蚕进出神武门，清代皇帝从热河或圆明园回宫时多从神武门入宫。此门也是后妃或皇室人员出入皇宫的专用门。皇帝出外巡幸，可以由午门出宫，但随行嫔妃必须从神武门出宫。如果皇帝侍奉皇太后出宫，则一同出神武门。官吏、侍卫、太监、工匠等亦走神武门侧门或东、西华门侧门。顺治初年，孝庄皇太后下令，有人敢将缠过足的女子介绍进宫者斩。这道懿旨曾悬挂在神武门内。

此外，清宫选秀女由神武门进宫备选。清代规定，每三年补选一次八旗秀女，但并不按期举行，视需要而定。凡选中的秀女除做皇帝妃嫔外，也指配给近支宗室子弟。凡参选者，在遴选前一日坐车内排定，在神武门外等候。待次日神

武门开启后，依次下车入神武门至顺贞门外恭候，然后由太监领入御花园内延晖阁前候选。每次 5 人为一班，应选时垂手站立，合意者即留下名牌，择日复看，决定中选与否。神武门虽使用频繁，但也不得擅入。嘉庆四年（1799 年），嘉庆帝处死和珅，罗列和珅二十大罪状，其中之一就是和珅乘肩舆直入神武门。

嘉庆八年（1803 年），在神武门发生陈德行刺嘉庆帝一案。这年闰二月二十二日为嘉庆帝亲耕藉田日，嘉庆帝于二十日自圆明园回宫斋戒，当乘舆进神武门后将进顺贞门时，陈德突然由西大房后跑出，手持小刀向乘舆冲去。乘舆速进顺贞门，御前大臣定亲王绵恩首先夺刀推却，衣服被刺破，另有御前侍卫、乾清门侍卫等 6 人上前将其擒获，乾清门侍卫丹巴多尔济被刺伤 3 处，其余人则待在一旁，未敢上前。陈德被严刑逼供，最后凌迟处死。

辛亥革命以后，以溥仪为首的逊清皇室仍居皇宫内廷。1924 年 10 月，冯玉祥发动"北京政变"，成立"中华民国临时执政府"。11 月 4 日，临时执政府摄政内阁会议决议修正《清室优待条件》，责令清室立即移出皇宫。11 月 5 日下午，溥仪、婉容、文绣等由神武门走出，离开皇宫乘汽车到达后海醇王府，即溥仪生父载沣家中。1925 年 10 月 10 日，故宫博物院成立。1930 年，神武门上方城台外侧镶嵌李煜瀛书写的"故宫博物院"石匾。1971 年，石匾改用郭沫若题字。

1900 年的东华门

1900 年的西华门

（三）东华门、西华门

　　东华门与西华门东西相对，形制相同，位于靠近东西两侧城垣的南端位置。推其原因，一则因午门不准随便进出，以东华门、西华门弥补进出的不便；二则远离帝后居住的内廷后宫，有利于宫禁安全。

　　清代皇帝、皇太后、皇后死后，灵柩自东华门出殡，经北池子送往景山等处厝安。内阁等朝臣上朝，亦准许出入东华门。帝后出游西苑和西郊诸园多由西华门出入，武英殿修书处和内务府官员进宫也走西华门。东、西华门城楼，平时存放阅兵所用棉甲。皇帝万寿节（皇帝生日），如康熙五十二年康熙帝六十大寿，自畅春园至西华门沿街布置景点，雕栏花架，戏台楼阁，热闹非凡。乾隆皇帝生母六十寿诞，乾隆帝八十寿辰亦有相似措施。排场之巨，前所未有。

　　在东华门，还发生过"夺门之变"。明正统十四年（1449年），在太监王振的挟持下，英宗亲征蒙古被俘。其弟郕王朱祁钰即位后遥尊英宗为太上皇。次年英宗被放回京，入居南宫（今皇史宬一带）。景泰八年（1457年）正月，朱祁钰病重，武清侯石亨联络太监曹吉祥、副都御史徐有贞等密谋策划英宗复位，并将计划密达英宗。正月十六日晚，石亨等取得英

《万寿庆典图》中的西华门（1761 年）

宗同意，立即展开行动。当夜，先派军士千余人潜入长安门，然后由徐有贞等至南宫迎出英宗。行至东华门，守门护军上前阻止，英宗大呼："吾太上皇也。"守门护军见太上皇带有众多士兵，不敢强行阻拦，只好放进城去。进城之后，直奔奉天门（今太和门），到奉天殿（今太和殿）升座。其时百官已在朝房等候早朝，听闻南城呼声震天，不免大惊失色。过了片刻又闻鸣钟击鼓之声，全都不知所措。徐有贞向众人大呼道："上皇复辟矣。"百官震惊，经英宗宣谕后众人遂就班祝贺。

此次利用武力强行进入东华门发生的宫廷政变，在历史上被称为"夺门之变"。

嘉庆十八年（1813 年），天理教首领林清在北京起义，里应外合，密令内监接应，分别由东华门和西华门混入紫禁城，成为一次震惊清廷的事件。九月十五日中午，陈爽、陈文魁等人率义军突入禁城。进入东华门的一支，由陈爽带领，太监刘德财做内应，由于进门时暴露了兵器，门卫速闭城门，仅陈爽等十数人闯进，余则被迫分散隐蔽。陈爽等人在太监刘

悬挂"古物陈列所"门额的东华门旧照

东华门

德财等人带领下向前行进，护军统领杨述曾闻讯率护军赶来，双方在协和门外展开搏斗，义军作战勇猛，突破围攻，直冲至内廷苍震门一带。进入西华门的一支，由太监杨进忠、高广福带领顺利进入西华门，然后关闭城门以拒官军。义军进城后向养心殿进发，在隆宗门一带与官兵展开激战。这时镇国公奕灏带领火器营千余人赶到，庄亲王绵课也率百数十人赶来，由于力量悬殊，义军向南撤退。此时天色渐暗，官兵不敢贸然搜捕，于是严守四门、加强警戒。天亮以后，官兵开始搜捕，起义军又经过一番血战，终因人少力单、寡不敌众，起义归于失败。此事震惊朝野，嘉庆帝还特下《罪己诏》以示反省。

东华门外有下马石碑，官员人等至此都要下马下车下轿，以示对皇宫的尊崇。若大臣上朝，至此也要下马，然后步行入宫。除非有皇上特旨恩准在宫内乘马坐车者才可例外。清朝皇帝死后，梓棺出宫由东华门出，移至景山寿皇殿。皇室于中元节焚烧法船，也在东华门外进行。东华门门楼上安设有皇帝阅兵时所需用的盔甲，每年抖晾一次。

在紫禁城的四角，建筑四重角楼。角楼平面呈"十"字形，自城台台面至宝顶，通高27米，四面各3间。三重檐，四面显山，纵横相交十字歇山顶，正中安铜胎鎏金宝顶。角楼结构复杂，故有"九梁十八柱七十二条脊"之说。间以蓝绿为主调的旋子彩画，黄琉璃瓦、朱漆门窗、白石台基，秀丽精巧之中又显富丽堂皇。为紫禁城中建筑之杰作。

东华门外下马石碑

角楼，1900—1910 年

20 世纪初故宫西南角楼外

（四）角楼与护城河

　　角楼是故宫最有象征性的建筑。它像四颗明珠，十分醒目地耸立在故宫的四角，造型独特、美观、绚丽多彩。角楼，是属于古代防御性的城堡建筑，坐落在紫禁城四角的城墙之上，也是为了显示皇宫天宫仙阁般的意境，它的主要功用是观赏，而不是实用。所以，在设计上，角楼不设厚壁和箭窗，内部也没有楼层，采用多角、多檐、多花、多屋脊的玲珑绚丽的造型，使人远远望去，角楼层层拔起，浑然构成一个整体，端庄秀丽，轮廓优美，参差错落，与蓝绿色的彩画交织在一起，倒映在护城河淡绿色的水面上，似乎有仙境一般的神秘之感。

护城河与东北角楼

现存的紫禁城四个角楼是明代建筑,后又经过多次翻修。新中国成立后,故宫博物院又逐个加以修缮,从 1957 年开始一直到 1985 年才彻底完工。它的构造非常繁复,有三层屋檐,27 个翼角,16 个窝角,28 个窝角沟,10 面山花,72 条脊。屋脊上排列吻兽共 230 只,超过太和殿吻兽的一倍以上。特别

难得的是,角楼内要求整齐利落,不能有一根落地明柱,外观还不能有梁头露出檐角。传说当年建造角楼时,因为难度太大,设计师们废寝忘食,日夜劳作,伤透了脑筋,终不得要领,不知道它到底应该是什么样子。他们的辛劳终于感动了鲁班。一日,鲁班手提一个蝈蝈笼下凡,工匠们一眼看出这个蝈蝈

清末故宫城池

笼非同一般，正是他们求之不得的角楼的模型，不禁欣喜若狂，待他们醒悟过来，鲁班却早已不见了。人们给它编造出这样一个优美动听的故事，正说明角楼构造的优美、复杂。

还有一个传说：朱棣皇帝篡了侄儿建文帝的皇位后，终日心神不宁。一天夜里，他梦见一位神仙说：要想永保皇位，就要建一座"九梁十八柱七十二条脊"的建筑镇住皇宫。朱棣忙问怎么建？神仙微笑不语，他一急就醒了。于是，他下令工部限期建一座"九梁十八柱七十二条脊"的楼子来，镇在紫禁城的四个角上，好保佑他的宝座四平八稳、千秋万代永传。众多工匠苦思冥想，终于受蝈蝈笼的启发，造成了"九梁十八柱七十二条脊"的角楼。

清末东北角楼和连房

东南角楼

　　紫禁城四周，环绕以宽 52 米的护城河。护城河深 4.1 米，总长 3300 米，河底用三合土夯实，河帮用条石砌筑，河岸砌筑矮墙，作为护栏之用。护城河容水量约有 50 万立方米，与城垣共同组成防卫体系。

　　护城河之水源自北京西北郊的玉泉山，汇入颐和园昆明湖，引入长河流至高梁桥转而向东，再向北从德胜门西侧水关入京城，汇入什刹海。自地安门西侧的西步梁桥流入皇城，汇入北海，与紫禁城护城河西北角的入水口相通，流入紫禁城，向东南流出至御河。自清康熙年间起，于河中栽植莲藕，每年收获除进奉宫中用食外，还将多余的出卖，所得银两存奉宸苑备用。

宫中隆宗门，1813年天理教起义军曾突入此门，留下历史遗迹

隆宗门匾额

隆宗门匾额上的箭头

（五）门禁制度

禁城四门为出入紫禁城的要道，防御严密。城墙外围，明代建有守卫值房，称红铺。明代万历年间，设有红铺40座，每铺设守军10名，昼夜看守，每夜起更时分传铃巡警，自阙右门（午门外西侧门）第一铺发铃，守军提一铃摇至第二铺，相继传递，经西华门、玄武门（清代改称神武门）、东华门，至阙左门（午门外东侧门）第一铺环行一周，次日将铃交于阙右门第一铺收存，每夜如此，这是明代的宫禁守卫制度。

明万历四十三年（1615年）五月，张差手持木棒闯入大内东华门，一直打到皇太子居住的慈庆宫，后被内监捕获。经刑部会审，查明张差系京畿一带白莲教的一支红封教的成员，其首领为马三道、李守才，他们与郑贵妃宫内的太监庞保、刘成勾结，派张差打入宫内，梃击太子宫。此案的发生，震惊了宫内和朝野。张差被凌迟处死，马三道、李守才发远方戍守，太监庞保、刘成在内廷击毙。此案是祸首张差疯癫所为，抑或受他人阴谋利用陷害太子，众说纷纭，成为明宫疑案之一，这就是轰动一时的"梃击案"。

故宫内城墙上的券门，曾是守卫护军的哨位

清代乾隆年间在紫禁城外侧东西北三面建有围房700多间，设朱车（满语，意为警卫值宿之所）栅栏28处，由下五旗官兵轮流值守，四门各设护军守卫，是紫禁城一道坚固的防线。嘉庆年间，林清率领的天理教起义军攻入紫禁城，清廷遭受到了极大的打击。此后，更是进一步加强防守，不得擅行出入，否则按律治罪。1930年，三面围房年久失修，多数坍塌，当时经清理后，并将东北、西北转角处改为角亭，称观荷亭。

紫禁城内的禁卫由侍卫处、护军营、前锋营及内务府三旗包衣各营承担，分别守卫各宫门，稽查及警卫内廷。侍卫处的侍卫均出自上三旗的子弟，人数在1300人左右，他们文武出众，所组成的亲军营是皇帝最为信赖的精锐的警卫部队。

内务府中设有三旗包衣骁骑营，负责守卫紫禁城。有披甲人5300多人，负责紫禁城内武英殿、南熏殿、宁寿宫、英华殿、寿安宫、养心殿造办处及各库等31处的守卫与值宿。设三旗包衣护军营，负责守卫禁城内各宫门。顺治初设立，归

故宫景运门是清代进入内廷的东大门，获赐紫禁城骑马者可以在此下马

位于故宫奉先殿诚肃门外的小房子也是八旗护军值房

领侍卫内大臣管辖，康熙十三年（1674年）改隶内务府。有护军1200人。负责守卫顺贞门、西铁门、寿康宫正门、内左门、内右门、启祥门、永康左门、永康右门、宁寿宫正门、履顺门、蹈和门及三所正门等12处宫门；皇帝祭祀时负责执灯导引，扈从皇后、妃、嫔等随驾巡幸。

各处警卫按班值宿，昼夜巡逻，夜则传筹。传筹分为外朝、内廷两路。内廷每夜自景运门发筹西行过乾清门，出隆宗门北行，过启祥门，再西过凝华门北转至西北隅，再东行过顺贞门、吉祥门至东北隅，南转过苍震门，南而西转仍回到景运门。凡十二汛为一周，每夜发八筹。外朝自隆宗门发筹东行，出景运门向南，经左翼门至协和门，进门而北行，过昭德门，西行过贞度门，再南行出熙和门，北经右翼门，回到隆宗门，八汛为一周，传筹五。另有太和殿院内一路，自中左门发筹，经过东大库、西大库、中右门，仍至中左门，四汛为一周，传筹三。

禁廷各门天明开启，日落关门上锁。凡夜间出入须持合符比验相符，方能启门。

清朝门禁不如明朝严明，大小官员可至宫门递折请训，但出入门禁也有严格制度。内大臣、侍卫、内务府等官及内廷执事官与内务府各执役人等，准由禁门出入者，均将姓名、所属旗分佐领、内管领造册登籍，送所经由之门。东、西华门外设有下马石碑，凡王公大臣上朝，至东、西华门外下马石碑处下马。王公百官进入紫禁城所带随从人员有严格限制。官员出入，各行其门，并开写职名查验，如查不符，即行究办。

午门作为紫禁城的正门，献俘、颁朔等活动在此举行。明代午门前曾为"廷杖"行刑之地。其中门唯皇帝出入，大婚礼皇后由此门入，殿试状元及第由此门出；宗室王公出入东西两门；文武官员出入左右掖门。门禁森严，不得逾越。

东华门在四门之中比较特殊，门钉为八列八行，皇帝、皇太后、皇后死后灵柩从东华门出，有别于其他三门。帝后往来西苑和西郊诸园多由西华门出入。内阁、武英殿修书处、内务府等朝臣官员日常进出宫禁，走东、西华门。

常年进出紫禁城的还有宫内使用的杂役、工匠等人，这些人不仅为数众多，而且宫内各处只要有用之工，必到现场，所以管理更加严格。每日进出宫有专人带领，点明人数，查验腰牌。腰牌由所管衙门发给，因系在腰上而得名。清代腰牌为木质，上面用火烙印写上持牌人的性别、年龄、基本相貌特征以及制造年代及各部院衙门。腰牌因木质易磨损以至烙印模糊，故规定每三年更换一次。杂役、工匠每日进出紫禁城要出示腰牌，以腰牌为凭，查验身份无误，方可放行。

腰牌

毛泽东参观故宫

光绪年间又钦定规制：无论何项人等携带物件出入各门，务须切实盘问，倘有来历不明者，立即究办；嗣后内务府司员带工匠及在内当差女子，太监出入何门，仍照旧责成内外守门侍卫官兵首领太监一体盘诘稽查放行。如有太监、苏拉携带闲杂人等，不遵禁令，擅自出入者，立即严拿惩办，不容稍涉懈弛。

1901 年景山前，还有一道门——北上门

三　礼仪天下

——紫禁城里的外朝

　　中国传统政治的一个突出特点就是讲究礼仪，即任何事情都要讲究等级名分，不可逾越，最显著的体现就是朝廷内外无不显现"礼"的浓厚色彩。

　　故宫外朝部分为紫禁城宫殿的核心，建筑高大，空间开阔。它以太和殿、中和殿、保和殿为中心（即俗称的"金銮宝殿"），以文华殿、武英殿为两翼，更以中华门（初建名"大明门"、清名"大清门"、民国名"中华门"）、天安门（明称"承天门"）、端门、午门为前驱，成为国家举行大朝会典礼活动的重要区域。凡皇帝登基、大婚、命将出征、殿试传胪，以及每年的元旦（春节）、冬至、万寿（皇帝生日）等重大节日，都要在这里举行隆重的典礼，此时的卤簿仪仗自太和殿前一直摆到天安门后，而发布的重要诏书则需要被请上天安门，再下发给全国。文华殿在明初为太子摄政之所，嘉靖后改为皇帝举行经筵典礼及临时使用的便殿，清乾隆年间更在其后增建文渊阁，收藏《四库全书》。其周边有内阁、会典馆、上驷院等官署。武英殿在明代为皇帝斋戒、召见大臣的地方，明清之际曾被李自成、多尔衮用作办事处。康熙初年曾在此居住过，以后改为修书处，著名的殿本书即出自这里。周边有内务府、方略馆、尚衣监、文颖馆、御书处等机构及附属库房。辛亥革命后，外朝部分成为古物陈列所所在地。

徐扬京师生春诗意图，皇城内，非写真图

卤簿仪仗图

（一）"五门"之制

古人讲朝廷明堂无不讲究"五门三朝"，紫禁城的太和门、午门、端门、天安门以及已经拆除的中华门（初建名"大明门"、清名"大清门"、民国名"中华门"），正好五门，这种层门序列的布局不仅附会了"五门三朝"的古代礼制，而且还增加了紫禁城肃穆深邃的气氛。

卤簿仪仗图

《光绪大婚图》之天安门颁诏

大清门，1901 年慈禧回銮

1. 前四门

中华门位于天安门与正阳门之间，建于明永乐十八年（1420年）。明代称大明门，清顺治元年（1644年）改名大清门，民国元年（1912年）改称中华门。1958年因天安门广场改建予以拆除。中华门为砖石结构，单檐歇山顶，覆黄琉璃瓦，开三座券洞门，门常闭而不开，惟遇有大典时启门出入。门前左右有石狮、下马石碑各一。门内东西两侧皆为连檐通脊的朝房，称千步廊。凡吏、兵二部月掣签选官，礼部乡、会试磨勘，刑部秋审，俱集于此。

正德十六年（1521年），明武宗去世，由兴献王之子朱厚熜继位，即明世宗嘉靖皇帝，自湖北安陆（今钟祥市）兴献王封地前往北京入承大统。朝臣原拟经皇城东门东安门进紫禁城，但年仅15岁的朱厚熜却断然拒绝，最终由大明门进入，经承天门、端门、午门，到奉天殿（今太和殿）登极。后来为迎嘉靖帝生母兴献王妃进京，又在进哪座门的问题上发生争执。礼部官员拟由东安门进入，后又改大明门的东门洞，嘉靖帝坚决反对，最后定为由大明门中门进入，享受最高礼遇以示名正言顺。

天安门位于中华门以北，为皇城之正门。建于永乐十八年（1420年），名承天门。天顺元年（1457年）遭火焚毁，成化元年（1465年）重建。清顺治八年（1651年）重修后改称天安门。天安门由城台和城楼两部分组成，通高34.7米。城台辟有5门，内侧两端设马道以通上下。城楼面阔9间，进

大清门旧照，前面栅栏所围即为棋盘街

深 5 间,重檐歇山顶,覆黄琉璃瓦。金水河自西而东从天安门前流过,上架汉白玉石桥 7 座。石桥南北两侧各设石狮一对,桥南设华表一对,天安门内亦设华表一对。

　　天安门在明清两代,是皇帝祭祀、出征、出巡等重要活动进出皇城的必经之门,也是国家庆典颁布皇帝诏书的场所。颁诏当天,由工部官员备好"金凤朵云"(鎏金木雕之凤和云朵状木盘)。在天安门城楼东起第一间设宣诏台,台上设黄案,奉诏官、宣诏官在此恭候。所颁诏书在紫禁城太和殿钤上皇帝御玺后,放到午门外的龙亭内,以鼓乐仪仗为前导,抬到天安门城楼上,再将诏书放于宣诏台黄案之上。文武百官及耆老于金水桥南等候。宣诏官登台面西而立,宣读诏书后,由奉诏官将诏书卷起衔在"金凤"口中,用彩绳从天安门城台正中徐徐放下。礼部官员手捧"朵云"承接,放入龙亭送至礼部,然后抄写分送各地,颁告全国。

中华门门额,1915 年

中华门远景，1915 年

1900 年，天安门曾遭八国联军炮击，击坏天安门屋脊和华表，千步廊也被付之一炬。作为历史见证，天安门前发生过 1919 年的"五四"运动、1935 年的"一二·九"运动。1949 年 10 月 1 日，中华人民共和国开国大典在此举行，天安门成为新中国的象征，同时也是举行重大节日庆典的地方。1988 年，天安门城楼向游人开放。

新中国成立后，曾对天安门进行过多次修缮，使其始终保持崭新的风貌。1966 年邢台地震后，国务院和北京市领导决定翻建天安门。周恩来总理非常关心这项工程，亲自听取汇报，审阅图纸。工程进展顺利，一星期内拆除了城楼，1969 年 12 月下旬新城楼开始施工，不到 100 天全部竣工。1970 年 4 月，通过国家验收。新建城楼保持了原有形制，木构件

明《宫城图》局部（新）源于故宫博物院编《丹宸永固：紫禁城建成六百年》，故宫出版社 2020 年版。

紫禁城鸟瞰图（1941—1945 年）

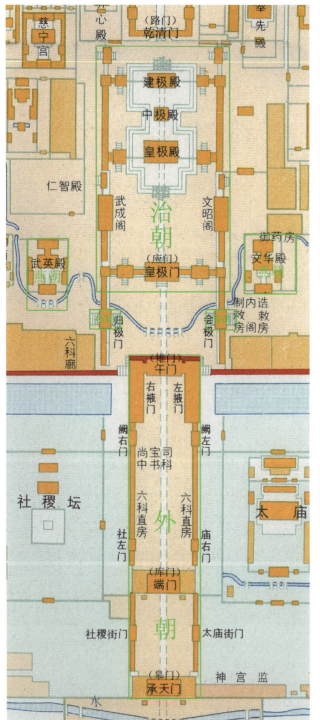

天安门旧照

端门

明代"五门三朝"示意图

进行了防腐、防虫、防火处理。考虑到自然下沉因素,对斗栱尺寸和屋顶举架略有调整,使天安门整体高度增加了87厘米。翻建后的天安门更加雄伟壮观、金碧辉煌。

端门位于天安门与午门之间,形制与天安门相同,城台与城楼通高34.37米。端门外两侧,东为太庙,西为社稷坛。东庑中开有太庙街门和太庙右门,为进出太庙的通道。西庑中开有社稷街门和社稷左门,为进出社稷坛的通道。端门内两庑为连檐通脊的长房,系部院科道公署和朝房。两庑北端

开有阙左门和阙右门,门外各有下马石碑,为朝臣候朝之处。两门以北各有庑房三间,为王公候朝之所。

1917年,端门至午门一带门庑被定为国立历史博物馆新馆址,并兴工修葺。端门城楼用作文物库房,贮存大件文物。1930年10月,国民政府行政院指令,批准《完整故宫保管计划》,指示自中华门以内直至保和殿所有一切殿廷统由故宫博物院接收,合并内宫,一同保管。1959年,中国历史博物馆新馆建成后,原有机构迁至新馆,端门仍保留为展览场地。

清人绘《万国来朝》图轴

2. 太和门

太和门位于午门内正北，是外朝三大殿的正南门，也是紫禁城内规格最高、最雄伟的宫门。太和门为屋宇式大门。面阔9间，进深4间，建筑面积1300平方米，上为重檐歇山顶，覆黄琉璃瓦，檐下绘以和玺彩画；下为高3.44米的须弥座台基，四周绕以石栏。后檐金柱间安大门三槽，朱漆金钉。阶下列铜鼎4只，门前设铜狮一对，皆为青铜本色，是明代铸造的陈设铜器。太和门前铜狮为紫禁城内陈设铜狮中体量最大者，尤显气宇轩昂。左为雄狮，右前爪伸出，抚按玩弄绣球；右为雌狮，左前爪伸出，抚按逗弄幼狮。阶下两侧还陈设有石阙和石匮。

太和门始建于永乐十八年（1420年），名奉天门。嘉靖十四年（1535年），改称皇极门。嘉靖三十六年（1557年）被火焚毁，翌年重建，曾名为大朝门，后仍称皇极门。清顺治二年（1645年），始称太和门。顺治三年（1646年）、嘉庆七年（1802年）曾有修缮。光绪十四年（1888年）十二月十五日深夜，火起贞度门，向东延烧太和门、昭德门，将三门及廊庑尽遭焚毁。这场火灾距光绪十五年（1889年）正月二十日的光绪大婚仅一个多月的时间，而太和门局势宏敞、建筑壮丽，若按原式重建已经来不及。此事震惊朝野，认为是不祥之兆。为了不影响原定的大婚吉期，决定在原址赶搭一座彩棚应急，同时由工部会同内务府勘查现场，准备在大婚后实施重建。彩棚按太和门原有形制，"高卑广狭无少差。至榱桷之花纹，鸱吻之雕镂，瓦沟之广狭，无不克肖。虽久执事内廷者，不能辨其真伪。而且高逾十丈，凛冽之风不少（稍）动摇。"（《天咫偶闻》）

故宫太和门

此门在明代一直作为"御门听政"的场所。因为常朝和御门听政同时在此举行，故称为"常朝御门"。明代规定，每天拂晓，文武百官在此上早朝，皇帝亲临此地接受臣下的朝拜和上奏，颁发诏令，处理政事。常朝御门之事，在明初举行较为频繁，嘉靖年间，因"壬寅宫变"，朱厚熜避居西苑二十多年未还大内早朝亦未举行。隆庆帝则改为只逢三、六、九日视朝。以后逐渐废弛，万历年间，由于久不临朝，朝臣竟不明班次，以致发生因班次不明而争吵不休的现象。清朝的常朝和御门听政则不在同日举行，常朝在太和殿，御门听政在乾清门。顺治元年（1644年）九月十九日，顺治帝至京师，自正阳门入宫。十月初一日祭告天地，行定鼎即位礼于皇极门（清代称"太和门"）。初十日，顺治帝于此门，颁即位诏于全国。

此后，太和门也曾被用作受朝、赐宴的场所。

太和门坐北居中，左右各设一门。左为昭德门，右为贞度门。门两侧为北向的廊庑。太和门前庭院广阔，面积达2.6万平方米。内金水河自西向东逶迤流过，于肃穆庄严之中又平添几分亲切平和。庭院东西两侧各为连檐通脊的廊庑，其间设有协和门和熙和门，是通向东华门和西华门的重要通道。

宦官专权为明代历史上的一大弊政。明武宗时大太监刘瑾作威作福，"挟天子以令诸侯"，不把朝廷大臣放在眼里。正德三年（1508年）六月，明武宗朱厚照御奉天门（今太和门）早朝听政后，群臣退朝时发现匿名书信一封，其中列数刘瑾的种种不法行为。此事被刘瑾知道，马上矫旨扣留群臣，不得退朝。

内阁大堂

300 余名文武官员跪伏在太和门广场上,不少人已上了年纪,加之酷暑难耐,当场数十人昏倒。据说匿名信出自内监手笔,然而无人招供。由于查不出书写者,刘瑾命锦衣卫将 300 余人全部逮捕下狱,造成明武宗执政以来的一大冤案。

昭德门与贞度门位置对称,形制相同,均为面阔 5 间,黄琉璃瓦,单檐歇山顶,正中安大门一槽。

昭德门始建于明永乐十八年(1420 年),初称东角门。

嘉靖三十六年(1557 年)毁于火灾,次年重建,嘉靖四十一年(1562 年)改名弘政门。清顺治二年(1645 年)改称昭德门。光绪十四年(1888 年)遭火毁,翌年重建。明代为考选传胪之地,清代作为侍卫值宿处。

贞度门在明初称西角门,嘉靖四十一年(1562 年)更名宣治门。清顺治二年(1645 年)改称贞度门。乾隆二十三年(1758 年)四月毁于火,同年十二月重修。光绪十四年(1888

太和门广场

内金水河

年) 十二月又被火毁, 次年重建。

贞度门在清代为侍卫值宿之地。光绪十四年 (1888 年) 十二月十五日, 有护军官兵在贞度门值夜, 将洋铁油灯挂在东山墙后檐柱上, 由于长期烟熏火燎, 柱木被烤焦, 以致火起。经过两天的扑救, 大火终于被扑灭。但由于消防设施落后, 器具不全, 水源不足, 仍将贞度门、太和门、昭德门及廊庑焚毁, 损失巨大。火灾过后, 清廷心有余悸, 八九天之内连发十来道谕旨, 奖励救火出力人员, 审处肇事官兵, 整顿消防机构, 妥拟防火章程及勘估重修太和门等处工程。

紫禁城内金水河与城外的护城河相连, 全长约 2000 米。由神武门以西城墙下沟道将护城河水引入紫禁城, 由北向南流又折而向东, 经武英殿前转折流到太和门广场, 再绕文华殿后曲折向南, 从紫禁城东南角流出紫禁城, 汇入护城河。

内金水河自西北而东南, 流经大半个紫禁城, 不仅美化了环境, 还是排水泄水的主要途径, 又可作为消防灭火和工程施工用水的重要水源。流经太和门广场的一段, 形似一张弯弓, 河上雄跨 5 座石桥, 势若 5 支待发之箭。中间一座称为主桥, 又称御路桥, 专供皇帝通行, 栏杆望柱采用云龙纹装饰。两侧称宾桥, 采用火焰形望柱, 供王公大臣、文武官员通行。内金水河和内金水桥使太和门广场成为既分隔又相互联系的整体, 于平淡中见起伏, 堪称绝妙的设计构思。

太和门广场东西两侧的廊庑又称东、西朝房。建造得平矮朴实, 有利于突出正中的太和门。东朝房在明代作为实录馆、玉牒馆、起居注馆和东阁, 清代则改为稽察钦奉上谕事件处和内阁诰敕房。西朝房在明代为诸王馆和会典馆, 清代则改作翻书房和起居注馆。

协和门与熙和门均为面阔 5 间, 单檐歇山顶, 覆黄琉璃瓦, 脊步安大门三槽。两门明初称为左顺门和右顺门。景泰初年, 规定有午朝制度, 御座设于左顺门。嘉靖三十六年 (1557 年) 两门皆焚, 翌年重建。嘉靖四十一年 (1562 年), 左顺门改称会极门, 右顺门改称归极门。万历二十五年 (1597 年) 两门再遭火毁, 天启年间重建。清顺治二年 (1645 年), 会极门改名协和门, 归极门改名雍和门。乾隆元年 (1736 年), 雍和门更名熙和门。乾隆二十三年 (1758 年), 熙和门再次失火, 当年重新修建。

（二）前三殿区

前三殿即太和殿、中和殿、保和殿（即俗称的"金銮宝殿"），是紫禁城核心的核心，也是国家举行大朝会典礼活动的重要区域。

1. 太和殿

太和殿位于太和门内正北，与中和殿、保和殿前后序列，合称三大殿，又称前三殿。三大殿坐落在平面呈"土"字形的宽大台基之上。台基上下三重，俗称三台，高8.13米，周围绕以后雕栏杆，栏杆望柱浮雕云龙、云凤图案。望柱下又有石雕螭首，口内凿有圆孔，是雨水排泄的孔道。三台计有螭首1142个，遇有暴雨就会呈现千龙吐水的壮观景象。利用天然雨水造景，是独具匠心的艺术创造。

太和殿是中国现存古建筑中规模最大的殿宇。面阔11间，进深5间，建筑面积达2300多平方米。殿高26.92米，连台基通高35.05米，覆黄琉璃瓦重檐庑殿顶，属中国古建筑屋顶式样的最高形制。正脊两端大吻由13块琉璃构件拼接组成，高3.40米、宽2.68米、厚0.52米、重约4.3吨，表面饰以龙纹，又称龙吻。檐宇四角安有仙人走兽，走兽又称小兽，一般古建筑多用奇数，至多不过9个，而太和殿却安放了10

三大殿

故宫太和殿前墀陛

故宫太和门前的石匦

袁世凯像

隆裕太后便装立像

国家博物馆藏明人绘《明宪宗元宵行乐图》贡狮场景

个，为古建筑琉璃装饰的孤例。太和殿檐角的走兽依次排列为龙、凤、狮子、天马、海马、狻猊（传说中的一种猛兽）、押鱼、獬豸（传说中的一种异兽，能辨别是非，见人争斗，就会用角顶坏人）、斗牛、行什。

太和殿的装饰与陈设均为中国古建筑中的最高等级。梁枋绘以金龙和玺彩画，前檐正中7间安六抹菱花槅扇，东西两侧的两间，下为彩色龟背锦琉璃砖饰面的槛墙，上为四抹菱花槅扇槛窗。隔扇绦环板、裙板和槛窗绦环板浮雕云龙，门窗饰以铜鎏金饰件。后檐正中3间安槅扇门，形制与前檐相同，两侧则以后檐墙封护。室内饰以龙井天花，正中为向上隆起、如伞如盖的蟠龙藻井。藻井上圆下方，高1.8米，井口直径6米，巨龙盘卧，龙首下探，口衔宝珠，通体鎏金，金碧辉煌。

太和殿室内正中偏后，置有须弥座式木制平台，明代称为金台。台上设镂空金漆龙椅，即皇帝的宝座。1915年袁世凯称帝，将宝座换为高背座椅，原宝座不知去向。1959年，经清史专家朱家溍先生考证，于库房中发现已残坏的原宝座，经过修复，归安原位。宝座后设雕龙鎏金屏风，宝座前设宝象、甪端、仙鹤、香亭各一对。平台前台阶间设两对香炉，两侧设香筒。

平台两侧的6根金柱采用遍体贴金的浑金做法，用沥粉贴金工艺于每根金根上各绘一条巨龙，伴以云纹衬托，其下饰以海水江崖，烘托出巨龙的磅礴气势。

太和殿内还陈设有两对龙柜，左右各一对。明人曾在殿内陈设8个龙柜，由于屡遭火灾已不复存在，现存龙柜为清代乾隆年间遗物。龙柜分为上下两截，正面对开柜门，浮雕云龙纹饰，做工细致、考究。

太和殿前有宽阔的月台，正面石阶三出，分层陈设18个鎏金铜鼎。月台上陈设有日晷和嘉量，日晷是古代计时器，利用太阳照射的方位，通过指针投影来表示时间；嘉量是古代的标准量器。日晷和嘉量除实用功能外，又是皇权的象征。月台上还陈设有铜龟、铜鹤，龟、鹤被认为是长寿的动物，以此象征江山永固。每当皇帝驾临太和殿，殿内的宝象、甪端、仙鹤、香亭、香炉等一齐点燃檀香，殿外的铜鼎和铜龟、铜鹤内同时点燃松柏枝和檀香，殿内外烟雾缭绕，增添了神秘和威严的气氛。

太和殿初名奉天殿，始建成于永乐十八年（1420年），次年四月则遭雷击起火焚毁。至正统五年（1440年）兴工重建，正统六年（1441年）建成。嘉靖三十六年（1557年）又毁于雷火，当年重建，嘉靖四十一年（1562年）九月建成，更名为皇极殿。万历二十五年（1597年），归极门（今协和门）失火，延及皇极殿。万历四十三年（1615年）重建，天启六年（1626年）建成。崇祯十七年（1644年），皇极殿又毁于兵火。顺治二年（1645年）重建，改名太和殿，次年建成。康熙八年（1669年）重修太和殿，当年完工。康熙十八年（1679年），太和殿又遭火毁。康熙三十四年（1695年）重建，康熙三十六年（1697年）建成。乾隆三十年（1765年）曾有重修。当今所见太和殿，基本保持了康熙年间重建时的形制。

太和殿是明清两代举行盛大典礼的场所，凡皇帝登极、大婚、册立皇后、命将出征，以及元旦（春节）、冬至、万寿（皇帝生日）三大节日，皇帝都要在此接受朝贺，并在此赐宴。明永乐十九年（1421年）正月初一日，北京的宫殿启用，永乐皇帝就在此接受朝贺，大宴群臣和外国使者。

明朝元旦的朝贺礼仪场面十分庞大。前一日即备好御案、宝案、香案、乐器、卤簿仪仗等。元旦当日天亮以前，锦衣卫、教坊司、礼仪司、钦天监的有关人员，及纠仪御史、鸣赞官、传制官、宣表官等事先就位。日出前三刻捶一鼓，文武百官在午门外排班候立。捶二鼓，礼部官导引百官入宫，于殿前庭院内按规定位置站立。此时，皇帝穿礼服乘舆至华盖殿（今中和殿）升座，同时午门鸣钟鼓。捶三鼓，典礼执行官员向皇帝行礼后到正殿前各就各位。中和韶乐奏《圣安之曲》，皇帝升奉天殿宝座，乐止。阶下三鸣鞭，丹陛大乐奏《万岁乐》，文武百官行四拜礼，乐止。然后是进表、宣表、致辞。官员搢笏、鞠躬、三舞蹈、跪，众人山呼"万岁！万岁！万万岁！"百官起立，出笏，再俯伏。丹陛大乐奏《朝天子》，百官再四拜，大乐止。中和韶乐奏《安定之曲》，皇帝至华盖殿，乐止，典礼结束。

清末天安门前的中轴

1913 年，太和门前举办隆裕太后葬礼

抗战胜利华北受降仪式在太和殿广场举行

午门后旧照

品级山

清代朝会礼节，大多沿袭明制，只是把明代规定的百官手拿笏板，并进行三舞蹈，以及山呼万岁的形式取消，而代之为行三跪九叩礼。

明代规定三大节日均在奉天殿举行筵宴。参加的官员按品级高低一人一桌以至二三人一桌，不设椅子，席地而坐，四品以上官员的宴桌设在殿内，五品以下官员则被安排在东西两庑。

清代赐宴，在承继明代规定的基础上又有所改变。除按规制陈设卤簿外，在殿外增加中和清乐和丹陛清乐。王公和

一、二品官员在太和殿内，二品以上的世爵等在殿前月台上，三品以下官员和外国使节在院内东西棚下。

康熙五十二年（1713年），时值康熙皇帝六旬寿诞，京师九门内外燃灯张乐，建立锦坊、彩亭、层楼、宝榭，百官黎庶弹冠相庆，盛况空前。乾隆五十五年（1790年）乾隆帝八旬万寿，皇上御太和殿，中和韶乐奏《乾平之章》，皇帝升座，乐止。阶下三鸣鞭，丹陛大乐奏《庆平之章》，鸿胪寺引百官和外国使节按班排立。进表、乐止、宣表。百官和外国使节行三跪九叩礼后退复班次，王以下入八分公以上并满汉大学士

保和殿"皇建有极"匾

故宫太和殿全景图

进殿列班，行一跪一叩礼后坐。皇上进茶，王公大学士等各于座次行一叩礼，仍就坐，侍卫等进前分赐王公、大学士等茶，各于座次行一叩礼。饮毕，复行一叩礼，起立。阶下三鸣鞭，中和韶乐奏《太平之章》，皇上启座，乘舆还宫。

登极是皇帝取得最高统治权力的标志，明初皇帝登极仪式不尽相同，唯仁宗朱高炽登极仪式为后代嗣君所法守。由锦衣卫先期设卤簿大驾，司设监等衙门于奉天门（其时奉天殿灾后尚未修复）设宝座，钦天监设定时鼓，尚宝司设宝案，教坊司的中和韶乐设而不作。是日早，遣官告天地宗社，皇帝具孝服诣大行皇帝几筵行礼，具衮冕于奉天门前行告天地礼，赴奉先殿告祖宗，仍具衮冕诣大行皇帝几筵前行礼、母后牌前行五拜三叩头礼，诣奉天门即位。午门鸣钟鼓，百官上表称贺，皇帝命免贺，免宣表，百官行五拜三叩头礼，诏书用宝，至承天门颁诏。

清代登极大典大体上与明代相同。由钦天监择定吉日。行礼前一日，派官员告祭天地宗社。当日五鼓，步军统领命人把守禁城诸门，所司入太和殿陈设诏案、笔砚案、表案、宝案。銮仪卫设法驾卤簿，乐部和声署设中和韶乐于太和殿东西檐下，设丹陛大乐于太和门北檐下。内阁学士奉诏书，礼部官员奉表，内阁中书奉笔砚，再由大学士率学士诣乾清宫请"皇帝之宝"印玺，将上述物品分陈几案之上。王公于月台上，百官于阶下排班站好。天明之后，皇帝着孝服到大行皇帝几筵前行礼，换礼服到皇太后宫行礼。钦天监报吉时到，午门钟鼓齐鸣，皇帝御中和殿升座，各执事官行礼。皇帝受礼后升太和殿宝座，即皇帝位。阶下三鸣鞭，王公百官行三跪九叩礼。诏书用宝，至天安门颁诏。

明初五帝婚后登极，故只行册后仪，至英宗朱祁镇始定大婚仪注。大略为纳采问名，纳吉、纳征、告期，发册奉迎，

清人绘《万国来朝》图轴

颁诏、庆贺等项。清代，皇帝大婚礼仪包括纳彩礼、大征礼、册立礼、奉迎礼、合卺礼、朝见礼、庆贺礼、赐宴礼等，在继承明代制度的基础上，又融入了满族习俗。

命将出征，銮仪卫陈法驾卤簿，皇帝御太和殿，授大将军敕、印。还京日，皇帝御太和殿，大将军奉上敕、印，皇帝恩赏有差。

旧制新进士殿试于太和殿两廊，乾隆五十四年（1789年）始改在保和殿考试，但必于太和殿宣名。陈卤簿于太和殿前，设中和韶乐于太和殿檐下，丹陛大乐于太和门内，并设黄案、

彩亭，鼓吹于午门外。王公与百官着朝服序立，诸贡士集于午门外，由鸿胪寺官引入，按名次奇偶分东西立于院内。礼部堂官诣乾清门，奏请皇帝穿礼服乘舆出宫，御太和殿升座。中和韶乐奏《隆平之章》，乐止，阶下三鸣鞭，丹陛大乐奏《庆平之章》，大学士奉黄榜陈于黄案，诸贡士就拜位，乐止。宣制官宣制曰：某年月日，策试天下贡士。第一甲赐进士及第，第二甲赐进士出身，第三甲赐同进士出身。传胪官宣布考试名次，诸进士依次跪于御道两侧，行三跪九叩礼。礼部尚书奉黄榜，承以云盘，张黄盖出太和门中门，一甲三名进士随榜

太和殿内景

典礼用编磬

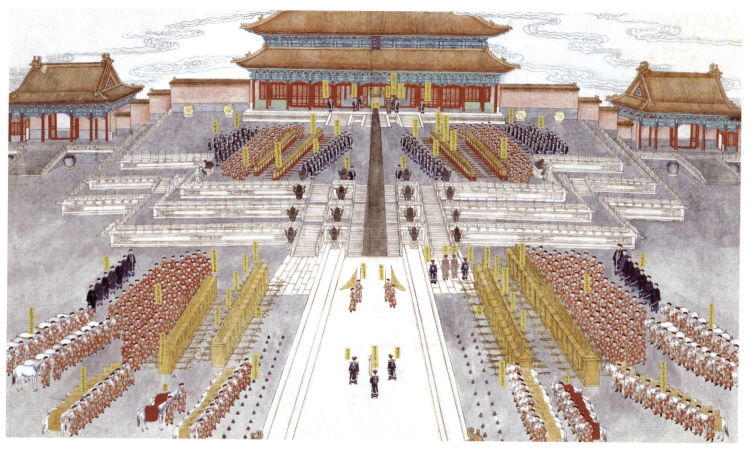

太和殿大典（庆宽等绘《载湉大婚典礼全图册》局部）

出，诸进士从昭德门、贞度门分出。阶下三鸣鞭，中和韶乐奏《显平之章》，皇帝启座，乘舆回宫。

明清两代在太和殿举行大朝会，均须陈设卤簿仪仗。明清两代皇帝的卤簿基本一致，一般由 3000 人组成。《大清会典》规定，皇帝的仪仗称卤簿，皇太后、皇后的称仪驾，皇贵妃、贵妃的称仪仗，妃、嫔的称采仗。皇帝卤簿又分大驾卤簿、法驾卤簿、銮驾卤簿和骑驾卤簿四等，用处各不相同。大驾卤簿用于祭天、祈谷、常雩（祈雨）三大祭祀活动，法驾卤簿用于祭地、祭太庙、社稷坛、日坛、月坛、先农坛、历代帝王庙、先师庙、

太和殿

太和殿大吻

关帝庙、文昌庙及朝会时使用，銮驾卤簿用于皇帝行幸于皇城之内，骑驾卤簿用于皇帝巡幸外地或大阅时使用。

太和殿前是紫禁城内最大的广场，面积达 3 万余平方米。遇有大朝会和庆典，文武百官列队立于广场御道两侧。按正、从一品至九品，每侧 18 列，明代在奉天门前，用木牌做标志，清代改用铜范，形如山形，称为"品级山"。

太和殿广场东西两侧，耸立有高大端秀的体仁阁和弘义阁。两阁形制相同，外观两层，内有夹层，实为三层，面阔 9 间，进深 3 间，黄琉璃瓦庑殿顶。

《光绪大婚图》中的太和殿前

体仁阁始建于明永乐十八年（1420年），初称文楼，嘉靖时改名文昭阁，清顺治初改称体仁阁。顺治三年（1646年）重修，乾隆四十八年（1783年）毁于火，当年重建。明代曾在此存放《永乐大典》，清康熙十七年（1678年）在此首开博学鸿词科，搜罗遗佚，纂修《明史》。乾隆时曾在此供奉清初三帝御容、甲胄及金册宝、玉册宝，后作为内务府缎库。

弘义阁在明永乐十八年（1420年）建成后称武楼，嘉靖时改称武成阁。清顺治初年改名弘义阁，顺治三年（1646年）重修，清代用作内务府银库。

殿外大缸都是明、清旧有的陈设物，具有消防和装饰的价值。在清代，缸内平时贮满清水。每年到了农历小雪季节，由太监在缸外套上棉套，上加缸盖，下边石座内置炭火，防止冰冻，直到春节后惊蛰时才撤火。宫内陈列的这些大缸，明代大都用铁或青铜制成，鎏金铜缸很少，两耳上均加铁环；清代则多数是用鎏金大铜缸，或者烧古青铜缸。明代缸的样式上奢下敛，古朴大方；清代则腹大口收，两耳加兽面铜环，制作精致，外表富丽。

太和殿殿前的丹墀是明代的遗物，到清代人已不知下面掩盖的是什么。是象征风调雨顺、五谷丰登的"五谷"？还是象征构成宇宙万物的基础物质金木水火土的"五色土"？或者兼而有之？只有靠考古发掘了。

2. 中和殿

中和殿位于太和殿后，是一座正方形殿宇。面阔、进深各5间，建筑面积580余平方米。黄琉璃瓦四角攒尖式屋顶，正中安铜胎鎏金宝顶，在阳光下熠熠发光。

中和殿始建于明永乐十八年（1420年），名华盖殿。永乐十九年（1421年）四月被火焚毁，正统五年（1440年）重建，正统六年（1441年）工成。嘉靖三十六年（1557年）再遭火毁，嘉靖四十一年（1562年）重建工成，并改名中极殿。万历、天启年间曾先后重修。清顺治二年（1645年）改称中和殿，并动工重修，次年工成。康熙十八年（1679年）十二月火灾焚毁，三十六年（1697年）七月重建。乾隆三十年（1765年）又有修缮。

中和殿内正中设宝座，宝座后设屏风。宝座前及两侧设宝象一对、鼎炉二对、香筒一对、角端一对，另有一对炭盆分置左右。中和殿四面辟门，每逢冬季举行大朝会和庆典，中和殿内的两个大炭盆都燃炭火。每次太和殿举行朝贺庆典，

从太和殿看体仁阁

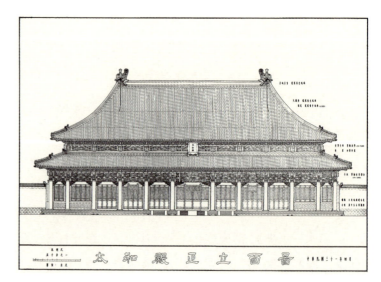

太和殿正立面图

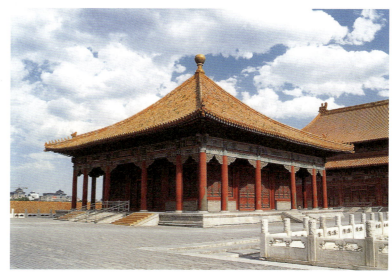

中和殿

中和殿内景

殿试试卷内页

殿試舉人臣杜本崇年貳拾捌歲湖南長沙府善化縣人由拔貢生應

光緒拾壹年鄉試中式由舉人應光緒拾伍年會試中式今應

殿試謹將三代腳色開具於後

一三代

曾祖家璧　祖聲耀　父錫元

臣對臣聞紹天出治王者有遠大之規模履德調元人主

有中和之運量是以垂裳端冕衢室自瘅其神明飭紀整

綱廟堂早殷其經理自古聖君虞廷六合綏羣生奏安

內靖外之功垂耀日照天之烈以重生計則萬姓咸安也

以制國用則九府咸登也以慎邊防則八荒咸服也以阜

民財則四境咸勤也榮乎隱隱各得其所用整齊異俗以

經畫則象緯道邁鴻軒握金鏡而照洪暉正玉衡而流

繁社凡大小臣工已無不各獻計謨以共求上理矣猶復

堪枚舉而即此數大端之美善以成盛治為無難矣敚惟

聖懷沖挹俯切咨詢思長治久安益持蓋而保泰進臣等於

廷而策以救荒之要富國之方與夫除害興利之政如臣愚

為之一般未必盡然區災傷者罷其不以入吿聞草根樹皮之食

而後奏聞勿虞國用之不足或詔以往賑如救水火勿得

偶緩於行程蓋不患無餘財而患心運以實心而不

徒循故事斯有災不害民困易蘇為有濟於元元之泉也

皇帝从后宫乘舆前往。

明清两代皇帝，每年春季祭先农坛、行亲耕礼，祭祀和亲耕之前，皇帝在中和殿阅视祭祀用的写有祭文的祝版和亲耕时所用的农具。前一日，遣官祇告奉先殿。当天，顺天府尹设二案于太和殿东檐下，以龙亭三、彩亭四陈设耕具，皇帝躬耕耒耜及鞭子皆饰以黄布，布种以稻。从耕之王公九卿，布种以麦、谷、菽、黍，各贮青箱。所有物件由长安左门入，送至午门外。府属官恭奉入左门，至太和殿东檐次第陈于案。皇帝御中和殿，阅祭先农祝版，礼毕，御保和殿。户部官举案入中和殿，陈于殿中央，鞭耒案在前，种箱案在后。户部、礼部尚书、侍郎率属立中和殿丹陛之南，礼部尚书一人至保和殿请驾。皇帝御中和殿，阅耕具毕，奏礼成，乘舆还宫。

皇帝亲祭地坛、太庙、社稷坛、历代帝王庙、至圣先师庙、日坛和月坛，也要先期在中和殿阅视祝版。

清代给皇太后上徽号，皇帝在中和殿阅视表文。清代，每十年纂修一次玉牒，即皇室谱系，每次修纂完成，在中和殿举行仪式，进呈皇帝审阅。礼部、鸿胪寺官按玉牒卷数预设案于中和殿，工部官设彩亭于玉牒馆。当日清晨，王公聚集在太和门外，文武百官集于午门外，均穿朝服，分东西序立。总裁、王公、大学士、尚书和提调、纂修官着朝服集于玉牒馆，恭奉玉牒正、副本陈于彩亭。总裁、王公与百官行三跪九叩礼毕，銮仪卫官员列仪仗、张黄盖送至太和殿阶下，王公、百官沿途跪迎。纂修官恭奉玉牒进太和殿中门至中和殿，陈玉牒于案。总裁率提调、纂修官行三跪九叩礼，总裁到案前展开玉牒。由礼部堂官奏请，皇帝着礼服乘舆至保和殿后降舆。至中和殿，在案左侧面西而立，礼部尚书奏请阅玉牒，皇帝上前阅毕，礼成，皇帝还宫。玉牒恭藏于皇史宬。

3. 保和殿

保和殿位于中和殿之后，为外朝三大殿的最后一座殿宇。面阔9间，进深5间，建筑面积1240余平方米。重檐歇山式屋顶，覆黄琉璃瓦。前檐金步安装修，正中5间安菱花槅扇，

两端的两间为槅扇槛窗。后檐正中3间安菱花槅扇。建筑结构为减柱造形式，前檐减少6根金柱，室内空间尤显宽敞。

三大殿由于功能不同、位置不同，体量与建筑形制也各具特色。太和殿庄严雄伟，中和殿方正端庄，保和殿巍峨壮丽，既有差异又协调自如，形成一个有机的整体。

保和殿始建于永乐十八年（1420年），名为谨身殿。永乐十九年（1421年）四月毁于火，正统五年（1440年）兴工重建，正统六年（1441年）建成。嘉靖三十六年（1557年）四月又被火毁，当年重建，嘉靖四十一年（1562年）工成，更名为建极殿。万历、天启年间又有重修。清顺治二年（1645年）改称保和殿，同年重修，次年工成。康熙二十九年（1690年）、

保和殿内景

保和殿

乾隆三十年（1765年）又有重修。顺治、康熙年间，保和殿因皇帝暂居曾两易其名。清顺治二年（1645年）至十三年（1656年）改称位育宫，康熙帝登极后至康熙八年（1669年）改称清宁宫。

明代册立皇后、皇太子颁诏时，百官上表笺称贺，皇帝先到谨身殿（今保和殿）穿戴衮冕礼服，然后再到奉天殿（今太和殿）接受朝贺，再回谨身殿换下礼服。

清代每年除夕前、正月十五日，皇帝总会在保和殿内设宴招待内外大臣，称岁末宴、新年宴。清代公主下嫁纳彩后，皇帝在保和殿宴请额驸（驸马）及其父亲、族中的在朝官员和三品以上的文武大臣。乾隆三十五年（1770年），固伦和静公主下嫁，就在保和殿赐宴。一般情况是，殿外檐下安设宫廷乐器，殿前东西两侧安设丹陛大乐，殿南正中张设黄色大幕，幕下陈设各种彝器。开宴时，外藩王公及内廷大臣在殿内坐席，殿外丹墀上设台吉、侍卫席。宴饮之前，还要举行宴飨之礼，十分繁琐。嘉庆二年（1797年）十二月三十日，设年

乾隆十六年殿试金榜

终宴于保和殿，大臣两人共一桌。少顷，嘉庆皇帝御保和殿，候太上皇帝升殿坐于御榻。皇帝于东侧另设小榻，面西侍坐，文武官员陪食。太上皇帝举御桌上酒盏祝酒，宴罢文武官员各有颁赏。

清顺治十四年（1657 年），文华殿修建工程尚未完工，曾于保和殿举行经筵典礼。

实录、圣训修成，于保和殿举行恭进仪式。皇帝礼服乘舆出宫，至保和殿降舆入，至实录、圣训案前行三跪九叩礼，实录、圣训恭送至乾清门，交内监送入内宫，礼部尚书奏礼成。皇帝御中和殿，执事各官行礼后再御太和殿，王公百官行礼，皇帝还宫。择吉日，实录、圣训恭送皇史宬尊藏，副本交内阁收贮。

顺治年间，曾御试词臣于保和殿。康熙二十四年（1685 年）正月，御试翰林院、詹事府诸臣于保和殿。乾隆元年（1736 年）试博学鸿词科，因天气渐寒，皇帝降谕旨，于保和殿考试，并于保和殿赐宴。乾隆五十四年（1789 年）始于保和殿举行殿试，以后成为定例。

清代殿试一般是在四月二十日举行。殿试内容都是些皇帝提出的有关治国安邦的策问，考生们阐述自己的观点和议论。考卷长一尺四寸，白宣纸共 7 层。8 开，每开 12行，每行 22 字，加抬头顶格为 24 字。考生要先填写姓名、籍贯、年龄、学历及祖上三代名头，交卷时一并密封订死，以免作弊。按规定考试以一天为限，日落时收卷。读卷大臣用两天的时间阅卷，从中选出最好的前 10 份卷子，于四月二十四日进呈皇帝钦定。皇帝亲点一甲三名：状元、榜眼、探花。五月二十五日，在太和殿举行"殿试传胪"，新科进士们由午门进入太和殿广场，礼部尚书高声唱名。状元、榜眼、探花在唱名声中出班跪谢隆恩。然后，礼部尚书高举金榜，一甲三名紧随其后，得由御道出午门中门，披红挂彩"夸街"去了。

另据《啸亭续录》记载，刘凤诰曾于巳酉年参加殿试。天已昏黑，而他的卷子还没写完，众监试大臣要将他的卷子收走，只有常青说：这位书生的书法极秀劲，可给点烛，让他写完了。及至榜发，刘凤诰果然高中探花郎。

保和殿后三台石阶正中，嵌有一块巨大的云龙雕石。长16.57 米、宽 3.07 米、厚 1.7 米、重约 200 吨。四边雕作卷草纹，中间浮雕 9 条巨龙，飞腾于流云之间，下部为海水江崖，像汹涌的海水，拍打着岩石，更显气势磅礴。整个画面紧凑饱满，层次清晰，雕工精湛传神，富有立体感，不愧为令人叹为观止的艺术珍品。这块巨型雕石为明代遗物，乾隆二十五年

故宫大石雕

(1760 年)将明代旧有纹饰凿去,改刻现今所见到的图案,为了重雕图案将原石雕凿去一尺二寸,约合 38 厘米。

据明人《东宫纪事》载,为搬运这块 200 余吨的大石料,曾动用 1800 匹骡子牵拉,并用凿井泼冰道的办法,用时二个月才运进宫中。

三大殿周围由廊庑围合成相对封闭的院落,形成紫禁城内最大的庭院。院落的四角各有一座高耸的崇楼,形制相同,平面呈方形,黄琉璃瓦重檐歇山顶,向内的两面柱间安设门窗装修,外侧两面则用墙体封护。崇楼的设置,加强了外朝三大殿的整体性和稳定感,同时也使得周围建筑起伏错落而主次分明,更烘托了三大殿突出的重要地位。三大殿周围的廊庑楼阁,在清代主要用于内务府广储司所管的库房,包括银库、缎库、皮库、衣库、茶库、瓷库六大库,以及武备院的甲库、毡库和南北鞍库。

三大殿庭院四面设门,正南为太和门,两侧有昭德、贞度二门。东庑为左翼门,西庑为右翼门,形制相同,皆面阔 5 间,黄琉璃瓦单檐歇山顶。保和殿两侧三台左右有后左门和后右门,形制相同,皆面阔连廊 5 间,黄琉璃瓦单檐歇山顶。据文献记载,明代保和殿后有云台门,但遗迹不存,旧制不明,有专家推断可能为牌楼门形制。在明代,后左门、后右门又称云台左门、云台右门,也称平台,皇帝曾于此召对臣工。清代,将后左门左翼室亦称为平台,康熙皇帝曾在此召见内阁官员。太和殿两侧三台下面有中左门和中右门,形制与后左、后右门相同,顺治三年(1646 年)重修。

故宫屋脊兽琉璃斗牛、行什、海马、狻猊、龙凤、仙人、押鱼、獬豸

链接：建筑常识

雀替

木结构装修构件。宋代称角替，清代称雀替。多用于大型建筑的外檐额枋下与柱相交处，有支撑和牵拉作用，可增强枋榫的受剪力和枋柱插接作用。明清以来，雀替的雕刻装饰效果日渐突出。

沥粉贴金

古建筑彩画工艺之一。即用装有胶和土粉混合成的膏状物的尖端有孔的管子，按彩画图案描出隆起的花纹，上面涂胶后贴以金箔，以求图案有立体感。

藻井

建筑物室内天花如穹窿状的装饰。由方井、八方井、园井层叠垒而成。正中多雕成蟠龙状，口衔宝珠。藻井一般用于较重要的殿宇。

（三）文华殿区

1. 文华殿

外朝三大殿左右两翼，有文华殿和武英殿两组建筑，形成前三殿一区的左辅右弼。

文华殿位于三大殿一区协和门外，临近东华门。四周绕以红色围墙，东西最宽处 90 米，南北最长处近 140 米，呈长方形但不尽规则。前为文华门，正殿即文华殿，后有主敬殿，再后为文渊阁。文华殿左右有配殿，为典型的宫殿格局。东侧有跨院，东西约 25 米，南北约 100 米，使文华殿一组建筑在平面上略呈曲尺形。跨院南为治牲所，北面有景行门，正殿为传心殿，后有神厨和祝版房。

文华门坐落在高 1.5 米的砖石台基之上，面阔 5 间，进深

3 间，黄琉璃瓦单檐歇山顶，梁枋绘以金龙和玺彩画，后有甬道直抵文华殿。文华殿面阔 5 间，进深 3 间，黄琉璃瓦单檐歇山顶，梁架绘以金龙和玺彩画。文华殿后为主敬殿，与文华殿坐落在同一高 1.5 米的台基之上。主敬殿形制大体同文华殿，但进深略浅，尺度也略小。

东配殿名本仁殿，西配殿名集义殿，均为面阔 5 间，黄琉璃瓦悬山顶的建筑，绘以金龙和玺彩画。主敬殿后为一横向庭院，院中开凿一方形水池，正中跨一南北向石桥，桥北即文渊阁。阁后一脉湖石叠山，洞壑相连，绵延不断。院内遍植松柏，路径铺以卵石，营造出幽雅宁静的园林气氛。

文渊阁仿浙江宁波天一阁而建。面阔 6 间，通面阔 34.7 米，进深连廊 5 间，通进深 174 米。黑琉璃瓦歇山顶，绿色琉璃瓦剪边，跑龙脊。彩画为"河马负图""翰墨册卷"等题材的苏式彩画，以冷色调为主，沉静而无火气，与宫内多数殿宇不同。文渊阁东有一方形碑亭，黄琉璃瓦盝顶，汉文脊。形

清末文渊阁

文渊阁

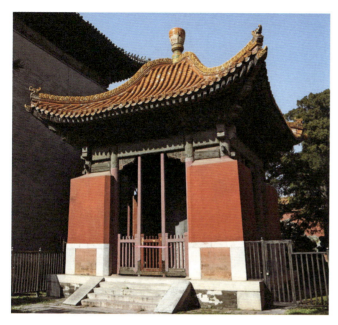

创建文渊阁碑亭

故宫文华门

制较为奇特。亭内有乾隆皇帝撰写的《文渊阁记》石碑。

传心殿院东西两侧偏南各开一角门，西通往文华殿前庭院，东通往传心殿院外。治牲所坐南朝北，面阔5间，黄琉璃瓦硬山顶，龙锦枋心旋子彩画。

景行门面阔3间，为穿堂门形式。黄琉璃瓦悬山顶，龙锦枋心旋子彩画。门前偏东为大庖井，井水清甜甘洌，井上覆以黄琉璃瓦悬山井亭。

传心殿面阔5间，黄琉璃瓦硬山顶，龙锦枋心旋子彩画。殿后偏西为祝版房，面阔3间，黄琉璃瓦硬山顶，一字枋心旋子彩画。神厨位于传心殿后偏东转而向北，为转角房形式，平面呈曲尺形。覆黄琉璃瓦，硬山顶，梁枋饰以一字枋心旋子彩画。

文华殿始建于明永乐十八年（1420年），初为皇帝常御之便殿，后用为经筵之所，天顺、成化两朝一度作为皇太子摄

事之所。原为绿琉璃瓦顶，嘉靖十五年（1536年）改易为黄瓦，仍为经筵之所。嘉靖十七年（1538年），又建圣济殿于文华殿后，以祀先医。另有精一堂、九五斋、玉食馆等，位于文华殿周围，九五斋之西室名恭默室，室北壁绘河图、东壁绘洛书、西壁绘凤鸣朝阳图。文华殿西北为省愆居，其底用木构成通透之基，高3尺余，不令墙壁至地，四周亦不与别处接。凡遇灾眚，皇帝居此以示修省。

文华殿东室供奉伏羲、神农、轩辕、尧、舜、禹、汤、文、武九圣小龛于北墙，左右东西向为周公、孔子二龛。每年春秋两季经筵开讲前一日，皇帝至此行奠告礼。

文华殿正中设御座，后设龙屏。设御案于御座前偏左，御案前偏左设讲案。殿中设衔香金鹤一对，左右分立，其下设香炉。进讲时，抬讲案官置讲案于御座前，展书官展开讲章，二太监接手奉至御案，镇以金尺。讲官行礼后进讲，讲毕于

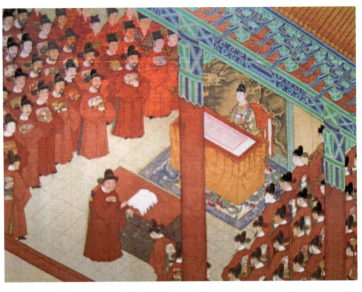

明代经筵情形，源于明余士、吴钺合绘《徐显卿宦迹图》册页之经筵进讲。故宫博物院藏

故宫协和门，明左顺门，明武宗、世宗时大臣哭殿的地方

奉天门（今太和门）东庑赐宴。讲官所穿衣物皆事先熏香，进讲完毕以专用箱柜贮存以示尊重。

日讲礼仪不似经筵那样隆重。当日清晨，皇帝到文华殿东室行一拜三叩礼。阁臣、讲官立于殿前月台上左侧等候，待皇帝行礼毕于殿后穿堂坐定，始分左右鱼贯而入，近御案前行一拜三叩礼。皇帝坐于高仅3寸的地平之上，以便于讲官凭几授课。讲官读书、讲书，与皇帝共用一几，几上只书一本面朝皇帝。讲官凭几倒看，手执朱红牙签，读书、讲书至某句即以签指。届时左班中官手执一小架，架上有金钱，自架左移至架右则发出声响，以计遍数。

明代殿试后，内阁大学士、学士详定试卷，于次日赴文华殿，由内阁官将第一甲三卷进呈皇帝钦定名次，并将二甲、三甲姓名填写黄榜。又次日早同赴华盖殿（今中和殿），依次拆卷，将姓名籍贯面奏皇帝，司礼监官授制诰房官填榜毕，开写传胪帖子。内阁官捧黄榜至奉天殿（今太和殿）授礼部尚书，制诰房官将帖子授鸿胪寺传胪。

据记载：明代文华殿后殿曾有万历皇帝母亲慈圣太后御书匾额：学二帝三王治天下大经大法。分六行，每行二字。前殿匾额是：绳愆纠谬。慈圣太后特命杜诗写此四字为匾，以垂戒万历皇帝时刻注意检讨过失。大殿内有一围屏，中间数扇画舆地图，左边数扇贴文官职名，右边数扇贴武官职名。遇官员升迁时更改。此系万历初年首辅大臣张居正所创。万历二十四年（1596年），万历皇帝移居启祥宫，又另置一高二尺余的小围屏，安设在启祥宫前殿。当年文华殿前后柱上均有张居正所进献对联，其一：念终始，典于学，期迈殷宗；于缉熙，殚厥心，若稽周后。其二：披皇图，考帝文，九寓化成于

①　②
③　④

①明代出使情形，源于明余士、吴钺
合绘《徐显卿宦迹图》册页之楚藩持
节。故宫博物院藏

②明代大朝情形，源于明余士、吴钺
合绘《徐显卿宦迹图》册页之皇极侍
班。故宫博物院藏

③明代科举考试情形，源于明余士、
吴钺合绘《徐显卿宦迹图》册页之棘
院秉衡。故宫博物院藏

④明代颁诏情形，源于明余士、吴钺
合绘《徐显卿宦迹图》册页之金台捧
敕。故宫博物院藏

几席;游礼阙,翔艺圃,六经道显于羹墙。其三:四海升平,翠帷雍容探六籍;万几清暇,瑶编披览惜三余。其四:纵横图史,发天经地纬之藏;俯仰古今,期日就月将之益。其五:西崑峙群玉之峰,宝气高腾册府;东壁耿双星之曜,祥辉遥接书林。大概意思是请求皇帝能够以三代贤王为榜样,刻苦学习,实现清明政治,四海升平的盛世局面。

崇祯十七年(1644年),李自成农民起义军攻入北京,推翻明王朝。清军入关,李自成西遁,文华殿亦被火毁。清顺治十二年(1655年)冬,顺治帝诏日讲官5人进讲。顺治十四年(1657年)九月初七日,始开经筵。因文华殿未及修复,经筵于保和殿举行,事先皇帝到弘德殿行祭先师孔子之礼。

康熙二十二年(1683年),重建文华殿。康熙二十四年(1685年),规建传心殿。康熙二十五年(1686年)二月,文华殿工程完成。同年,设孔子位于传心殿。新建成的文华殿布局规整,前为文华门,文华殿、主敬殿前后序列,本仁、集义两配殿左右对峙。东边传心殿也布局严谨,治牲所、神厨、祝版房一应俱全,使得文华殿一区的建筑功能更为完善,祭祀、典礼也更显庄重。

明代文华门为皇太子文华殿会讲后赐宴之地;皇帝外出巡幸,留京王公大臣每日到文华门办事,并持合符轮流值宿。康熙二十五年(1686年),皇太子允礽出阁讲学,康熙帝钦定讲官5人侍讲。太子讲学之举延续明代旧制。明代,每日早朝后皇太子出阁升座,侍班侍讲读官入侍,叩头行礼后分东西站立。先读四书,东班侍读官向前伴读十数遍后退回原位。次读经或读史,西班侍读官伴读如前。巳时,皇太子再次升座,讲述所读之书,东、西班侍讲官各进讲一遍,然后侍书官陪侍习字。午膳后,皇太子或从容游戏,或习骑射。每日晚将本日所学内容各读数遍。每读书3日后为温书日,免授新书。凡遇朔望节假及大雨、雪、隆冬、盛暑,暂停讲读。凡写字,春月每日写100字,冬月每日写50字。

清承明制,仍以文华殿为举行经筵之地。经筵之礼,以大学士、尚书、左都御史、侍郎、詹事充经筵讲官,满汉各8人。每年春秋仲月,翰林院列讲官名具奏,满汉各2人分讲书经,掌院学士暨直讲官拟篇目、撰讲章,奏请钦定。至日黎明,遣大学士1人祗告皇师、帝师、王师、先圣先师于传心殿。鸿胪官设御案于文华殿御座,南向;设讲案于御案前,北向。翰林院官奉讲章及进讲副本,按左书右经各陈于案。记注官4人立西阶下,满汉讲官及部院侍班官员分立于月台左右。至时,礼部堂官到乾清门,奏请皇帝御经筵。皇帝御常服乘舆出宫,至文华殿升座。执事官员进殿其他官员于殿外行二跪六叩礼,满汉讲官及侍班官员由鸿胪卿引入殿内排立。满汉直讲官4人至讲案前,行一跪三叩礼。展讲章,先书后经分别进讲。每一轮讲毕,皇帝则阐发弘义,在场官员跪地聆听。然后官员于殿外行二跪六叩礼,内监于殿内设坐毡,东西各二行,官员进殿赐坐、赐茶。礼部尚书奏礼成,皇帝起驾还宫。当日,还于太和门东廊赐宴。

明代,殿试后于文华殿阅卷。清乾隆二十五年(1760年)奏准,殿试后读卷官在文华殿阅卷,并宿于文华殿两廊及传心殿前后房。

光绪二十年(1894年)至二十四年(1898年),文华殿还作为外国使节觐见皇帝、递交国书、贺书的地方。光绪二十六年(1900年)以后,则在乾清宫、皇极殿和养心殿等处进行。

1914年,古物陈列所成立。1915年,将文华殿辟为陈列室,并加盖与主敬殿之间的穿廊,所陈物品为沈阳故宫、承德避暑山庄所藏的书画。

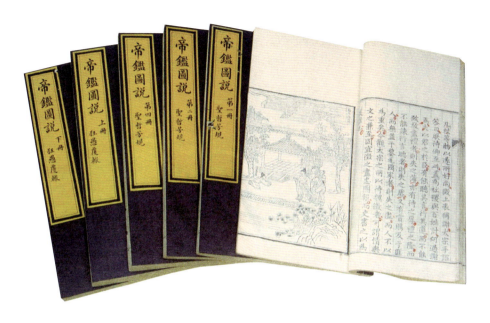

《帝鉴图说》诞生于文华殿

文华殿东配殿名本仁殿，西配殿名集义殿。清代乾隆、嘉庆年间，曾于经筵后于本仁殿赐宴。宴后，预宴者可携带果品、点心回家，以为荣耀。1914年古物陈列所成立后，于1915年将本仁殿、集义殿的明廊改为暗廊，扩大了室内空间。

主敬殿位于文华殿后，殿内设宝座、屏风，亦为举行经筵所用。光绪年间廷试经济特科，收掌官在文华殿阅卷，在主敬殿住宿三天两夜，由光禄寺供应饭食，专人预备茶水，临行赏赐银两。

2. 传心殿

传心殿位于文华殿东侧，殿内正中供奉皇师伏羲、神农、轩辕，帝师尧、舜，王师禹、汤、文、武。东侧供奉周公，西侧供奉孔子。康熙二十五年（1686年）传心殿建成后，皇帝御经筵前一日遣大学士祇告于传心殿。太子会讲，亦先祭告传

心殿。每月月中、月底，派遣太常卿供酒果、上香。雍正四年（1726年），定于经筵当日行祇告礼。乾隆六年（1741年），乾隆皇帝亲祭传心殿，乾隆六十年（1795年）再行亲祭。嘉庆、道光、咸丰三朝，皇帝都亲自到传心殿祇告。

遣官祇告传心殿，在台阶下正中行礼。皇帝亲诣行礼，在日出前三刻太常卿到乾清门奏请行礼，皇帝着衮服乘舆出宫，入文华门降舆。赞引太常卿二人恭导由景行门进传心殿中门行礼，礼成后恭导出景行门，诣文华殿御经筵。

传心殿院内有井叫大庖井，水质甘甜，名冠京师，有"玉泉第一，大庖第二"之说。清顺治八年（1651年）规定，每年十月在大庖井前祭司井神。

3. 文渊阁

文渊阁位于文华殿后，乾隆三十九年（1774年）敕建，乾

隆四十一年（1776年）建成。此地为明代圣济殿旧址，明代的文渊阁在文华殿对面路南，文献记载其形制为"砖城，凡十间，皆覆以黄瓦"。明末李自成农民军将文渊阁焚毁，所存图书也损失殆尽。

乾隆三十八年（1773年），诏开四库全书馆，编纂《四库全书》。书成之后缮写七部，分藏七阁，即北京故宫文渊阁、沈阳故宫文溯阁、北京圆明园文源阁、承德避暑山庄文津阁、镇江金山寺文宗阁、扬州大观堂文汇阁、杭州圣因寺文澜阁。另将底本一部收藏在翰林院。文宗、文汇、文源、翰林各本相继亡佚，文澜阁本仍藏杭州，文津阁本现藏于北京国家图书馆，文溯阁本转藏甘肃，文渊阁本现藏台北故宫博物院。

为存《四库全书》所建七阁，形制大致相同，其中以文渊阁最为壮观。

文渊阁建于乾隆三十九年（1774年），乾隆四十一年（1776年）建成，历时2年。其形制仿自浙江宁波天一阁。天一阁为明代兵部侍郎范钦的藏书处，相传建阁之初在阁前开凿水池，土中隐有"天一"二字，因悟"天一生水"，即以此命名；阁制6间，取"地六成之"之意。

文渊阁面阔虽为6间，但西侧为楼梯间，面阔仅一步廊深，其余5间仍明间居中，形同5开间建置。外观两层，内实3层，室内空间设计及书架均经过审慎考虑，秩序井然，一气呵成。《四库全书》总计79030卷，分装36000册，纳为6750函，再加《四库全书总目》《四库全书考证》《古今图书集成》诸书，较范氏天一阁所藏超出一倍以上。故文渊阁不仅外观宏敞壮丽，且内里在腰檐部位加设暗层，形成上中下三层空间。至于各书之排列，下层中央三间放置《四库全书总目》《四库全书考证》《古今图书集成》，左右梢间放置《四库全书》"经部"。而以"史部"放置中层，"子部""集部"放置上层。书架

故宫文华殿后殿东间

之数，总计109具。除中层外，其余各室皆于左右壁各列书架二列，中央复置方架一。阁下层内部，于次间左右利用书架为间壁，使中央3间形如广厅。厅中央设宝座，经筵后于此赐茶。宝座后安横广3间的槅扇，槅扇后经左右旁门可绕至东西梢间。东梢间于南窗下置榻，西梢间于西壁南端辟小门，由此至楼梯间。经楼梯可达中层，中层仅有东西梢间及走廊。其中央3间，洞然空朗，即下层广厅之上部。走廊位于后部通柱与金柱之间，北侧装板壁、列书架，南侧沿金柱饰以栏杆，下临广厅。东西梢间，因书架位置以槅扇与栏杆合用。东梢间之南设榻一。上层南北两面各设走道。道之外侧全部开窗，内侧依柱之位置分为5间，除明间正中饰落地罩、设御榻外，各间皆排列书架。

乾隆四十七年（1782年），《四库全书》第一部告成，入藏文渊阁。定以三、六、九月曝书，命校理诸臣分日入值。自文渊阁建成后，每经筵讲毕，皇帝御文渊阁，讲官、起居注官进内赐坐、赐茶。

（四）武英殿区

武英殿位于三大殿一区的熙和门外，与东侧的文华殿遥遥相对称。

1.武英殿

武英殿一组建筑周围绕以红墙，东西宽 70 米，南北长 100 米，占地面积略小于文华殿。武英门为这组建筑的正门，开在南墙正中。内金水河蜿蜒从门前流过，上跨石桥 3 座。正殿武英殿与后殿敬思殿坐落在高台之上，殿前月台开阔，有御路与武英门相连。正殿前东西有配殿，东为凝道殿，西为焕章殿。后殿东有恒寿斋，西为浴德堂。武英殿周围环境幽雅，内金水河三面环绕，东侧之断虹桥雕刻精美，为紫禁城之冠。桥南北地势开阔，植有古槐，俗称"十八槐"。石桥流水，古树荫浓，别有一番气象。

武英殿建于明永乐十八年（1420 年），最初是皇帝斋戒和诏见大臣之地，后改在文华殿举行。殿后的群房（今不存）

武英殿

曾用作宫廷画师作画的场所。万历十一年（1583年），皇帝下令修缮武英殿，所需银两由节慎库内支出，择期兴工，并遣官祭告。崇祯五年（1632年）皇后寿诞，命妇们赴武英殿朝贺行礼。明末农民起义军首领李自成进入紫禁城以后，在武英殿办理政务，并在此登极称帝。清初，武英殿曾为摄政王多尔衮治事之所。康熙八年（1669年），因修葺乾清宫，康熙

香妃满装像

皇帝曾移御武英殿。康熙年间，在武英殿开设修书处，专司刊刻书籍。同治八年（1869年），武英殿失火，烧毁殿宇房屋30余间，殿内所存书籍版片也付之一炬。康熙年间重建文华殿时，以武英殿为蓝本，此次武英殿失火重建又仿照文华殿，所以两组建筑十分相似。

武英门与文华门形制相同，面阔5间，进深2间，广30.4米，深11.7米。黄琉璃瓦歇山顶，正中3间开门。坐落在高1.5米的白石台基上，下为雕石须弥座，上为白石栏杆。武英门在清代曾为值宿之所。内金水河从门前环绕而过，上跨石桥3座，门内有甬道直抵武英殿。

武英殿面阔5间，广33.4米，进深3间，黄琉璃瓦歇山顶。檐下绘以金龙和玺彩画，单翘重昂斗栱。前檐明、次间安菱花槅扇，梢间安菱花槛窗。

武英殿后殿名敬思殿，面阔5间，进深3间，黄琉璃瓦歇山顶，形制同武英殿，但进深较浅，单翘单昂斗栱。

武英殿与敬思殿坐落在"工"字形台基之上。台基为须弥座形式，上安白石栏杆。殿前月台开阔，两殿间穿廊为1914年加盖。清代武英殿与敬思殿曾贮书籍与书版。

武英殿东配殿称凝道殿，西配殿称焕章殿，均面阔5间，黄琉璃瓦悬山顶。原前有明廊，1914年将装修外推，改为暗廊。清代，凡钦定刊布诸书，于凝道殿和焕章殿及左右廊房校刊装潢。

恒寿斋位于武英殿东北，面阔3间，黄琉璃瓦硬山卷棚顶。清代，恒寿斋曾为缮校《四库全书》诸臣的值房。

浴德堂在武英殿西北，面阔3间，黄琉璃瓦硬山卷棚顶。浴德堂在清代曾为修书处，词臣校书于此。

浴德堂后檐墙上开有券门，内为曲尺形券洞，通往北侧的穹窿顶浴室。券洞及浴室均为乳白色瓷砖饰面。浴室平面

为深广各 4 米的方形，中间部分四角叠涩挑出变为八角形，在上部形成圆形穹窿顶。穹顶正中开有一个直径 60 厘米的通风采光口。

浴德堂西北建有井亭一座，黄琉璃瓦悬山卷棚顶。下面台基高 2 米，台基上又有 1 米高的井台。井台北有贮水石槽，又有引水槽转折将水引至浴室北侧的灶间。井水流入灶间内大锅加热，通过铁管流入浴室。

这一套完备的设施在紫禁城内显得十分独特，引人瞩目，又令人费解。究竟作为何种用途，清史专家孟森先生认为应

是皇帝斋戒沐浴之处，为"左庖右湢"，古代礼制之遗存。古代帝王宫殿必具庖湢，文华殿大庖井与武英殿的浴室正合"左庖右湢"之说。但由于古物陈列所曾将承德避暑山庄运来的一幅美人油画像在浴德堂展出，后来衍生出浴室为乾隆皇帝专为香妃沐浴而建的传说。又因浴德堂为清代修书处之所在，故又有专家认为浴室为印刷制版装裱之用。

武英殿东有石桥一座，俗称断虹桥。桥为南北向单孔石券，全长 18.70 米，宽 9.20 米，桥面为青白石铺就，栏杆为汉白玉雕成。栏板图案雕刻古朴精细，每块栏板均以双龙戏珠

故宫浴德堂水井

为主题，衬以牡丹、萱花、荷花、菊花等十余种花卉图案。望柱头雕刻尤为精致，每个柱头都雕刻出翻转折叠的荷叶，盛开的莲花包藏着莲蓬头，莲蓬头上是姿态各异的狮子。栏杆的尽头各有一个蹲兽，也雕刻得生动传神。如此精美的石桥与紫禁城内其他石桥风格迥然不同，有专家就其雕刻风格推论有可能构筑于明代以前。又有专家考证断虹桥为元代崇天门外的周桥。

崇祯十七年（1644年）三月，以李自成为首的大顺农民起义军攻占了北京城，崇祯皇帝走投无路，自缢于万岁山（景山），明王朝被推翻。

李自成进驻紫禁城，以武英殿为理朝治事之所。此时的农民军，对北方日益强盛的满族贵族势力缺乏清醒的认识。李自成幻想收服镇守山海关的明将吴三桂，以他阻止清军入关，遭到吴三桂的拒绝。四月十三日，李自成便亲率兵马征讨吴三桂。吴三桂初战不利，乃引多尔衮出兵相助，结果李自成的农民军大败。四月二十六日，李自成退回北京城。四月二十八日，吴三桂率军逼近北京城，李自成派部将出城迎敌。四月二十九日，李自成于武英殿举行即位典礼，第二天

断虹桥

清晨，即撤离北京城。撤退前还放火焚烧宫殿及九门城楼。多尔衮令吴三桂追击李自成，自己则率部于五月初二日进入北京城，乘辇入武英殿升座，并在此办理政事。九月十九日，顺治帝至北京，由正阳门进紫禁城。因当时被毁宫殿未及修复，顺治帝于皇极门即位。以后，经常临御武英殿接受朝贺，并在此赐宴群臣。

康熙十九年（1680 年），武英殿设立修书处。康、雍、乾三朝，武英殿修书处刻印的书籍，校勘精细，字体刻工俱佳，并用特制的墨及洁白细腻的开化纸印刷，质地精美，称为"殿本"。康熙时期，除刻木版印刷外，后来还刻制了一批铜活字，排版印制了大批书籍，著名的《古今图书集成》就是用铜活字版排印的。至乾隆年间，木版印书继续保持，但铜活字因一时钱贵，竟一律毁掉铸钱使用。待《四库全书》编成后只得又雕枣木活字，排印了 120 余种书籍，命名为"聚珍版"，质量已逊于铜活字。武英殿修书处不仅编辑刊印了大量清朝编纂的书籍，而且还校刊了大量古籍。嘉庆时期，武英殿修书处已少有作为，趋向衰落。同治、光绪时期，则多用铅字排印，武英殿刊印书籍已名存实亡。

断虹桥石狮

2.周边机构

咸安宫官学位于武英殿西侧,原址在紫禁城西北之寿安宫。乾隆十六年(1751年),乾隆帝为其母(孝圣宪皇后)举办六十寿诞庆典,将咸安宫改建成寿安宫,咸安宫官学则迁至武英殿西原尚衣监处。迁移后的校舍颓旧,又疏于管理,致使学生浮散。乾隆二十五年(1760年),在尚衣监西边为咸安宫官学新建校舍。建成后的新校舍前后院落3进,布局严谨。大门名咸安门,北有影壁一座,再北院落3重,每院正房3间,东西厢房各3间。咸安宫官学又通过整顿,使学校出现转机。但至道光年间,学校又逐渐废弛。同治七年(1868年),为编纂"方略",借用校舍开馆修书,学生到校日稀。同治十年(1871年),因雨水过多致使校舍坍塌。光绪初年,曾拨款整修校舍。光绪二十八年(1902年),咸安宫官学迁至宫外,改名为三旗小学堂,分设6所小学,学习课程及内容均有变更。

原咸安宫官学在清末被火焚毁,仅存咸安门。1914年,古物陈列所成立以后,利用咸安宫官学校舍旧址建起了规模宏大的文物库房——宝蕴楼。

宝蕴楼是我国近代博物馆史上第一座专门用于保藏文物的大型库房。其设计者为建筑师马荣,图纸经内务部批准,施工由广利、

链接: 建筑常识

金龙和玺彩画

和玺彩画中等级最高的形式。图案以各种姿态的龙为主。枋心内一般画二龙戏珠,藻头内画升、降龙。平板枋以青色为底,上绘行龙;挑檐枋青色底,画流云或"工王云";由额垫板朱红色底,上绘行龙。龙周围衬云纹、火焰图案。

苏式彩画

源于江南苏杭地区民间传统做法,故名,俗称"苏州片"。一般用于园林中的小型建筑,如亭、台、廊、榭以及四合院住宅、垂花门的额枋上。明永乐年间营建北京宫殿,大量征用江南工匠,苏式彩画因之传入北方。历经几百年变化,苏式彩画的图案、布局、题材以及设色均已与原江南彩画不同,尤以乾隆时期的苏式彩画色彩艳丽,装饰华贵,又称"官式苏画"。苏式彩画底色多采用土朱(铁红)、香色、土黄色或白色为基调,色调偏暖,画法灵活生动,题材广泛。明代江南丝绸织锦业发达,苏画多取材于各式锦纹。清代,官修工程中的苏式彩画内容日渐丰富,博古器物、山水花鸟、人物故事无所不有,甚至西洋楼阁也杂出其间,其中以北京颐和园长廊的苏式彩画最具代表性。

双交四椀亮子

古建门窗装修格心形式的一种。由两根棂条相交,以菱花组成四个圆形。正交为棂条中线相交成四个垂直夹角,斜交偏45度。图案主要靠棂条花瓣变化形成,常见的有双交四椀球形格心、双交四椀古老钱格心等。

天合两家厂商合作承担。1914 年 6 月动工兴建，于 1915 年 6 月竣工，历时 1 年，全部工程用银 29695 元。宝蕴楼建成以后，古物陈列所所存文物移存入内，极大地改善了文物保管条件。

蒙古官学为乾隆十二年（1747 年）在咸安宫官学内所设，负责培养蒙古八旗子弟。官学设管理事务大臣 1 人，总裁 3 人，设蒙古教习 2 人、额外教习 1 人。所收蒙古八旗学生 24 名，主要学习蒙古经书及文字翻译等。

回子官学为乾隆二十一年（1756 年）设于武英殿北右翼门外以西，以内务府邻近房屋 6 间，作为学房，今已不存。乾隆三十二年（1767 年），又于回子官学内增设缅子官学，合称回缅官学。隶属内务府，设府属司官 2 人管理事务，设领催、服役人等 10 名承应差务。选内务府幼丁 10 人为学生学习回缅文字，选来京回人 2 名并云南选熟习缅文 2 人充任教习。

方略馆在武英殿北，今已不存。方略馆是为篡修"方略"而设立的机构，隶属军机处。初设于康熙二十六年（1687 年），时为篡修《平定三逆方略》。每次开设，书成即撤。乾隆十四年（1749 年），为篡修《平定金川方略》重开，遂为常设，直到宣统三年（1911 年）四月与军机处并裁。

方略馆设总裁 1 人，由军机大臣兼任。下设机构有文移处、誊录处、篡修处、校对处，还有纸库、书库和大库（档案库）。设提调、收掌满汉各 2 人，由军机大臣于军机章京内派充，负责方略馆的具体领导事宜。并设篡修官、校对官、译汉官，掌编篡、校勘、满文译汉等事。

清代，每遇规模较大的军事用兵及政事，统治者为了炫耀自己的"功德"，就将事件中官员的一些报告和皇帝的指示等有关材料，汇集篡编成书，纪其始末，名曰"方略"或"纪略"。方略馆除负责篡修方略之外，也篡辑皇帝特交的其他书籍，如《大清一统志》《西域图志》《明纪纲目》《明史本纪》等。

尚衣监位于武英殿西，为专司制作御用服装的机构。前有大门 3 间，左右有耳房 1 间。门内殿宇 3 座，前后序列，各 5 间。前殿、中殿左右各有耳房 1 间，前殿左右各有配殿 3 间，中殿前有井亭 1 座。乾隆十六年（1751 年），改作咸安宫官学，尚衣监改设于配殿。乾隆二十五年（1760 年），在尚衣监西新建咸安宫官学校舍。清末，这一带原有建筑失火焚毁。1914 年，古物陈列所成立后，在此建起文物库房——宝蕴楼。

文颖馆在尚衣监后，殿宇 2 层。文颖馆为续修《皇清文颖》之地，原在翰林院清秘堂西斋房，嘉庆十一年（1806 年）第四次续修《皇清文颖》迁于此地。前三次续修分别在康熙四十八年（1709 年）、雍正十二年（1734 年）和乾隆九年（1744 年）。嘉庆十七年（1812 年）十二月十九日，文颖馆遇火焚毁。嘉庆二十四年（1819 年），奉旨由内务府派员率人清运渣土，归并咸安宫管理。

器皿库位于西华门内以北，西临紫禁城城垣。前后大库各 7 间，前库左右库房各 3 间，后库东西库房各 9 间，今俱不存。

器皿库隶属内务府掌关防处，负责存储银、铜器皿及筵宴用桌。康熙三十四年（1695 年）设于中和殿西连房，后迁于此。由内管领 2 人值年管理，设库掌、库守等 13 名。

外瓷器库设在武英殿以南临近南城垣的连房内，掌收存各种瓷器及铜锡器物。另有瓷库设在中右门外西配房。

3. 南薰殿、御书处

南薰殿位于武英殿以南偏西，面阔 5 间，黄琉璃瓦歇山顶，围以朱垣，自成一体。南薰殿建于明代，凡遇上徽号册封大典，阁臣率中书在此篡写金宝、金册文。乾隆十四年（1749 年），以此殿作为尊藏内务府所藏历代帝后图像之处。殿内明间有卧碣一通，刻录乾隆帝《御制南薰殿奉藏图像记》。

南薰殿正中 3 间，各设一朱红漆木阁，分 5 层，安奉历代帝像，每一轴造楠木小匣，用黄云缎夹套包裹装入，按阁层次，分别安奉。东梢间安奉历代后像，亦遵照帝像安奉方式。帝后册页、手卷，亦按次归木阁安奉。西梢间置木柜一，贮明代帝后册宝。嘉庆、道光诸帝曾诣南薰殿，恭阅所藏图像。

御书处在西华门内路南南薰殿以西，共计房屋建筑 43 间，今已不存。

御书处原名文书馆，清顺治时设立。康熙二十九年（1690 年）改称御书处，道光二十三年（1843 年）改归武英殿修书处管理。负责拓刻、临摹皇帝诗文、法帖手迹、制墨及朱锭等。设管理王大臣，无定员。设兼管内务府司员 3 人，库掌、委署库掌 9 人。下设刻字、裱、墨、墨刻四作，设库掌、委署司匠、拜唐阿（满语，听差之人）等 20 名，匠役百余名。

顺治帝御笔"正大光明"匾、康熙帝摹刻石迹藏于御书处。乾隆五十四年（1789 年），乾隆帝命御书处补刻《兰亭八柱帖》。光绪七年（1881 年），曾对御书处所存列朝御笔及臣工所书石刻进行清点，共计 3926 块。原排列于御书处以南紫禁城西南角楼下，后存放于御书处和武英殿空闲库房内。

4. 内务府及造办处

内务府在武英殿以北，右翼门以西。此地为明代仁智殿旧址。仁智殿，俗称白虎殿，凡大行皇帝梓宫皆暂停于此。明成祖朱棣崩于榆木川，回到京师，皇太子迎入仁智殿，加殓纳入梓宫。后来亦曾为画士居处，明孝宗朱祐樘曾到仁智殿观画士作画。内务府房屋众多，院落重重，计有廨舍 43 间，

今俱不存。

内务府设于顺治初年，顺治十年（1653 年）设立十三衙门代替内务府。顺治十八年（1661 年），顺治帝死后，十三衙门被废除，内务府重新设立。康熙时曾对内务府组织机构进行改革，至雍正时内务府内部组织机构基本确立，并于雍正十三年（1735 年）定为正二品衙门。1911 年辛亥革命爆发后，清帝逊位，根据《清室优待条件》规定，内务府继续保留，直至 1924 年溥仪被逐出宫，内务府随之消亡。

内务府是服务于皇帝及其家族并管理全部宫廷事务的专门机构。职责包括办理宫内祭祀、朝贺礼仪，扈从后妃出入，总理皇子、公主家务，宫内筵宴设席，监视内阁用宝，宫内及圆明园值班，考察、任免、引见本府官员等事。

总管内务府大臣是内务府最高领导，为正二品官，无定员，由满洲侍卫、本府郎中、上驷院、武备院、奉宸苑卿中升补或根据需要由王公、领侍卫内大臣、满尚书、侍郎中特简。府堂设堂郎中 1 人，主事 2 人，委署主事 2 人。下设月官处、督催所、销算房、翻译房、档案房及本房（本房于乾隆五十六年撤销）等办事机构。

内务府下设七司、三院。

广储司，旧署设在仁智殿的配殿，雍正八年（1730 年）移至尚衣监以北，乾隆时迁至酒醋房一带，计有廨舍 17 间。其余六司俱在西华门以外。广储司的具体职责是，掌管六库事务，验收会计司，庄头处、掌仪司等处庄、园头钱粮地租，验收打牲乌拉处所进东珠、人参、貂皮及各国、各少数民族、各地贡物，支发六库之物及工程银两，绸缎、器皿等物，验收江宁、苏州、杭州等处织造运京绸缎，备办皇子、公主婚嫁仪物，支放官员养廉银两，承造宫中所需器皿，贮存、安设宫中各种灯只，管理南薰殿历代帝后圣贤名臣像，收存宫

内交出金玉册宝、印章及内务府印章、题奏本等事。广储司每年钦派总管内务府大臣一人专职管理。广储司下设六库、七作、二房。六库即银库、皮库、瓷库、缎库、衣库、茶库;七作即银作、铜作、染作、衣作、绣作、花作、皮作;二房即帽房、针线房。

都虞司,司署设在西华门外路北,是管理内务府武职官员、兵丁和渔猎采捕等事的机构。其具体职掌为,管理府属武职官员的任免升补、验骑射、引见、承袭等事及文武官员的议叙、议处、请封、请假等事,管理三旗佐领、管领下文武官员俸饷钱粮、养廉公费及兵丁钱粮、赏恤等事,管理三旗官兵操练,检验军械等事,管理打牲乌拉渔猎采捕及各地牲丁事务,负责后妃、皇子、公主的出入扈从、导引及管理府属书吏等事。都虞司下设东档房、西档房等办事机构。

掌仪司,司署设在西华门外南长街,是管理宫廷礼仪的机构。其具体职掌为,办理宫内的各种祭祀礼仪,包括奉先殿祭祖、景山寿皇殿、圆明园安佑宫、热河绥成殿祭祖、堂子和坤宁宫、清宁宫的祭神祭天、皇帝祭先农坛行演亲耕礼、皇后祭先蚕坛行躬桑礼等;办理内廷朝贺,筵宴礼仪,大婚礼仪,皇子、公主婚礼及分封等礼仪;办理皇帝、后妃、皇子等丧礼并管理陵、园寝祭祀礼仪;管理皇室、果园事务及果品;管理太监事务,包括选验、补放、发放银米等事,太监的升降迁调亦由司转咨吏部。掌仪司下设果房、神房、中和乐处、僧录司、道录司和东档房、西档房、本房等办事机构。

会计司,司署设在西华站外北长街,是管理内务府庄园户口、地亩、赋税的机构。其具体职掌为,管理内务府庄园事务,办理选验太监、宫女、乳母、保姥事,负责稽核三旗佐领、管领下拜唐阿(满语,听差之人)、匠役、太监及无业人领取银米事;办理三旗下旌表贤孝节义等事。

营造司,司署设在西华门外北长街,是负责宫廷修缮、供应薪炭的机构。其具体职掌为,负责紫禁城的岁修工程,包括粘修糊饰、淘修沟渠、城上拔草等;管理灰、炭、漆等库;管理司属七库三作,负责制造、储存、发放各种修缮物材、器物及薪炭等;负责帝、后、皇子出入时清道、安置布障等事;负责巡视内城街道不被民房侵占并管理内城旗人迁移事。营造司下设木、铁、房、器、薪、炭、圆明园薪炭七库,铁、漆、花炮三作。

庆丰司,司署设在西华门外北长街,是负责牛羊畜牧事务的机构。其具体职掌为,管理在京的内、外牛羊圈和各地牧厂,负责供应宫内祭祀、礼仪、食用之需。

慎刑司,司署设在西华门外长街之北,是负责审理府属三旗刑事案件及处分本府官员、匠役、太监的机构。其具体职掌为,审理府属三旗刑事诉讼案件;负责定拟府属文武官员的处分;处理太监犯罪案件;管理犯人监禁、发遣等事;收犯人赃款及赎金交于广储司银库。

三院,即上驷院、武备院、奉宸苑,均属于三品衙门,分别设立总理或兼管王大臣管理。

上驷院,衙署初设在东华门内三座门之西,后改建于左翼门外。上驷院是专门管理放牧皇帝马匹的机构,其具体职掌为,管理、供养皇帝及宫内所用各种马匹;负责随侍帝、后、妃、嫔、皇子,并骑试、挑选御马等事;负责治疗马、驼疾病;管理各地牧厂放牧马、驼事。

武备院,衙署设在东华门外北池子路西,是负责制造、收贮军械、装备及宫中陈设器物的机构。其具体职掌为,管理四库,收发修造各种器物;随侍皇帝出入并预备伞盖、兵仗等物;供用阅兵盔甲、阅射布靶、进呈皇帝弓箭等;负责宫内设褥;管理本院官员奖惩、俸饷等事。武备院设北鞍、南鞍、甲、毡四库，库下设各处作。

　　奉宸苑，衙署设在西华门外西苑门旁，是管理园囿、河道的机构。其具体职掌为，管理景山、三海、倚虹堂、钓鱼台等处园囿河道；负责皇帝亲耕礼仪、皇后躬桑礼仪、皇帝大阅、春秋狩猎行围及赐宴、御试武进士等事务。

　　除七司三院外，内务府还有众多其他下属机构。

　　辛亥革命以后，于1914年将紫禁城外朝部分辟为古物陈列所。先行修缮武英殿，用作陈列室及办公处，次即将文华殿、三大殿等处殿宇扩充为陈列室。在已毁咸安宫的基础上，建设文物库房——宝蕴楼。1914年10月10日，古物陈列所正式对外开放。古物陈列所是我国第一座国立博物馆，使世人有机会进入紫禁城，一览宫殿建筑和皇家收藏品。至

开幕之日到月底的20天，便接待观众11000余人次，在当时是很大的数字。外朝三大殿主要用于宫廷原状陈列，并选择一些宫廷用品作为点缀。武英殿、文华殿和传心殿则以艺术品陈列为主。武英殿一带，包括武英殿、敬思殿、凝道殿、焕章殿等处，主要陈列青铜器、瓷器、玉器、珐琅器、唐琴、宋元明版书籍、名人写经等。其中以青铜器陈列最有系统，展出有商、周、秦、汉各代铜器。

　　1925年，故宫博物院成立。1947年，古物陈列所并入故宫博物院，三大殿一区仍主要作为宫廷原状陈列展示。1949年新中国成立后，曾于1950年至1959年间对三大殿一区建筑进行了全面的保养及油饰彩画，又于1972年始对此区域建筑实施定期的保养及油饰。

链接：

清宫太监人数

　　清代宫中使用太监最初没有定制。乾隆十六年（1751年）将太监额数定为3300人。到乾隆中期，太监额数，不包括无定额部分，共为2717人，其中有总管、副总管及首领、副首领等有官职的太监官员达444人。至嘉庆、道光宫中太监人数从2600多人降至2200多人。咸丰年将额定太监人数改为2500人。清末，同治、光绪年宫中使用太监人数在1500—1600人左右，远未达到定额。

四　家国一体

内廷位于紫禁城北半部，以后三宫乾清宫、交泰殿、坤宁宫为中心，包括供后妃居住的东六宫、西六宫，供皇子居住的乾清宫东五所、西五所。供皇太后、太妃居住的慈宁宫、寿康宫、寿安宫分布于西部，太上皇宫殿（明代亦为皇太后、太妃居住区）建在东部，另有花园、戏台、佛楼、藏书等文化娱乐、休憩及服务设施。建筑以分割成的封闭院落为主，是皇帝处理日常事务、生活起居、皇室生活居住的主要场所。

（一）后三宫

后三宫以门庑相围，平面呈矩形，南北长220米，东西宽120米，有房屋420余间。正门乾清门，前有广场，广场东面有景运门，西面有隆宗门。东庑有五门：日精、龙光、景和、永祥、基化，西庑有五门：月华、凤彩、隆福、增瑞、端则。乾清宫两侧各有小殿，东为昭仁殿，西为弘德殿。东西庑为内廷办事机构值日房及御用物品库房，后有坤宁门通御花园。

1. 乾清门

乾清门建于明永乐十八年（1420年），清沿明制，于顺治十二年（1655年）重修。门外为横向广场。南北宽50米，东西长200米。广场北侧正中为乾清门，东为内左门，西为内右门；内左门东侧宫墙之下，为蒙古王公及九卿值房，内右门西侧宫墙之下，为军机处等值房。广场两端东为景运门，西为隆宗门；景运门内南侧为奏事待漏值所，隆宗门内南侧为军机章京值房。广场南侧中为保和殿后阶陛，及后左门、后右门。此广场宽阔、平坦，是外朝内廷的分界线，也是紫禁城内东西联系的主要通道。

乾清门为紫禁城内廷的正宫门。乾清门面阔5间，进深3间，高约17米，单檐歇山顶，坐落在1.5米高的汉白玉石须弥座上，周围环以雕石栏杆。门前三出三阶，各9级，中为御路石，前绕白石栏杆。两侧列铜鎏金狮子一对。中开三门，门扉安设在后檐部位，门厅敞亮。两梢间为青砖槛墙，方格窗。檐下施单昂三踩斗栱，绘金龙和玺彩画。门两侧八字形

晨曦中的故宫乾清宫

琉璃影壁,高8米,长9.7米,厚1.5米,两端接宫墙。壁心及岔角以琉璃花装饰,琉璃顶及须弥座。影壁心饰以缠枝宝相花,四岔角饰菊花、牡丹花。宫墙下摆放着铜缸、路灯。门内有高台甬路连接乾清宫月台。

乾清门在清代兼为处理政务的场所,清代自康熙年始在此"御门听政",此后,斋戒、请宝接宝等典礼仪式都在乾清门举行。门内原设有围屏,乾隆六年(1741年)将门内两边所设围屏撤去,改修板墙两道。

乾清门外内左门和内右门的两旁,原有为王公大臣所设立的板房,乾隆时改为周庐十二楹。东为文武大臣奏事等待上朝的地方,也叫九卿值房;西是侍卫房、军机处、内务府值房。

皇帝召见满汉大臣由乾清门出入，太监带领太医院值班御医走乾清门；军机大臣和年老的文武大臣准由内右门出入，造办处官员进内接活计，也可由内右门行走；内左门则不常开；皇帝前往慈宁宫向皇太后问安行礼，走隆宗门；御奉先殿祭祀及往宁寿宫，走景运门。皇帝崩逝，梓宫由乾清门、景运门出东华门。

2. 景运门

景运门位于乾清门前广场东侧，东向，与广场西侧隆宗门相对而立。明永乐十八年（1420 年）建成，万历二十六年（1598 年）重修。清沿明制，于顺治十二年（1655 年）重修。面阔 5 间，单檐歇山顶，覆黄琉璃瓦，单昂三踩斗栱，彻上明造，梁枋绘墨线大点金旋子彩画。明间及两次间辟为门道，门扉设于后檐金柱处。门道内外设礓磋慢道以便车舆出入。门内北侧原为内左门外板房，清乾隆十二年（1747 年）改建为值庐，东起景运门内宫墙，西至内左门外，连檐通脊转角房 12 间，10 间坐北面南，两间坐东面西，屋顶拐角处以盝顶合角吻形式连接，上覆黄琉璃瓦，为宗室王公大臣值房。门南侧为奏事待漏值所。门外东为奉先殿，北为毓庆宫。

奏事待漏值所即宗室王公奏事待漏之所，亦称 5 间房。位于景运门内南侧，面北，与蒙古王公值房相向。面阔 5 间，黄琉璃瓦悬山式顶，后檐墙辟门，房南绕以短墙，自成院落，院外西侧有井亭。奏事待漏值所，清咸丰八年（1858 年）毁于火，同年重建。

景运门与隆宗门均为进入乾清门前广场的重要门户，进入此门可至内廷中路各处，因此也被称作"禁门"。自亲王以下，文职三品、武职二品以上大员以及内廷行走各官所带之人，只准至门外台阶 20 步以外处停立，严禁擅入。

隆宗门初建于明永乐十八年（1420 年），万历二十六年（1598 年）十一月重修。清沿明制，于顺治十二年（1655 年）重修。

隆宗门位于乾清门前广场西侧，西向，与广场东侧景运门相对而立，形制相同。面阔 5 间，黄琉璃瓦单檐歇山顶，梁枋绘墨线大点金旋子彩画。明间及两次间辟为门道，门扉设于后檐金柱处。门道内外设礓磋慢道以便车舆出入。门内北侧为军机处值房，门外正西为慈宁宫。此门是内廷与外朝西路及西苑的重要通路，非奏事待旨及宣召，即使王公大臣也不许私入。

清代皇帝卒于紫禁城外，他们的梓宫均由隆宗门迎入，并于门内齐集举哀。

溥仪、溥杰在乾清门外旧照

清嘉庆十八年（1813年），中原一带发生"天理教"农民起义，义军领袖林清策划并命京畿一支队伍直接攻打紫禁城。九月十四日，起义军乔装打扮，兵分两路，计划从东、西华门进入宫城。西华门一支在内应太监刘德才、刘金等人引领下迅速攻至隆宗门，并在此展开激战。此次紫禁城之变，嘉庆皇帝向天下发了"罪己诏"。今隆宗门匾额上留有的箭头，相传即这次战斗的遗迹。

内右门外西侧军机处原为板房，清乾隆十二年（1747年）改建为值庐，西起隆宗门内宫墙，东至内右门外，连檐通脊转角房12间，10间坐北面南，2间坐西面东，上覆黄琉璃瓦。西3间为总管内务府大臣值房；中7间为军机处值房，值房内悬挂清世宗御书"一堂和气"及文宗御书"喜报红旌"匾额，清宣统三年（1911年）改内阁制时撤军机处，原状保持至今。东2间坐西面东，为侍卫值房。

隆宗门内南侧，有值房面阔5间，悬山式顶，上覆黄琉璃瓦。此处原为内翻书房，为翻译满汉文书之处。乾隆年间改建为军机章京值房。值房面北，为一单独小院，与军机处值房相向，亦称小军机处。西2间为议屋，中1间为苏拉、纸匠、听差之所。南北正中各辟门，后有小院，原院向南有门，光绪三十年（1904年），恐泄漏军机，遂撤院南门。院外东侧有井亭。1924—1925年曾为清室善后委员会办公处。

3. 乾清宫

乾清宫，内廷后三宫之一。位于前三殿后紫禁城中轴线上，是内廷的中心建筑。宫后为交泰殿、坤宁宫。后三宫以门庑相围，平面呈矩形，南北长220米，东西宽120米，占地面积26000平方米，有房屋420余间。乾清门内东侧折而转北至坤宁门东为东庑，有门5座，南北依次为日精门、龙光门、

军机处内景

奏折和奏匣

1922 年乾清宫东暖阁内景

坤宁宫外景

景和门、永祥门、基化门；乾清门内西侧折而转北至坤宁门西为西庑，亦有门 5 座，依次为月华门、凤彩门、隆福门、增瑞门、端则门。乾清宫两侧东西院内各有一小殿，东曰昭仁，西曰弘德。东西庑为内廷办事机构值日房及御用物品库房等。后庑正中为坤宁门，通往御花园。

乾清宫坐落在单层汉白玉石台基之上，连廊面阔 9 间，进深 5 间，建筑面积 1400 平方米，自台面至正脊高 20 余米，重檐庑殿顶，覆黄琉璃瓦，檐角置脊兽 9 个。殿内明间、东西次间相通，明间前檐减去金柱，梁架结构为减柱造形式。后檐两金柱间设屏，屏前设宝座，宝座上方悬“正大光明”匾。

东西梢间为暖阁，后檐设仙楼，清代乾隆帝御笔“温室”匾，曾悬挂于乾清宫西暖阁，与暖阁之义相通。两尽间辟为穿堂，可通交泰殿、坤宁宫。殿内铺墁金砖。

殿前宽敞的月台上，左右分别有铜龟、铜鹤，日晷、嘉量，前设鎏金香炉 4 座，月台南正中出丹陛，接高台甬路与乾清门相连。丹陛之下有高 1.8 米、宽 1.1 米、长约 10 米的通道，俗称老虎洞，石砌，拱形，两侧设门，可贯穿东西。

乾清宫月台两侧各有一座仿木结构建筑的铜镀金小殿，称社稷江山金殿。两座金殿形制相同，坐落在文石台座之上，平面呈方形，深广各 1 间，四面各设一槽四扇三交六椀花扇。

1922 年乾清宫，溥仪大婚时的情景

重檐两层，下方，上圆，攒尖顶。台座三层，通高 3.5 米，雕饰海水江涯纹，四面各置栏板三堂，南出台阶一步，柱头雕饰狮子。

　　乾清宫始建于明永乐十八年（1420 年），正德九年（1514年）、万历二十四年（1596 年）两次毁于火，万历三十三年（1605 年）重建。清沿明制，于顺治二年（1645 年）重修；顺治十年（1653 年）重建，十三年（1656 年）建成。康熙八年（1669 年）、十九年（1680 年）重修。乾隆四年（1739 年），乾清宫廊内换墁花斑石，二尺三寸见方，共 243 块。石料采自京郊盘山西北小花山。嘉庆二年（1797 年）毁于火，并延烧弘德殿、昭仁殿、交泰殿，第二年（1798 年）重建。光绪十六年（1890 年）曾修缮。

20 世纪初乾清宫内吊灯

乾清宫建筑规模为内廷之首，作为明代皇帝的寝宫，自永乐皇帝朱棣至崇祯皇帝朱由检，共有 14 位皇帝曾在此居住。明代乾清宫曾为皇帝大婚洞房。由于宫殿高大，空间过敞，皇帝在此居住时曾分隔成数室。据记载，明嘉靖年间乾清宫有暖阁 9 间，分上下两层，共置床 27 张，后妃们得以进御。由于室多床多，皇帝每晚就寝何处很少有人知道，以防不测。皇帝虽然居住在迷楼式的宫殿内，且防范森严，但仍难以高枕无忧。嘉靖年间，宫女反抗皇帝暴虐无道，在乾清宫几将嘉靖皇帝朱厚熜勒死。事败后，宫女被凌迟处死，并剉尸枭首示众。这年为壬寅年，故史称"壬寅宫变"。嘉靖皇帝此后移居西苑，不敢再回乾清宫居住。

晚明宫廷三大疑案，即万历朝的"梃击案"、泰昌朝的"红丸案"、天启朝的"移宫案"，都发生在乾清宫。

梃击案发生于明万历四十三年（1615 年）五月，有宫外人张差手持木棍打伤守门人，闯入太子居住的慈庆宫。此案祸首张差以疯癫所为处死，但有人认为其是受他人阴谋利用而陷害太子，未成定论，成为明宫疑案之一。

红丸案发生于明万历四十八年（1620 年）。当年七月，万历皇帝朱翊钧去世。八月初一日，皇太子朱常洛登基，年号泰昌。八月三十日，重病在身的泰昌皇帝开始服御药房太监崔文升所呈泻药致病情加剧，后又服用鸿胪寺丞李可灼呈进的仙丹，初服一丸，四肢和暖，思进饮食；再进一丸，于次日凌晨即亡。泰昌帝之死因引起朝内外的激烈争论。拥帝派大臣认为是万历帝的郑贵妃陷害新皇帝的阴谋，拥贵妃派大臣辩解与贵妃无涉。泰昌皇帝之死亦成为疑案。因仙丹为红色，史称"红丸案"。

移宫案发生于明万历四十八年（1620 年）八月，泰昌帝朱常洛即位后，其皇长子朱由校与宠妃李选侍一齐迁入乾清

顺治铁牌

宫。泰昌帝即位一月即病死，李选侍欲把持朝政，不离乾清宫，群臣反对，迫其离开，拥朱由校即位。围绕着新皇帝天启帝登基与李选侍移出乾清宫，宫廷内又展开了一场激烈的斗争，此即天启年间的"移宫"风波。

明代乾清宫也曾作为皇帝停灵之处。

清代康熙以前，这里沿袭明制，为皇帝居住。自康熙始御乾清宫听政。皇帝新丧，梓宫亦奉安于此祭奠。康熙六十一年（1722 年）十一月初七日，康熙皇帝病逝于畅春园。当日，梓宫运回皇宫，奉安于乾清宫内。雍正皇帝即位后住

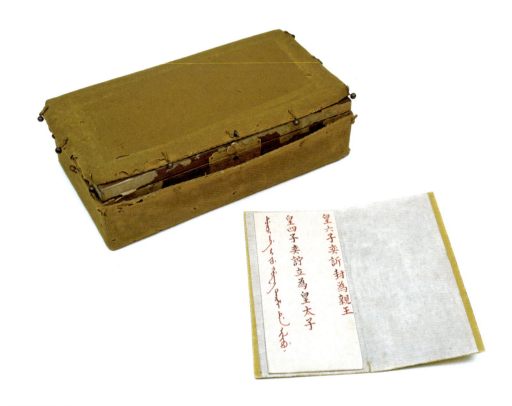

建储匣及密诏

养心殿。十二月十三日,梓宫移送到景山寿皇殿祭奠。此后,雍正皇帝及其后的7位皇帝都住在养心殿,乾清宫改作皇帝召见廷臣、批阅奏章、处理日常政务、接见外藩属国使臣和岁时受贺、举行宴筵的重要场所。一些日常办事机构,包括皇子读书的上书房,也都迁入乾清宫周围的庑房。

清代从康熙朝开始,沿用中原各王朝立嫡长子的做法确定皇位继承人。康熙十四年(1675年)下诏册立嫡长子胤礽为皇太子。康熙帝多子,在位时间又长,公开册立太子后,形成了康熙帝和太子间、太子和诸皇子间、皇子和皇子间的矛盾和纷争。康熙帝两次废皇太子胤礽。从康熙五十一年(1712年)第二次废皇太子后,康熙皇帝再没有公开建储,致使康熙帝死后雍正帝如何取得大位成为一大历史疑案。

雍正皇帝即位后,废弃了公开建储制,宣布实行秘密建储。雍正元年(1723年)下诏,收藏密建皇储诏的建储匣存放乾清宫"正大光明"匾后。

雍正元年(1723年)八月,雍正皇帝在乾清宫西暖阁召见王公大臣,宣布:"今朕诸子尚幼,建储一事,必须详加审慎,此事虽不可举行,然不得不预为之计。今朕特将此事,亲写

鳌拜画像

密封，藏于匣内，置之乾清宫正中，世祖章皇帝御书'正大光明'匾额之后，乃宫中最高之处，以备不虞，诸王大臣咸宜知之。"雍正帝命诸王大臣共议这种做法，诸王大臣均无异议。雍正帝遂命诸臣退下，只留总理事务王公大臣当面将密封的锦匣收藏于"正大光明"匾后。后来，雍正帝又另书密封一匣，"常以随身"。

雍正十三年（1735 年）八月，雍正帝四子宝亲王弘历成为清代第一个以秘密建储制继位的皇帝，是为乾隆皇帝。乾隆帝在对历朝历代的建储法详加比较剖析后，认定秘密建储"实为美善"，进一步将秘密建储确定为神圣不可更改的"建储家法"。乾隆以后，自嘉庆到咸丰，都是按秘密建储制继承皇位的。

清代皇帝大婚的第四天，在乾清宫接受皇后、妃、嫔、公主、福晋及命妇等人的拜贺。

清代皇帝有亲笔书写"福"字的习俗。此习俗首开于康熙皇帝，写好的第一个"福"字悬于乾清宫正殿，其他张贴于后宫、御花园等处。余下的赐予王公大臣及内廷翰林，众人皆以获得"福"字为荣幸。原写"福"字多在除夕前数天，乾隆二年（1737 年）开始定于十二月初一日在漱芳斋开笔书福，后岁以为常。

清宫每遇皇帝寿辰、元旦、除夕及各节令，在乾清宫举行家宴，称乾清宫家宴仪。届日，乾清宫东西檐下设中和韶乐及中和清乐，乾清门内东西檐下设丹陛大乐及丹陛清乐。宝座前设御筵，并于御筵左右两侧依次设皇后宴席，皇贵妃、贵妃、妃、嫔筵席。

康熙、乾隆两朝这里举行过特殊的筵宴——千叟宴。

千叟宴始于康熙五十二年（1713 年），康熙皇帝六旬庆寿时在畅春园举行。康熙六十一年（1722 年），分两日在乾

八国联军在乾清宫

溥仪继位照

乾清宫筵宴图

清宫举行 65 岁以上的满、蒙、汉文武大臣、官员共 1000 余人的筵宴。乾隆五十年(1785 年)正月,以登位 50 年大庆,在乾清宫举行千叟宴,宴亲王以下 60 岁以上计 3000 余人。

　　雍正十三年(1735 年),雍正皇帝崩,乾隆皇帝以乾清宫南廊为苫次。现为宫廷生活原状陈列。

　　昭仁殿为乾清宫东侧小殿,南向 3 间,明代始建。单檐歇山顶,上覆黄琉璃瓦。明间辟门,两次间为槛窗,殿前接抱厦 3 间,后接室 3 间,西室匾曰"慎俭德",再西有匾曰"五经萃室",均为藏书之处。殿前明代为斜廊通乾清宫及东庑,清代改廊为砖墙,自成一院,有小门以通内外。东为龙光门,明

20 世纪初乾清宫前的金亭依稀可见周边的海兽，如今已不知去处

位于乾清宫月台东西放置的金亭是江山社稷的象征物

乾清宫檐下陈设的宫廷乐器

1922 年乾清宫前，溥仪与婉容大婚时情形

出入乾清宫和养心殿的必经之地——月华门

代已有。门占 1 间房之三分之二，不在中央，另三分之一为东庑隔火墙，是正宫通向东路的安全出口。

明崇祯帝自缢前，在此砍杀其女昭仁公主。

昭仁殿是清朝皇帝读书的地方。乾隆九年（1744 年）下诏从宫中各处藏书中选出善本呈览，并列架于昭仁殿内收藏，乾隆皇帝亲笔题匾"天禄琳琅"，挂于殿内。乾隆四十年（1775 年），又命大臣重新整理，剔除赝刻，编成《天禄琳琅书目前编》10 卷，记载了每一部书的刊印年代、流传、收藏、鉴赏等情况。当时昭仁殿共有宋金元明版藏书 429 部。乾隆四十八年（1783 年），高宗以南宋岳珂所校刻之《易》《书》《诗》《礼记》《春秋》五经甚重，命诸臣在昭仁殿后室特辟一小室，赐名"五经萃室"，御题匾额，悬于室内。并设围屏，上刻"五经萃室记"，旁有联曰："有秋历览登三辅，旰食惟期协九经"。嘉庆皇帝亦常临室阅览，并作有《五经萃室观书诗》。嘉庆二年（1797年）十月，乾清宫失火，延烧昭仁殿，《天禄琳琅》珍贵藏书悉为灰烬。同月，嘉庆皇帝命重辑《天禄琳琅续编》，于次年完成。昭仁殿于次年重建，收贮《天禄琳琅续编》659部，12258册。"五经萃室"亦重新恢复，藏《相台五经》。昭仁殿藏书宋金版本用锦函，元版本用青绢函，明版本用褐色绢函，分架排列，皇帝可以随时到此览阅，十分方便。

弘德殿为乾清宫之西小殿，南向3间，明代建，初名雍肃殿，明万历十四年（1586年）改今名。单檐歇山顶，覆黄琉璃瓦，前接抱厦3间，明间辟门，2次间为槛窗。殿中悬挂匾曰"奉三无私"，南向设御座，后接室3间，有匾曰"太古心"，后东室匾曰"怀永图"，皆为乾隆皇帝御笔。殿前明代有斜廊，

链接：

壬寅宫变

明世宗朱厚熜对宫女暴虐无道，他身边的十几名宫女预先商定，俟机将他勒死。嘉靖二十一年（1542年）十月二十一日凌晨，朱厚熜正在乾清宫熟睡时，诸宫女便一齐动手，先用一块黄绫抹布蒙住朱厚熜之面，同时有的掐其颈，有的往其颈上拴绳套，有的按前胸，有的按四肢，两人用力拉绳套，而宫女杨金英误把绳套拴成死结，很长时间没有勒死。事后经司礼监"格外用刑"，宫女们供认不讳。口供中并涉及端妃和宁嫔事先曾参与此事，最后一并凌迟处死，并剉尸枭首示众。此年为壬寅年，故史称"壬寅宫变"。此后明世宗移居西苑，再没有进驻乾清宫。

清代改为砖墙，自成一院，东侧有小门一道，以通内外，西侧为凤彩门，明代已有，建制与龙光门同，是正宫通向西路的安全出口。

清嘉庆二年（1797年）毁于火，次年重建。

明代为召见臣工之处。清代为皇帝传膳、办理政务及读书之处。

4. 乾清宫东庑

东庑指自乾清宫东厢又西转至乾清门东山墙的围房。明永乐年间建，后数次遭火焚毁，现为清代建筑。庑房为连檐通脊，覆黄琉璃瓦，坐落在1.1米高的台基之上，前檐出廊，后檐为半封护檐墙。旋子彩画。北起3间为御茶房，南3间为端凝殿，又南3间为自鸣钟处，南为日精门，东出。日精门南为御药房，再南1室为祀孔处，皆西向。转而西，北向者为上书房，再西紧靠乾清门东山墙者为阿哥茶房，即上书房西茶房。

御茶房是内臣值庐，清初设立，圣祖仁皇帝御笔匾"御茶房"，专司上用茗饮、果品及各处供献节令宴席。尚茶之水取于西郊玉泉山。

端凝殿在御茶房南，明嘉靖十四年（1535年）建于乾清宫东庑。明代夏言拟额曰"端凝"，取"端冕凝旒"之义，为贮冕弁处。清沿明旧，御用冠袍带履俱贮于殿内，每年六月初六日，奏请晾晒。清圣祖仁皇帝御笔匾"执事"悬挂于端凝殿。

自鸣钟处在端凝殿南，清顺治年设，内悬圣祖仁皇帝御匾"敬天"。初为贮藏香、西洋钟表处，后沿称自鸣钟处，并收贮历代砚墨。属管理端凝殿人管理，列圣所御冠服、朝珠亦尊藏于此处。宫内每年向广储司领银5万两，交自鸣钟处库贮应用。

进春帖子

每年立春之前，南书房翰林等需恭进春帖子词，交懋勤殿首领太监恭呈御览后，陈设乾清宫西暖阁温室内案上，将往年春帖子词换出收贮懋勤殿，仍颁赐诸翰林福字笺暨笔墨、笺纸等物品。

日精门为乾清宫东庑正中之屋宇式大门，东出。明永乐年间建，清沿明制，单檐歇山顶，面阔3间，明间辟门，门外即东一长街。

御药房在日精门之南，顺治十年（1653年）设立，隶属总管内务府。房内悬圣祖仁皇帝御笔匾"药房""寿世"。内设有药王堂，亦称药王殿。御药房贮药四百余种，设太监管理，并负责带领御医到各宫请脉、煎药和值宿等事。清代同治、光绪皇帝曾到此行礼。

祀孔处位于御药房南，乾清宫东庑拐角处北，1室，内供奉至圣先师及先贤神位，每岁元旦至此行礼。悬高宗御笔匾"与天地参"。皇子六龄入学亦到此行礼。

5.乾清宫南庑

乾清门内东西两侧围房亦称乾清宫南庑，设有上书房、阿哥茶房、南书房，中间为乾清门，门西为宫殿监办事处、尚乘轿太监首领值房。俱北向。

上书房为清代皇子、皇孙读书处。自顺治时就设有专门管理皇子读书的机构，康熙三十二年（1693年）始称上书房，设在西华门内南薰殿西侧的长房等处。雍正初年，雍正皇帝为了便于监督皇子们的学习，将上书房移至乾清门内东侧的南庑，选择房屋5间为皇子读书处，房内墙上悬挂孔子画像，雍正皇帝还亲题联："立身以至诚为本，读书以明理为先。"上书房中，因挂有"前垂天贶""中天景运""后天不老"三匾而有"三天"之称。

上书房设总师傅、师傅数人教授汉文书，总师傅择大臣2—3人充任，统领督学。师傅均由翰林中学问极好者充任。日有课程，教习国史、圣训、经籍、诗词及满、汉文字等。所学内容以汉学为主，读的书籍为《四书》《五经》《性理纲目》《大学衍义》《古文渊鉴》等。另有教习皇子蒙语、国语（满语），另有谙达（清语教习皇子的人）数人，教皇子弓箭骑射。上书房阶下，即为皇子、王子习射之处。上书房还设有为皇子拜孔子行礼的祀孔处，皇子休息饮茶的阿哥茶房，并派太监4名，负责供献祀孔处的香烛及上书房等处陈设、洒扫、坐更等事。

皇子们从6岁起拜师入学，每天晨卯时（清晨6时）进上书房读书，下午申时（下午4时）左右下课，虽严寒酷暑而不辍。一年之中遇元旦、万寿节、端午节、中秋节及本人生日放假一天。

上书房自雍正初年迁至内廷，经乾嘉道至咸丰年。同治、光绪、宣统三朝因无皇子，上书房不再使用。道光、咸丰帝死后，新帝亦以此为守丧之所。

乾清门西之三间为宫殿监办事处，亦称敬事房，清康熙十六年（1677年）设立，清顺治时曾名乾清宫执事，为总管太监办事之所，内悬挂康熙御书匾额"敬事房"。置总管、副总管，专司宫内一切事务，奏行谕旨及承办内务府各衙门一切文移。

南书房亦称南斋，位于宫殿监办事处之西，北向。清初曾为圣祖皇帝读书处，康熙十六年（1677年）设立，选翰林等官员中才品兼优者入值，陪伴皇帝赋诗撰文，写字作画，名南书房。"非崇班贵檩、上所亲信者不得入"。康熙十六年（1677年）命侍讲学士张英、内阁学士衔高士奇供奉内廷，为南书房入值之始。因其接近皇帝，故视为要地，获选入值者以为荣。光绪二十四年（1898年）撤销。后或代拟谕旨，或备咨询，或讲求学业。

6. 乾清宫西庑

西庑即乾清宫西厢，与乾清宫东庑相对称，明永乐年间建，曾数次遭火焚毁，现为清代建筑。庑房为连檐通脊，黄琉璃瓦顶，坐落在1.1米高的台基之上，前檐出廊，后檐为半封护檐墙。北起3间为懋勤殿北房，南3间与东庑端凝殿相对为懋勤殿，又南3间为批本处，南为月华门，西出。门南为内奏事处，为尚乘轿，皆东向。

懋勤殿北房位于乾清宫西庑之北端3间。此房文献中未见正式名称。其用途约为乾隆、嘉庆御制诗注中所指之"懋勤殿库"。因文献屡见懋勤殿贮大量文房四宝等物，以备御用或赏用，当贮此房中。现建筑完好，但室内原状无存。懋勤殿与东庑端凝殿相对，3间。明夏言拟额曰"懋勤"，取"懋学勤政"之义，用藏贮图史书籍。清沿明制，凡图书翰墨之具皆贮于此，并为懋勤殿翰林侍值处。悬有乾隆御笔"基命宥

密"匾。康熙皇帝冲龄时曾在此读书；每岁秋谳，刑科覆奏本进上，皇帝御殿亲阅档册，亲自勾决，内阁大学士、学士及刑部堂官皆面承谕旨于此。

批本处位于乾清宫西庑，懋勤殿南3间，初名红本房，乾隆时始改称批本处。凡内阁所拟例行之本章，由批本处接收，交内奏事处进呈，御览后，交批本处用满文缮写后，交内阁抄发。

内奏事处位于乾清宫西庑，月华门南。明天启年间曾为大太监魏忠贤、王安值房。清为内奏事处，每日内外臣工所进奏章及呈递之膳牌，由外奏事官接入，交由内奏事太监进呈，得旨后，仍由此交出。

尚乘轿太监首领值房位于内奏事处南，乾清宫西庑与南庑转角处，东接南书房。专司皇帝出入御舆，承应请轿、随侍及御前坐更等事。

7. 交泰殿

交泰殿，内廷后三宫之一，位于乾清宫和坤宫宁之间中轴线上。殿平面为方形，深、广各3间，单檐四角攒尖顶，覆黄琉璃瓦，铜镀金宝顶。四面明间开门，三交六椀菱花、龙凤裙板隔扇门各4扇，南面次间为槛窗，其余三面次间砌墙。殿内外梁枋均施龙凤和玺彩画。殿内顶部正中1间为藻井，结构繁复，饰以赤、库两色金，中盘龙衔珠。地面铺墁金砖。明间设皇后宝座，上悬康熙帝御书"无为"匾，宝座后板屏上书乾隆帝御制《交泰殿铭》。殿内东次间设铜壶滴漏，西次间设大自鸣钟。

此殿建于明初，嘉靖年间重修。清顺治十二年（1655年）、

20 世纪初交泰殿两侧

《光绪大婚图》中的交泰殿与坤宁宫

宝玺

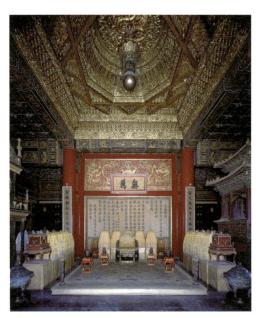

交泰殿内景

1900 年交泰殿内景

交泰殿外景

康熙八年（1669 年）重修。嘉庆二年（1797 年）乾清宫失火，殃及此殿，是年重建。清世祖所立"内宫不许干预政事"的铁牌曾立于此殿。皇帝大婚时，皇后的册、宝安设殿内左右案上。

交泰殿为皇后千秋节受庆贺礼的地方。每年春季祀先蚕，皇后先一日在此查阅采桑的用具。清代，二十五宝玺密藏于此殿中，装置宝玺的宝盝为两重，木质，外罩黄缎绣龙纹罩，分列于御座左右。二十五宝玺为乾隆十三年（1748 年）改镌的新印。其中除两方"皇帝之宝"是重文外（一方是满文，一

方是满、汉文篆书），其余印文各不相同，每一方印章的应用范围亦有明确规定，内容涉及皇位的继承、大臣的任命、民族、外交、征伐、祭祀、赏赐等各个方面。据乾隆皇帝亲修的《交泰殿宝谱》记载："大清受命之宝"，以章皇序；"皇帝奉天之宝"，以章奉若；"大清嗣天子宝"，以章继绳；满文"皇帝之宝"，以布诏敕；檀香木"皇帝之宝"，以肃法驾；"天子之宝"，以祀百神；"皇帝尊亲之宝"，以荐徽号；"皇帝亲亲之宝"，以展宗盟；"皇帝行宝"，以颁赐赉；"皇帝信宝"，以征戎伍；"天

四　家国一体

坤宁宫之洞房

光绪大婚百子帐

于行宝"，以册外蛮；"天子信宝"，以命殊方；"敬天勤民之宝"，以饬官吏；"制诰之宝"，以谕臣僚；"敕命之宝"，以钤诰敕；"垂训之宝"，以扬国宪；"命德之宝"，以奖忠良；"钤文之玺"，以重文教；"表章经史之宝"，以崇古训；"巡狩天下之宝"，以从省方；"讨罪安民之宝"，以张征伐；"制驭六师之宝"，以整戎行；"敕正万邦之宝"，以诰外国；"敕正万民之宝"，以诰四方；"广运之宝"，以谨封识。

帝发布诏书、敕谕等，都要钤用相应的宝玺。每年岁末封宝，正月，由钦天监选择吉日吉时，设案开封陈宝，皇帝来此拈香行礼。

交泰殿东西阶下左右小房，共4座，

清宫藏荷包香囊

各 5 间，开两门，一坡水卷棚硬山顶，覆黄琉璃瓦。后檐墙紧贴台基，通高约 3 米，外檐装修为板门、直棂窗，为后三宫中体量、等级最低之建筑。亦称值房，为太监值侍之所。

8.坤宁宫

坤宁宫，内廷后三宫之一，位于交泰殿后，紫禁城中轴线上，明代皇后的寝宫。始建于明永乐十八年（1420 年），正德九年（1514 年）、万历二十四年（1596 年）两次毁于火，万历三十三年（1605 年）重建。清沿明制，顺治二年（1645 年）重修，十二年（1655 年）仿沈阳盛京清宁宫再次重修。嘉庆二年（1797 年）乾清宫失火，延烧此殿前檐，嘉庆三年（1798 年）重修。

宫南向，面阔 9 间，进深 3 间，重檐庑殿顶，覆黄琉璃瓦，梁枋均饰龙凤和玺彩画。前檐明代明间开门，清初改为东次间辟板门，明间、西次间、东西梢间、次梢间减去前檐金柱，为减柱造形式。明间以西，南、西、北三面环大炕，亦称蔓枝炕、

万字炕，此 4 间为萨满祭祀场所。东梢间、次梢间通为一室，称暖阁，为清代皇帝大婚之洞房。与门相对的后檐单隔一室，内设锅灶，为萨满祭祀时杀牲煮肉之用。

宫前月台两侧摆砌黄绿相间琉璃砖灯笼槛墙。殿之东为东暖殿，西为西暖殿。穿两夹道至宫后，北出坤宁门为御花园。

明代皇后居住在坤宁宫，皇后主内廷统摄六宫。坤宁宫为内廷的中宫，建筑规模也在六宫之上。清顺治十三年（1656 年），顺治皇帝、皇后移居乾清宫和坤宁宫，这里是宫中祭萨满的主体场所。而清帝大婚合卺宴也在此宫举行。康熙四年（1665 年），玄烨大婚时，太皇太后指定大婚在坤宁宫举行合卺礼，大婚洞房选在东梢间、次梢间，大婚以后仍回保和殿居住。清雍正帝即位后移居养心殿，皇后亦不在坤宁宫居住，此后，坤宁宫即作为专供宫中萨满祭祀场所及皇帝大婚的洞房。

坤宁宫东暖阁是坤宁宫东梢间、次梢间相连的房间，清顺治十二年（1655 年）重修坤宁宫时所改，康熙帝大婚时辟为洞房，后相沿，因称坤宁宫洞房。内前檐通为大炕，后檐两间各有落地花罩，西间为喜床，东间为宝座，乾隆八年（1743

"敬事房"匾（宫殿监办事处）

年) 于两间之上添建仙楼。西墙有门,内设屏门,外通坤宁宫祭神处,东墙辟门,外设屏门,通东夹道。清一代仅康熙、同治、光绪三个皇帝大婚时暂住于此;清逊帝溥仪大婚在此举行。

坤宁宫东、西暖殿位于坤宁宫东西两侧,各面南3间,单檐歇山顶,覆黄琉璃瓦。明间开门,东暖殿东有耳房两间,西暖殿西有耳房两间,各有院墙自成一体。前各有门通坤宁宫,东有永祥门,西有增瑞门,通东西长街。清康熙三十六年 (1697年) 建,为皇后暂憩之所。

坤宁宫东庑连门共26间,东出3门通东一长街,从南至北依次为景和门、永祥门、基化门。庑房前檐装修为步步锦、方格等形式,后檐为半封护檐。清晚期寿膳房曾设于此。

(二) 东、西六宫

紧临后三宫的东西两侧,有12座方正规矩的院落,是供妃嫔们居住的东、西六宫。六宫之制自周代开始确立,有"以阴礼教六宫"的记载,因此六宫也就统指后妃们居住的地方。东、西六宫占地30000多平方米,由纵横相交的街巷分隔。东、西六宫与紫禁城同期建成。明嘉靖十四年 (1535年),因未央宫为兴献帝发祥之地,遂改名为启祥宫,并尽改十二宫名,改长宁宫为景仁宫,长乐宫为毓德宫,永宁宫为承乾宫,万安宫为翊坤宫,咸阳宫为钟粹宫,寿昌宫为储秀宫,长寿宫为延祺宫,未央宫为启祥宫,永安宫为永和宫,长春宫为永宁宫,长阳宫为景阳宫,寿安宫为咸福宫 (后又将延祺宫改为延禧宫,毓德宫改为永寿宫,永宁宫改为长寿宫,启祥宫改为太极

链接:宫里规矩

清宫太监如何居住

清宫有几千个太监充当着宫中的苦役、杂役,也需要为这些太监提供居住的条件。清宫中将太监居住的地方称为"他坦",满语义为窝铺、住处,居住条件简陋。如果有幸分配到各宫侍奉帝后、妃嫔,就可以随主人居住在宫中的配房或耳房,负责该宫的陈设、洒扫、承应、传取、坐更等事,生活、居住条件也会有所改变。由于侍奉的主人地位不同,差事不同,太监中也有等级之分。如果在宫中服役30年以上,且无任何过失,可以入选各处的首领太监,负责各宫事务,当上首领太监后,地位和俸禄都会提高,居住条件也会相应改变。

后宫封号

清朝定制,皇帝尊圣祖母为太皇太后,尊圣母为皇太后,居慈宁、寿康、寿安等宫。奉太妃、太嫔等位随居其中。皇后居住中宫,主内治。皇贵妃1位、贵妃2位、妃4位、嫔6位,分居东西十二宫,佐内治。自贵妃以下封号,俱由内阁恭拟进呈,由皇帝钦定册封。贵人、常在、答应俱无定数,随居十二宫,勤修内职。

各宫女子额数

皇太后宫12名,皇后宫10名,皇贵妃位下8名,贵妃位下8名,妃位下6名,嫔位下5名,贵人位下4名,常在位下3名,答应位下2名。均须各依本分,谦恭和顺,接上以敬,待下以礼,非本宫首领,太监、女子不可擅行使令。

皇帝驾临

皇帝驾临某宫,在本宫居住之内庭等位均须迎立于本宫门外,俟驾至随行进宫。驾回,仍送于本宫门外。皇后驾临亦如之。

殿）。自此，十二宫名东西对称，并基本定名。清代雍正帝移居养心殿后，皇后也选择东、西六宫的某一宫居住。乾隆六年（1741 年），皇帝为后妃居住的宫室写了 11 面匾，加上永寿宫原有的一面，共 12 面，分别悬挂于东、西六宫，乾隆六年（1741 年）谕旨：此 11 面匾，俱照永寿宫式样制造。自挂之后，千万年不可擅动，即或嫔妃移住别宫，亦不可带往更换。匾的内容为"仪昭淑慎""赞德宫闱""敬修内则"等，后妃们训诚赞美之句。

1. 东六宫

景仁宫在明代为嫔妃居所。清顺治年间，顺治帝之妃、后尊为皇太后的佟佳氏曾居住在景仁宫，顺治十一年（1654 年）三月，生玄烨于此宫。康熙四十二年（1703 年），和硕裕亲王福全丧，康熙皇帝为悼念其兄，曾暂居此宫。其后此宫一直作为后妃居所，乾隆皇帝生母孝圣宪皇后、咸丰帝之婉贵妃、光绪帝之珍妃曾在此居住。宫门最初叫长安门，明嘉靖十四年（1535 年）改称景仁宫。门前横巷，西为咸和左门，西出为东一长街；东为景曜门，东出为东二长街。现为故宫博物院文物陈列室。

承乾宫为内廷东六宫之一。明永乐十八年（1420 年）建成，最初叫永宁宫，崇祯五年（1632 年）八月更名承乾宫。清沿明制。顺治十二年（1655 年）重修，乾隆五十年（1785 年）承乾宫院水房失火，薰灼铺盖，延烧窗户。道光十二年（1832 年）略有修葺。

承乾宫为两进院，正门南向，名承乾门。前院正殿即承乾宫，面阔 5 间，歇山顶，覆黄琉璃瓦，檐角安放走兽 5 个。内外檐饰龙凤和玺彩画。明间开门，次、梢间槛窗，室内方砖墁地，天花彩绘双凤，正间内悬乾隆帝御题"德成柔顺"匾。殿前为月台。东西有配殿各 3 间，明间开门，硬山顶，黄琉璃瓦，檐下饰旋子彩画。崇祯七年（1634 年）东西配殿安匾曰"贞顺斋""明德堂"。后院正殿 5 间，明间开门，硬山顶，黄琉璃瓦。两侧建有耳房。东西有配殿各 3 间，均为明间开门，硬山顶，覆黄琉璃瓦，饰旋子彩画。后院西南角有井亭一座。此宫保持明初始建时的格局。

明代崇祯皇帝的田贵妃曾在此处居。清代顺治皇帝的宠妃董鄂氏也曾在此居住。董鄂氏是顺治年间内大臣鄂硕之女，抚远大将军费扬古之姊，18 岁入宫，宠冠后宫，顺治十三年（1656 年）八月立为贤妃，十二月进为皇贵妃，次年生皇四子，仅三个月即夭折。顺治十七年（1660 年）八月董鄂氏卒，追谥为"孝献庄和至德宣仁温惠端敬皇后"。道光帝之孝全成皇后、琳贵妃、佳贵人，咸丰帝之云嫔、婉贵人都曾在此居住。光绪皇后的膳房曾设在东配殿。现为故宫博物院文物陈列室。

钟粹宫于明永乐十八年（1420 年）建成，最初叫咸阳宫，明嘉靖十四年（1535 年）更名钟粹宫，隆庆五年（1571 年）改钟粹宫前殿为兴龙殿，后殿为圣哲殿，为皇太子居处，后复称钟粹宫。清代沿用明朝旧称，于顺治十二年（1655 年）重修，后于道光十一年（1831 年）、同治十三年（1874 年）、光绪

钟粹宫东偏殿膺天庆

钟粹宫西偏殿绥万邦

十六年（1890年）、光绪二十三年（1897年）多次修葺。清晚期在宫门内添加垂花门、游廊等。钟粹宫为二进院，正门南向，名钟粹门，前院正殿即钟粹宫，面阔5间，黄琉璃瓦歇山式顶，前出廊，彩绘苏式彩画。明间开门，次、梢间为槛窗，冰裂纹、步步锦门窗。室内原为彻上明造，后加天花顶棚，方砖墁地，明间内悬乾隆御题"淑慎温和"匾。

殿前有东西配殿各3间，前出廊，明间开门，黄琉璃瓦硬山式顶檐下饰苏式彩画。后院正殿5间，明间开门，黄琉璃瓦硬山式顶，檐下绘苏式彩画，两侧有耳房。东西有配殿各3间，均为明间开门，黄琉璃瓦硬山式顶。院内西南角有井亭1座。钟粹宫明代为妃嫔所居，曾一度为皇太子宫。清代为后妃居所。清咸丰皇帝奕詝幼年在此居住，17岁移出。道光帝之皇贵妃即恭亲王奕䜣之母亦居此宫，代为抚育奕䜣。咸丰帝孝贞显皇后自咸丰二年（1852年）进宫封贞嫔即在钟粹宫居住，咸丰十年（1860年）册立为皇后，后尊为慈安皇太后，直至光绪七年（1881年）去世。光绪大婚后，隆裕皇后也曾在此居住。现为故宫博物院文物陈列室。

东二长街东凝祥门与昭华门中间南向者为延禧门，门内为延禧宫。明永乐十八年（1420年）建。初定名长寿宫，嘉靖十四年（1535年）改称延祺宫。清代改名为延禧宫，康熙二十五年（1686年）重修。延禧宫前后二进院，前院正殿5间，黄琉璃瓦歇山式顶，内悬乾隆皇帝御笔匾曰"慎赞徽音"，东壁悬乾隆《圣制曹后重农赞》，西壁悬《曹后重农图》。殿前有东西配殿各 3 间。后院正殿 5 间,亦有东西配殿各 3 间。明清两朝妃嫔所居。清道光帝之恬嫔、成贵人、玲常在曾在此居住。

道光二十五年 (1845 年) 五月二十二日亥初,延禧宫失火。据审得知:延禧宫厨房设在前院东配殿,内连二炉灶在南间靠山墙,墙壁装有墙板。两灶烟筒日久未修,均有酥裂情形,以致走烟薰燃墙板,又因支窗未放,使风延火起,时总管太监以及伙班官兵赶紧扑救,至丑时火势稍息,附近缎库等处保住。烧毁延禧宫正殿 5 间及东西配殿 6 间,后殿 5 间及东西配殿 6 间,东水房 3 间,共烧毁房 25 间。

同治十一年 (1872 年) 十一月延禧宫照旧式修建。后延禧宫复建工程因故未能实现。

宣统元年 (1909 年) 在延禧宫原址兴工修建一座 3 层西洋式建筑——水殿。水殿四周浚池,引玉泉山水环绕。主楼每层 9 间,底层四面当中各开一门,四周环以围廊。楼之四角各接 3 层六角亭 1 座,底层各开两门,分别与主楼和回廊相通。据《清宫词》《清稗史》记载,水殿以铜作栋,汉白玉砌成,外墙雕花,内墙贴有白色和花色瓷砖,玻璃墙之夹层中置水蓄鱼,底层地板亦为玻璃制成,池中游鱼一一可数,荷藻参差,青翠如画。隆裕太后题匾额曰"灵沼轩",俗称"水晶宫"。宣统二年 (1910 年) 六月,隆裕太后还曾下令西苑电灯公所给延禧宫安装电暖炉、电风扇并添安电灯。因国库空虚,直至宣统三年 (1911 年) 冬"灵沼

汉元帝《冯婕妤挡熊图》

储秀宫西梢间团寿纹窗

景阳宫

轩"尚未完工，后被迫停建。1917 年张勋复辟时，延禧宫北部被直系部队飞机投弹炸毁。1931 年，中华教育文化基金会和中法教育基金会捐款 25 万元，资助故宫博物院在延禧宫原址兴工修建大型文物库房。该库房为钢筋水泥结构，上下二层，为与周围宫殿相和谐，外形采用传统建筑形式，屋顶覆以黄琉璃瓦。延禧宫库房修建工程自 1931 年 6 月 25 日开始，至年底基本完工，使用面积约 1500 平方米。该库房建成后，院藏珍贵文物多集中其间。后长期作为书画藏品库。原东六宫格局被破坏。

永和宫位于承乾宫之东、景阳宫之南。明永乐十八年（1420 年）建成，初名永安宫，嘉靖十四年（1535 年）更今

名。清沿明制，于康熙二十五年（1686 年）重修，乾隆三十年（1765 年）亦有修缮，光绪十六年（1890 年）重修。

永和宫为二进院，正门南向，名永和门，前院正殿即永和宫，面阔 5 间，前接抱厦 3 间，黄琉璃瓦歇山式顶，檐角安走兽 5 个，檐下绘龙凤和玺彩画。明间开门，次、梢间皆为槛墙，上安支窗。正间室内悬乾隆御题"仪昭淑慎"匾，吊白樘箅子顶棚，方砖墁地。东西有配殿各 3 间，明间开门，黄琉璃瓦硬山式顶，檐下饰旋子彩画。东西配殿的北侧皆为耳房，各 3 间。后院正殿曰同顺斋，面阔 5 间，黄琉璃瓦硬山式顶，明间开门，中间两扇外置风门，次、梢间槛墙，步步锦支摘窗，下为大玻璃方窗，两侧有耳房。东西有配殿各 3 间，明间开门，黄琉璃

瓦硬山式顶，檐下饰旋子彩画。院西南角有井亭1座。此宫保持明初始建时的格局。

明代为妃嫔所居。清代为后妃所居。康熙帝之孝恭仁皇后（即雍正皇帝的生母仁寿皇太后）乌雅氏久居此宫。道光帝之静贵妃，咸丰帝之丽贵人、斑贵人、鑫常在等先后在此宫居住，光绪帝之瑾妃亦曾居此宫。现为故宫博物院文物陈列室。

景阳宫位于钟粹宫之东、永和宫之北。明永乐十八年（1420年）建成，初名长阳宫，嘉靖十四年（1535年）更名景阳宫。清代沿用明代旧称，于康熙二十五年（1686年）重修。宫为二进院，正门南向，名景阳门，前院正殿即景阳宫，面阔3间，庑殿顶，覆黄琉璃瓦，屋顶形制与东六宫中其他五宫不同。檐下绘金龙和玺彩画。明间开门，次间为玻璃窗。明间室内悬乾隆御题"柔嘉肃敬"匾。天花为双鹤图案，内檐饰旋子彩画，室内方砖墁地，殿前为月台。

东西有配殿各3间，明间开门，硬山顶，覆黄琉璃瓦，檐下饰旋子彩画。后院正殿为御书房，面阔5间，明间开门，黄琉璃瓦歇山式顶。次、梢间为槛窗，檐下金龙和玺彩画。清乾隆年因藏宋高宗所书《毛诗》及马和之所绘《诗经图》卷于此，乾隆御题额曰"学诗堂"。东西各有配殿3间。西南角有井亭1座。此宫保持明初始建时格局。

明代光宗之生母恭妃（后谥为孝靖皇太后）曾居此宫。清代改作收贮图书之地。东、西六宫年节张挂的《宫训图》原收藏于此。现为故宫博物院文物陈列室。

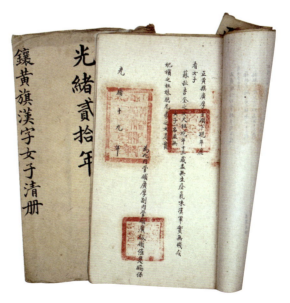

选秀女清册

未　开　放　的　故　宫

永寿宫井亭

故宫承乾宫

《历朝贤后故事图》局部

翊坤宫内景

民国时期故宫敬事房内景

2. 西六宫

西六宫在清代后期规制有较大的变动,启祥宫改为太极殿,拆长春门建体元殿,与长春宫连通。拆储秀门,改建翊坤宫后殿为体元殿,连通翊坤宫、储秀宫两宫院,打破了六宫各自独立的格局。

永寿宫建于明永乐十八年(1420年),最初叫长乐宫。明嘉靖十四年(1535年)更名毓德宫;万历四十四年(1616年)更名永寿宫。清代沿用明代旧称,于顺治十二年(1655年)、康熙三十六年(1697年)、光绪二十三年(1897年)重修或大

储秀宫，慈禧发家于此，归政后也曾居住于此

储秀宫

修。宫为二进院，前院正殿面阔5间。歇山顶，覆黄琉璃瓦，檐里装修，明间前后檐开门，次、梢间槛窗，殿内高悬乾隆皇帝御笔匾额"令德淑仪"，东壁悬梁诗正敬书乾隆《圣制班姬辞辇赞》，西壁悬《班姬辞辇图》。"班姬辞辇"指汉成帝时，曾诏命班婕妤与其同辇出游，但班姬认为帝王这样贪恋女色，会耽误朝政而予以坚辞。晋代顾恺之所绘《女史箴图》中即有这一记载。乾隆皇帝御制班姬辞辇赞，意在提倡和宣扬封建"女德"。前殿东西有配殿，各3间。后院正殿5间，东西亦有配殿各3间，后殿东西有耳房。后院东南有井亭1座。

此宫保持明初始建格局。后殿东西配殿清康熙年重修时，将原明间开门改为靠北一间开门，即满族习俗旁开门、万字炕。至今保留。永寿宫随墙琉璃宫门，明代建，最初叫长乐门。明嘉靖十四年（1535年）随长乐宫改称毓德宫而改称毓德门。万历四十四年（1616年）更毓德宫为永寿宫，门遂改为永寿门。清代沿用明代旧称。门前横巷，东为咸和右门，西为纯佑门。

明为妃嫔、清代为后妃所居之处。明成化皇帝之母纪氏（后尊为皇太后），曾在此居住。明万历十八年（1590年）皇帝曾在此召见过大学士申时行等；崇祯十一年（1638年）以灾异屡见，崇祯皇帝斋居于此。清顺治皇帝之董鄂妃、恪妃，雍正皇帝之熹贵妃（弘历生母，后谥为孝圣宪皇太后）居永寿宫。雍正十三年（1735年），雍正皇帝驾崩，乾隆皇帝诣永寿宫问安。遵世宗遗命，乾隆元年（1736年）移住慈宁宫。乾

储秀宫旧照

清末储秀宫

储秀宫陈设

储秀宫东屋养和殿

长春宫里文绣的洋娃娃

隆三十七年（1772年）和硕和恪公主下嫁、五十四年（1789年）和孝固伦公主下嫁给和绅的儿子丰绅殷德，行出定礼在永寿宫设宴。嘉庆年间，如妃曾在此宫居住。道光中晚期，各疆吏密奏收藏于永寿宫。光绪年后，此宫前后殿均作为内府大库，收贮御用物件。现为故宫博物院文物陈列室。

翊坤宫位于永寿宫北，明清时为妃嫔居所。始建于明永乐十八年（1420年），初称万安宫，嘉靖十四年（1535年）改称翊坤宫。清代沿用明代旧称，于顺治十二年（1655年）、光绪十年（1884年）重修。宫原为二进院，清晚期将宫后院墙拆除，后殿改穿堂殿，匾曰"体和殿"。后殿东西耳房各3间。前殿翊坤宫面阔5间，歇山顶，覆黄琉璃瓦，前后出廊。檐下梁枋饰苏式彩画。明间开门，为万字锦底、五蝠捧寿裙板隔扇门，次、梢间为槛墙，步步锦支摘窗，饰万字团寿纹。室内明间正中设地平宝座、屏风、香几、宫扇，上悬慈禧太后御笔

"有容德大"匾。明间与东西次间装花梨木雕落地罩，将正间与东、西次间隔开，东、西次间与梢间用槅扇相隔。殿前设"光明盛昌"屏门，殿前陈设铜凤、铜鹤、铜炉各一对。清逊帝溥仪在内廷居住时，曾在正殿前廊内安设秋千，秋千架尚在。东西有配殿为延洪殿、元和殿，均为3间，前带廊，黄琉璃瓦硬山式顶建筑。延洪殿清乾隆十九年（1754年）毁于火，后重建。

后殿体和殿，面阔5间，硬山顶，覆黄琉璃瓦。前后开门，后檐出廊，东西两侧接游廊北转与储秀宫东西配殿相连。东西有配殿平康室、益寿斋。前东南有井亭1座。光绪十年（1884年）慈禧太后五十寿辰时移居储秀宫后，曾在此进膳。西2间连通，为饭后饮茶休息室。光绪皇帝选妃也在此举行。现为宫廷生活原状陈列。翊坤门为明代所建，最初叫万安门，明嘉靖十四年（1535年）随万安宫改称翊坤宫而更现名。清

代沿用明代旧称。门前横巷，东为广生右门，西为崇禧门。为出入六宫的门户。

储秀宫于明永乐十八年（1420年）建成。原名寿昌宫，嘉靖十四年（1535年）改名储秀宫。清代沿用明代旧称，于顺治十二年（1655年）、嘉庆七年（1802年）重修。光绪十年（1884年）为慈禧太后五十寿辰，耗银63万两修缮改建，拆除宫门储秀门和宫前院墙，将翊坤宫后殿打通为穿堂殿，与

储秀宫连通。

储秀宫面阔5间，进深3间，单檐歇山顶，覆黄琉璃瓦。明间开门，次、梢间槛墙，隔扇门楠木雕万字锦底、五蝠捧寿、万福万寿裙板；万字团寿纹窗格，步步锦支摘窗，均用楠木。饰苏式彩画。光绪十年（1884年）储秀宫正殿、东配殿养和殿、西配殿绥福殿均改为前出廊，转角加回廊与体和殿相连，回廊墙壁上镶贴的琉璃烧制的万寿无疆赋是慈禧太后五十寿辰

长春宫

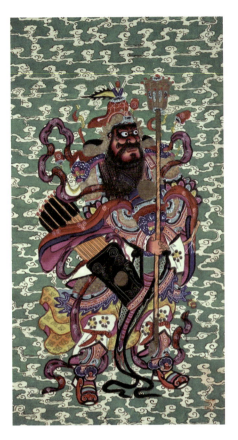

门神一对

时众臣为祝慈禧寿辰所撰。院内陈设铜龙、铜鹿各一对，亦为光绪十年（1884 年）增设。室内明间正中设地平宝座，上为乾隆御笔匾"茂修内治"，东西次间、梢间以花梨木碧纱橱、花罩间隔，西梢间为暖阁，内设避风隔，是居住的寝室。殿两侧有屏风门，通后殿。

储秀宫原有宫门为明代所建，最初叫寿昌门，明嘉靖十四年（1535 年）随寿昌宫改称储秀宫而更名储秀门。清光绪十年（1884 年）修建储秀宫时拆除。门外东西原横巷东门长泰门遂成墙门，东与大成右门相对，西出为西二长街，再西与咸熙门相向。

储秀宫之后殿丽景轩，原名思顺斋。光绪十年（1884 年）慈禧太后再次移住储秀宫时，撤除后殿原有木床 18 张，重新修缮，并定名为丽景轩。丽景轩面阔 5 间，硬山顶，覆黄琉璃瓦，明间开门，有东西配殿凤光室、猗兰馆，硬山顶，覆黄琉璃瓦。东南角有井亭 1 座。东西有耳房各 3 间。西耳房西有角门，可通西二长街。

珍妃像

太极殿、体元殿建于明永乐十八年（1420 年），最初叫未央宫。明嘉靖十四年（1535 年）以世宗之父兴献王生于此宫，更名为启祥宫。清初沿用明代旧称，于康熙二十二年（1683 年）、咸丰九年（1859 年）、光绪十六年（1890 年）重修或大修。清晚期改称太极殿。殿原为两进院，咸丰九年（1859 年）改后殿为穿堂，遂与长春宫连为四进院落。太极殿面阔 5 间，黄琉璃瓦歇山式顶，前后出廊，明间开门，槅扇风门，万字锦地团寿字群板，次、梢间均为槛墙、步步锦支摘窗。外檐绘苏式彩画，室内饰石膏堆塑五蝠捧寿纹天花。正中设地屏宝座，与东西次间分别以花罩、槅扇相隔。殿前方有高大的琉璃影壁，为咸丰九年（1859 年）大修长春宫时添建。东西各有配殿 3 间，原檐里装修，北次间开门，咸丰九年（1859 年）时改为前出廊，明间开门。

后殿咸丰御笔匾"体元殿"，为原启祥宫后殿，清咸丰九年（1859 年）改建时将此殿改为前后开门的穿堂殿，硬山顶，覆黄琉璃瓦。面阔 5 间，前后明间开门，次、梢间为槛墙，支窗。室内明间、次间、东梢间有花罩相间，西梢间自成一室，有门与次间相通。亦有东配殿怡性轩，西配殿乐道堂。后殿东西各有耳房 3 间，其一间辟为通道以通长春宫院。殿后檐接抱厦 3 间，卷棚顶，覆黄琉璃瓦，面北与长春宫相向，为清晚期宫中唱戏之小戏台，亦称长春宫戏台。

太极殿院宫门称启祥门，位于南墙东隅。最初称未央门，位在南墙正中，嘉靖十四年（1535 年）更未央宫为启祥宫，遂改宫门为启祥门。清代沿用明代旧称。门前横巷，东为嘉祉门，东出北为西二长街。西亦称启祥门。明初，横巷西门称景福门。嘉靖十四年（1535 年）更名嘉德右门，此地明清两代多有变化，其位置当在今横街西端启祥门之西，现已无存。门外南至慈宁宫，西至雨花阁、寿安宫，是内廷西六宫连接外西路的

清咸丰年间，慈禧初进宫时住在储秀宫，封兰贵人，进懿嫔，在此生载淳，即以后的同治皇帝。母以子贵，进懿妃，又封为懿贵妃。清同治十一年（1872 年）皇帝大婚后，嘉顺皇后阿鲁特氏居住在储秀宫，直到光绪元年（1875 年）二月去世。慈禧垂帘听政期间，以圣母皇太后的身份住在储秀宫。慈禧在储秀宫前后一共居住了四十余年。以居住的位置在西六宫，因称慈禧为西太后。清晚期在此建室内小戏台。清逊帝溥仪时曾在此举办西餐宴会。现为宫廷生活原状陈列。

重要通道。

明万历二十四年（1596年）乾清、坤宁两宫灾后，明神宗朱翊钧曾在此宫居住；清同治、光绪时，慈禧太后曾居此及长春宫；清光绪十年（1884年）慈禧太后五十寿辰时，曾在此地演戏达半月之久。逊帝溥仪出宫前，同治帝的瑜贵妃亦曾居此。今为宫廷生活原状陈列。

长春宫于明永乐十八年（1420年）建成，初名长春宫，嘉靖十四年（1535年）改称永宁宫，万历四十三年（1615年）复称长春宫。清康熙二十二年（1683年）重修，后又多次修整。咸丰九年（1859年）拆除长春宫的宫门长春门，并将启祥宫后殿改为穿堂殿，咸丰帝题额"体元殿"。长春宫、启祥宫两宫院由此连通。同治十二年（1873年），为庆贺慈禧太后四十寿辰，再次重修长春宫，添建两侧游廊。

长春宫面阔5间，歇山顶，覆黄琉璃瓦，前出廊，明间开门，槅扇风门，竹纹裙板，次、梢间均为槛窗，步步锦支摘窗。内明间设地平宝座，上悬"敬修内则"匾。左右有帘帐与次间相隔，梢间靠北设落地罩炕，为寝室。殿前左右设铜龟、铜鹤各一对。

此宫明代为妃嫔所居，天启年间李成妃曾居此宫。清代为后妃所居，乾隆帝孝贤皇后曾居住长春宫，逝后灵棺在此停放。咸丰十年（1860年）正月初十日，咸丰皇帝御长春宫，

赐惠亲王绵愉、载垣、端华、僧格林沁、彭蕴章、穆荫、匡源、林翰、文祥等食。同治年间至光绪十年（1884年），慈禧太后一直在此宫居住。现为宫廷生活原状陈列。

咸福宫建于明永乐十八年（1420年），初名寿安宫。嘉靖十四年（1535年）更名为咸福宫。清代沿用明代旧称，于康熙二十二年（1683年）重修。为二进院，正门咸福门为琉璃门，内有4扇木屏门影壁。前院正殿额"咸福宫"，面阔3间，庑殿顶，覆黄琉璃瓦，形制高于西六宫中其他五宫，与东六宫相对称位置的景阳宫形制相同。殿内东壁悬挂乾隆皇帝《圣制婕妤挡熊赞》，西壁悬《冯婕妤挡熊图》。山墙两侧有卡墙，设随墙小门以通后院。殿前有东西配殿各3间，硬山顶，各有耳房。后院正殿名"同道堂"，面阔5间，硬山顶，东西各有耳房3间。前檐明间安槅扇门，设帘架，余间为支摘窗；后檐墙不开窗。室内设落地罩隔断，顶棚为海墁天花。殿内东室匾额为"琴德簃"，曾藏古琴；西室"画禅室"，所贮王维的《雪溪图》、米元晖的《潇湘白云图》等画卷都是董其昌画禅室旧藏，该室因此而得名。同道堂亦有东西配殿，堂前东南有井亭1座。前后院东西各有水房二间。

咸福宫曾为后妃所居。明万历时，惠王桂珖幼时曾在此居住。前殿为行礼升座之处，后殿为寝宫。清乾隆年间改为皇帝偶尔起居之处。嘉庆四年（1799年）正月，乾隆皇

《清宫行乐图》局部

帝逝世，嘉庆皇帝住于咸福宫守孝，下令不设床，仅铺白毡、灯草褥，以此宫为苦次（居亲丧的地方）。同年十月才移居养心殿。此后咸福宫一度恢复为妃嫔居所，道光皇帝的琳贵人（庄顺皇贵妃）、成贵妃、彤贵妃、常妃等都曾在此居住。道光三十年（1850 年），咸丰皇帝住于咸福宫为道光皇帝守孝，守孝期满后仍经常在此居住。光绪时期，这里作为库房使用。

（三）养心殿区

养心殿为明嘉靖十六年（1537 年）所建，位于内廷乾清宫西侧。清初顺治皇帝病逝于此地。康熙年间，这里曾经作为宫中造办处的作坊，专门制作宫廷御用物品。康熙皇帝死后，大行皇帝梓宫奉安在乾清宫，雍正皇帝在此殿内守丧。这里曾作为祭奠之处。当时诸大臣都认为，守孝 27 日后雍

养心殿

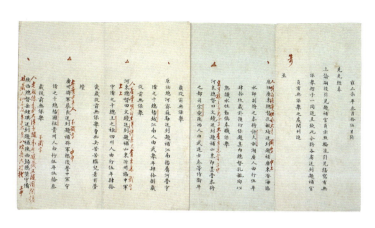

引见单

红绿头签

正皇帝应居乾清宫。雍正皇帝表示，乾清宫乃父皇 31 年居住的地方，朕即居住，心实不忍，故御居养心殿，守孝 27 日，以尽朕心。此后养心殿就一直作为清代皇帝的寝宫，一切政务，如批阅奏本、召对引见、宣谕筹划等，一如乾清宫。雍正帝住养心殿，制作宫廷御用物品的养心殿造办处的各作坊即逐渐迁出内廷。有记载：雍正五年（1727 年），养心殿匠役作房不足应用，着宫房内有可拆的木料移取十数间，盖在白虎殿内。至乾隆年间，养心殿造办处全部搬出。养心殿一组建筑经不断的改造、添建，成为一组集召见臣工、处理政务、皇帝读书及居住为一体的多功能建筑群。一直到溥仪出宫，清代有 8 位皇帝先后居住在这里。

养心殿为独立院落，南北长约 63 米，东西宽约 80 米，占地 5000 平方米，建筑 10 余座，房屋 160 余间。南北三进院，第一进院遵义门至养心门。遵义门位于内右门内，西一长街西侧，东向，与月华门相对，明代已有，初称膳厨门，后改今名。门内琉璃影壁 1 座，影壁的壁心为黄琉璃贴砌，中心盒子以

养心殿正殿明间

故宫养心殿内景

养心殿东暖阁"垂帘听政"处

养心殿后殿

养心殿西暖阁

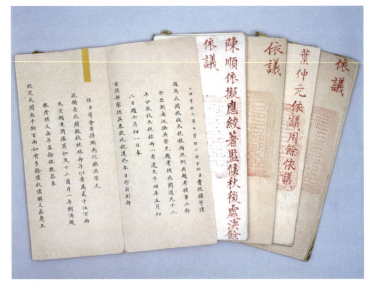

朱批奏折

绿叶莲花、白色鹭鸶等彩色琉璃构成的画面,生机益然。第一进院正中南向为琉璃门,左右为琉璃槛墙,门前陈设镏金狮子一对。门内设有双扇木屏门,正门两侧各辟一小门,为便门。门内为琉璃转角影壁。门两侧接宫墙。门外有一东西狭长的院落,乾隆十五年(1750年)在此添建连房3座,有房30余间,房高不过墙,进深不足4米,为宫中太监、侍卫及值

皇帝书福字

金瓯永固杯

班官员的值房。第二进院为正殿养心殿所在地，东西有配殿。第三进院为后寝宫及东西围房，多为皇后、妃、嫔等临时居住之室。北宫墙东西辟有两个小门，东边的小门叫吉祥，西边的小门叫如意，是通向内廷各处的便门。

养心殿为工字形殿，前殿为处理政务的场所，召见大臣、商议国事等都在这里。前殿面阔3间，通面阔36米，进深3

养心殿后殿皇帝寝室

养心殿《九九消寒图》

三希堂内景

养心殿佛堂

嘉庆帝元旦开笔书吉语

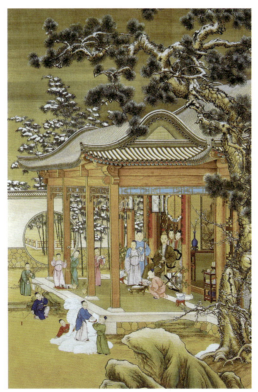

《乾隆帝岁朝行乐图》中皇帝于后宫观看童子燃放爆竹

养心殿门外的玉璧，正对着大殿内的宝座，是为敬礼上天，还是警示帝王兼听则明，避免一孔之见？

间，通进深 12 米。歇山顶，黄琉璃瓦，明间、西次间接卷棚抱厦。前檐檐柱位每间各加方柱两根，外观似 9 间。正中开间稍大，其余各间均设槛墙，上为玻璃窗，方格支窗。后檐明间

正中辟门，两次间各辟玻璃方窗两个。乾隆二十八年（1763年）做养心殿院内工程时，将殿前御路石纹饰雕作升转龙花纹。殿内明间顶部天花正中设八角浑金蟠龙藻井，下正中设

养心殿殿顶放置的镇物：符板及五供

清末养心殿明间宝座

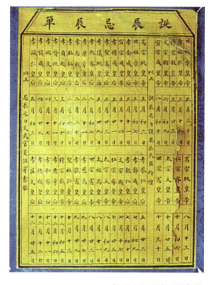

养心殿后寝殿贴落

溥仪在养心殿旧照

溥仪与狗旧照

养心殿后寝殿龙床上挂件

地平宝座，上悬雍正元年御笔"中正仁和"匾。宝座后设屏，屏两侧各开一门，左边的叫"恬澈"，右边的叫"安敦"。门通穿堂，可达后寝殿。

养心殿西暖阁前后隔为数室。西次间前室为"勤政亲贤"殿，北设宝座，南为窗，东有板墙开门，与养心殿明间相通，为皇帝看阅奏折、召见大臣之处。为保守秘密，南窗外抱厦内设有木围屏。前室梢间内一小室，原名为"温室"，为皇帝读书处。乾隆年间，乾隆皇帝将王羲之《快雪时晴帖》、王献之《中秋帖》、王珣《伯远帖》视为稀世之珍收藏于此，易名为"三希堂"。养心殿临窗设地炕，炕上宝座面西，东墙上悬有乾隆御书"三希堂"匾。堂后室，以蓝白两色几何纹图案方瓷砖铺地，西墙上通天地贴落《人物观花图》，为乾隆三十年（1765年）宫廷画家郎士宁、金廷标合画，画中模仿的室内装修及地面与建筑连为一体。

五 孝养表率

——紫禁城里的养老院

皇太后作为皇帝的母亲，或一同居住在宫中或另辟宫室的情况在历史上都不乏其例。元代皇太后居住的隆福宫和皇子住的兴圣宫建在大内外以西太液池的西岸，与大内隔海相望。明代紫禁城建成后将太后宫安排在内廷东西两侧的慈庆宫区和慈宁宫区。清代则仅剩西部以慈宁宫为正宫的供皇太后及太妃嫔们居住的区域，包括供居住的慈宁宫、寿安宫，寿康宫，寿东宫、中宫、西宫，寿头所、二所、三所；礼佛敬佛的大佛堂、英华殿，及慈宁宫花园。前朝皇帝归天后，他们的遗孀们从东、西六宫移居到这个区域居住，构成了一个占地约6万平方米的、寂寞而又冷清的"寡妇世界"。

（一）慈宁宫区

慈宁宫一区为明清皇太后及太妃嫔们居住的区域，包括供居住的慈宁宫，寿安宫，寿康宫，寿东宫、中宫、西宫，寿头所、二所、三所；礼佛敬佛的大佛堂、英华殿，及慈宁宫花园。

1. 慈宁宫

慈宁宫位于内廷隆宗门外西侧，始建于明嘉靖十五年（1536年），是在仁寿宫故址上撤除大善殿建成的，为明朝前代皇贵妃等所居。万历年间因灾重建。清沿明制，于顺治十年（1653年）重修，最初为皇太后居住的正宫。康熙二十八年（1689年）、乾隆十六年（1751年）均加以修葺，仍为皇太后居住的正宫。乾隆三十四年（1769年）兴工将慈宁宫正殿由单檐改为重檐，并将后寝殿后移，才形成今天的形制。慈宁宫为前殿后寝制，中为高台，慈宁宫居中，后为寝殿（即大佛堂），宫正为慈宁门，门外为东西狭长的广场，东西相向为门，东边为永康左门，东出东北斜对隆宗门，南为内务府造办处，是慈宁宫进出的重要门户。西边为永康右门，可通西河沿。广场南侧与慈宁门相对的为长信门，北向，琉璃门3座。按照清制，凡有大朝贺，慈宁门前设皇太后仪驾，文武二品以上大臣在门外随班行礼。长信门内南原有永安门，东西有迎禧门、览胜门，现均无存。再南与之相对处为长庆门，又名南

慈宁宫

天门，位于慈宁宫花园南墙东段，琉璃门，南向，北与永安门、长信门、慈宁门、慈宁宫及后殿同在一条轴线上，慈宁宫院东、西、南为廊庑，接慈宁门，向北接后寝殿之东西耳房。宫之两侧有卡墙设垂花门，将慈宁宫分为前后二进院，前院东西庑中为门，东边为徽音左门，西边为徽音右门。

慈宁门是慈宁宫的正门，南向，始建于明代，清乾隆年间改建慈宁宫时一并拆建，为殿宇式大门，面阔5间，进深3间，坐落在汉白玉石须弥座上，周围环以石雕望柱、栏板。门前出三阶，当中设龙凤御路石。阶前左右陈列铜鎏金瑞兽各一个。后檐金柱装修，明间、次间开门，两梢间前檐里坎墙，安装槛窗，后檐金柱间为砖墙。梁枋绘金琢墨石碾玉旋子彩画，天花沥粉贴金龙凤纹。门额满、蒙、汉三种文字，汉文为篆体，这在紫禁城内较为罕见。

明万历年间慈圣李太后曾在此居住。天启七年（1627年）明熹宗死后，其皇贵妃等人移居此处。清顺治十年（1653年），孝庄皇后始居慈宁宫，自此成为清代太皇太后和皇太后的住所，太妃、太嫔等人随同居住。后各代皇太后及太妃、太嫔等均曾居此宫。后慈宁宫作为皇太后的正宫，凡遇皇太后圣寿节、上徽号、进册宝、公主下嫁等重大典礼活动，宫中均在此处举行庆贺仪式。

乾隆十六年（1751年）十一月二十五日，乾隆皇帝在慈宁宫行祝寿礼，庆贺母亲崇庆皇太后六十寿辰。皇帝率诸王大臣向皇太后行三跪九拜礼；皇后率内廷各妃嫔、公主、福晋和大臣命妇向皇太后行六肃三跪二拜礼；皇子、皇孙向皇太后行三跪九叩礼。皇帝与近支皇戚一同身着彩衣起舞称贺，礼节十分隆重。崇庆皇太后七十寿辰举办的圣寿宴最为隆重。庆寿10天期间，每天早晚膳皇帝率后妃等人侍宴，乾隆帝还身着彩衣捧觞上寿，起舞助兴。

皇太后的茶房称寿茶房、膳房称寿膳房。清中期设在慈宁宫。寿茶房专管皇太后日用茶点、瓜果、人乳、牛乳、南糖、零吃制作等事。寿膳房下设五局即荤局、素局、点心局、饭局、百合局，附有小厨房，名"野味厨房"。每年正月十六日，皇太后在慈宁宫宴请下嫁外藩的公主、郡主及蒙古王公的福晋、夫人等。届时，皇后、妃嫔，诸王、贝勒、贝子、公的夫人，满洲一品大臣的命妇们都来赴宴。公主订婚或下嫁，皇太后在慈宁宫设宴招待额驸的母亲及族中的夫人们。

《慈宁燕春》图中所绘乾隆皇帝为母亲崇庆皇太后祝寿场景。

慈宁门

慈宁宫后殿于明嘉靖十五年（1536年）与慈宁宫同期建成，为皇太后的寝宫。清沿明制，于顺治十年（1653年）重修。乾隆三十四年（1769年）慈宁宫兴工时后移至现在位置，将寝殿改为佛堂，即大佛堂。大佛堂面阔7间，进深3间，歇山顶，覆黄琉璃瓦。殿前月台与慈宁宫相接，台上陈设香炉、香筒。殿内装修考究，佛龛、供案、佛塔、佛像、经卷、法物、供器等陈设很多，传为元代塑制，十八罗汉像等为传世塑像中的精品。殿内原悬清康熙皇帝御书"万寿无疆"匾，和乾隆皇帝御书"百八牟尼，现庄严宝相；三千薝蔔，闻清净妙音""人天功德三摩地，龙象威神两足尊"联两副。大佛堂东庑设小佛堂，内悬康熙皇帝御书"四星客华"额。清代为太后、太妃等日常礼佛之所。宫中于此处设首领太监、副首领太监、太监共39名（内充喇嘛者过半），负责大佛堂日常洒扫、上香、念经等事宜。

若皇太后去世，梓宫奉安于慈宁宫中，皇帝至此行祭奠礼。故宫博物院成立后，慈宁宫曾作为木器陈列室。

2. 寿康宫

寿康宫位于内廷慈宁宫西侧。清雍正十三年（1735年）始建，至乾隆元年（1736年）建成，嘉庆二十五年（1820年）、光绪十六年（1890年）重修。寿康宫南北三进院，院墙外东、西、北三面均有夹道，西夹道外有房数间。院落南端寿康门为寿康宫正门，南向，两次间各辟一角门。门外东西值房各1间。门前为一个封闭的小广场，南为寿康宫南群房，有西房7间。广场东侧是徽音右门，东出即慈宁宫前院。院东北角有北向小门，北通东夹院，可至西三所。寿康门内正殿即寿康宫。殿坐北朝南，面阔5间，进深3间，歇山顶，覆黄琉璃瓦，前出廊，明间、次间各安槅扇门4扇。殿内悬乾隆皇帝御书"慈寿凝禧"匾。东西梢间辟为暖阁，东暖阁是皇太后日常礼佛之佛堂。殿前出月台，台前出三阶，中设御路石，月台左右亦各出一阶。以北是第二进院，后殿为寿康宫的寝殿，额曰"长乐敷华"，有甬道与寿康宫相连。乾隆、嘉庆、光绪等朝均曾大修。

寿康宫为清代皇太后居所，太妃、太嫔随居于此，皇帝每隔两三日即至此行问安礼。乾隆朝崇庆皇太后、嘉庆朝颖贵太妃、咸丰朝康慈皇太后都曾在此颐养天年。崇庆皇太后去世后，乾隆皇帝仍于每年圣诞令节及上元节前一日至寿康宫拈香礼拜，瞻仰宝座，以申哀慕之情。

清人画《颙琰万寿图》像轴

道光皇帝继位后，尊嘉庆皇帝的第二位皇后孝和睿皇后为皇太后，居寿康宫，上徽号恭慈皇太后。道光二十九年（1849年）皇太后（嘉庆孝和皇后）逝于此宫，后奉安梓宫于慈宁宫。咸丰三年（1853年）葬于清西陵之西，昌西陵。永康左门北有一随墙门慈祥门，东向，东北与启祥门斜对。门内北为寿康宫第三所，南为头所、二所；西进一东西长巷，南为慈宁宫院，北部东西横向排列三座院落，称东宫、中宫、西宫，亦为太妃嫔们居住。长巷西墙辟门，通寿康宫。

3. 寿安宫

寿安宫位于内廷外西路寿康宫以北，英华殿以南。东为雨花阁，西界宫墙。寿安宫前后分为三进院落，东西各有跨院。南北长107米，东西宽78.5米，占地面积约8400平方米。清乾隆十六年（1751年），高宗为了给皇太后（孝圣宪皇后）举办六十万寿庆典，将明咸安宫旧址修葺后建成，改称寿安宫。

寿安宫正门寿安门为随墙琉璃门，中门内设四扇木屏门影壁。第一进院正殿为春禧殿，建筑何时被毁不详，现有建筑为1989年重建。此殿南向，面阔5间，歇山顶，覆黄琉璃瓦。春禧殿左右两侧接倒座，中辟穿堂门与第二进院相通。第二进院正殿寿安宫，殿两侧山墙各出转角延楼，环抱相属，向南与春禧殿后卷殿两山相连。寿安宫为明代所建，初称咸熙宫，明嘉靖十四年（1535年）改为咸安宫。寿安宫后为第三进院，东西有小殿，分别为福宜斋、萱寿堂，两小殿形制相同，左右对称，两殿之间，壶天之地游廊曲折，叠石为山，间植花木，是为寿安宫后院小花园。清后期，太妃、太嫔等在此居住。

寿安宫门前东西巷之西街门为长庚门，亦为西宫墙之随墙门，明代已建，凡工匠修造及淘沟，或年老有病、宫人病故，

孝庄太后朝服像

孝庄文皇后

皆开此门出入。门西出为长庚桥，过桥可至西连房，即各宫太监值房、厨房等处。是内廷西路西出之重要门户。

　　寿安宫在明代是皇太后及太妃、太嫔等人的居所。明代仁圣太后曾在此居住。天启年间，天启皇帝乳母客氏也住过咸安宫。其间，每逢客氏生日，天启皇帝都要亲临咸安宫升座、祝贺。清初咸安宫闲置无用。至康熙二十一年（1682年）改建后，康熙皇帝曾两次将废太子拘禁咸安宫。雍正继位后，将其兄废太子允礽移往宫外居住，咸安宫闲置不用。雍正六年（1728年）在此兴办咸安宫官学。这年七月宫内官学正式开学上课。分派各翰林教汉文，3名乌拉教清语和弓马。以咸安宫前大通道为练习步射场地。宫内恭悬雍正六年（1728年）关于筹建咸安宫官学的谕旨。由内务府大臣一人为总管，

对学校进行督促检查。校舍在禁城之地，关系紧要，师生均不准住内。皆为早晨入学，傍晚加家。咸安宫内设伙房一间，中午师生在校就餐。乾隆十六年（1751年），乾隆皇帝为庆贺皇太后六十寿诞，学舍改建一新。当时前为春禧殿，后为寿安宫，左右延楼回抱相属，殿前有山石、小廊。改称寿安宫。此后，寿安宫作为皇太后、太妃嫔等居住之所。乾隆十六年（1751年）、二十六年（1761年），乾隆母孝圣宪皇后六十、七十大寿时，乾隆皇帝亲率皇后、皇子、皇孙等人至此跪问起居，进茶侍膳，于堂前跳"喜起舞"贺寿，并于宫中设宴，王公、大臣及王妃、公主分坐于东西两侧延楼中，陪同赏戏。皇太后逝世后，寿安宫戏台便逐渐荒废。1925年故宫博物院成立后，寿安宫被辟为故宫图书馆，沿用至今。

慈宁宫花园宝相楼

（二）英华殿区

英华殿一区位于内廷西北角，南北二进院，南北长80米，东西宽约60米，占地约5000平方米，建筑疏朗，环境幽静。为明清两代皇太后及太妃、太嫔们礼佛之处。

南院正中为英华殿院第一道门，南向。琉璃檐脊，歇山顶，覆黄琉璃瓦。中辟3门，白石垒砌拱券形门洞，坐落在汉白玉石须弥座上，宫门各两扇。门内正北与英华门相对。门外小广场，南为寿安宫后院宫墙，东西墙各辟1门，西出为英华殿西跨院，东出为内廷西筒子路。为出入英华殿之随墙门。门内为宽敞庭院。现存建筑完好。

英华门内为第二进院，门两侧琉璃影壁中心饰琉璃仙鹤，为明代遗物。门内正北为碑亭及英华殿。英华殿坐北面南，面阔5间，庑殿顶，覆黄琉璃瓦。内设佛龛7座，供西番佛像。殿前出月台，中设香炉1座，前高台甬路与英华门相接。清代乾隆年间，在殿前甬路中央添建碑亭1座，亭中石碑之上刻有乾隆御制英华殿菩提树歌、菩提树诗。殿左右有耳殿，亦称朵殿，各3间，硬山顶，覆黄琉璃瓦。

英华殿为明代所建，初称隆禧殿，明隆庆元年（1567年）改为今名。清乾隆三十六年（1771年）重修，东西原各有一跨院，东跨院及内诸旗房于清乾隆八年（1743年）拆除，改为西筒子路较窄之北段。

英华殿是目前宫中的汉佛堂。院内甬路两侧植有菩提树两株，为明代神宗生母圣慈李太后手植。每年盛夏开花，花为黄色，有菩提子，缀于叶子背面，秋季其子

英华殿现状

英华殿旧照

英华殿前的菩提树

落地，颗小色黄莹润，可用作念经用的串珠，乾隆皇帝曾题有《英华殿菩提子数珠》诗。

明代每年万寿节、元旦于英华殿作佛事，事毕之日有人扮作韦驮，抱杵面北而立，其余僧众奏诸般乐器，赞唱经文，并于当晚设五方佛会。每逢夏历四月初八日"浴佛日"，供糕点"大不落夹"200对，"小不落夹"300对，供毕分别赐予百官。明慈圣皇太后亡，万历皇帝上尊号曰"九莲菩萨"，奉御容于殿中。

清代英华殿仍以汉佛堂形式保留下来，供皇太后、皇后在此礼佛，祈祝平安。殿中每月供乳饼及水果。祀神日于案下设小桌，供奉"完立妈妈"，也称"瓦立妈妈""万历妈妈"，这是满族萨满教中供奉的神灵之一。全称"佛立佛多鄂漠锡妈妈"，是"求福柳枝子孙娘娘"。英华殿设太监，专司该殿香烛、洒扫、坐更等事。咸丰二年（1852年），咸丰皇帝曾亲诣此殿拈香礼拜。

（三）宁寿宫区

宁寿宫一区位于紫禁城东北部，占地约50000平方米，四周围有高大的红墙，内分南北两部分。南半部仿三大殿、后三宫，建有前殿皇极殿和后殿宁寿宫，前有宁寿门、皇极门、九龙壁；后半部又分为左中右三路，中一路建有养性殿、乐寿堂、颐和轩、景祺阁等，作为起居之所；东一路建有畅音阁大戏台、庆寿堂、佛楼等；西一路为宁寿宫花园，南北四进院。光绪年间，为庆贺慈禧太后六十寿诞，清廷拨60万两白银重修宁寿宫一区，将外檐和玺彩画改为苏式彩画。20世纪70年代末，皇极殿、宁寿宫一区重新修葺，恢复了外檐和玺彩画。

慈宁宫花园慈荫楼外景

1.宫前区

皇极门是宁寿宫区的正门，建于清乾隆三十六年（1771年）。前有东西狭长的小广场，南墙与门相对为九龙壁，其西侧为锡庆门，西出不远即景运门，东侧为敛禧门，东出即南北十三排。皇极门南向，为随墙琉璃门3座，汉白玉须弥座。3座门洞皆为拱券顶，上覆门楼，黄琉璃瓦单檐庑殿顶，五踩单翘单昂斗栱，枋、椽、斗栱等构件皆为琉璃烧制。正中门楼略高，称正楼，两侧稍低，称次楼，次楼的外侧为边楼，有"三间七楼垂花门式牌楼门"之称。皇极门内南向者为宁寿门，东西两侧各有群房一组，合围成5000多平方米的庭院。院内宽敞开阔，古松苍茂。群房各辟随墙板门三阖，门内为一南北狭长的院落，院内建有三组青瓦小房。宁寿门是宁寿宫区的第二道宫门。清康熙二十八年（1689年）改建明代仁寿殿、哕鸾宫时所称之门。乾隆三十七年（1772年）至四十一年（1776年）改建宁寿宫区时，将皇极殿后殿改为宁寿宫，门制依乾清门制度改建，门名仍沿用旧称。自宁寿门两侧建有庑房，连檐通脊，东西转折而北直抵宁寿宫。东西庑房各辟有宫门一座，东为凝祺门，西为昌泽门。庑房外为宁寿宫宫墙，之间夹道内有数个小院，为守卫值房。

过宁寿门为皇极殿。皇极殿为宁寿宫区的主体建筑,始建于清康熙二十八年(1689年),初名宁寿宫。乾隆三十七年(1772年)至四十一年(1776年)改建宁寿宫一区建筑时,将宁寿宫改称为皇极殿,作为乾隆皇帝归政后临朝受贺之所。皇极殿后是宁寿宫,门殿交错的布局是清乾隆年间改建宁寿宫时形成的。宁寿宫建于清康熙二十八年(1689年),原为工字殿。乾隆三十六年(1771年)将其前殿改建为皇极殿,原有"宁寿宫"匾额移至后殿,遂改后

皇极殿,20世纪初

皇极殿

九龙壁

殿为"宁寿宫"。

皇极殿是清代宁寿宫区主体建筑，位于中轴线上，与宁寿宫前后排列于单层台基之上，为太上皇临朝受贺之殿。建于清乾隆四十一年（1776年），殿坐北朝南，面阔9间，进深5间，为九五之尊之制。重檐庑殿顶，覆黄琉璃瓦。上层檐七踩单翘重昂斗栱，下层檐单翘重昂五踩溜金斗栱。前檐出廊，金里装修。檐柱与额枋交处为透雕云龙浑金雀替。梁枋饰金龙和玺彩画。上下檐飞椽油饰青地，彩绘沥粉片金灵芝；老檐椽油饰绿地，彩绘片金西番莲卷草纹。

殿前出月台一层，青白石须弥座，周以汉白玉石栏杆，前出御路接甬道与宁寿门相连，甬道两侧及月台左右各设台阶。月台上两侧安设日晷、嘉量、铜龟、铜鹤各1对，鼎炉2对。御道两侧各有六方须弥座一个，座上置重檐六角亭，亭身每面镌篆体寿字各三。石座中心有铸铁胆，每年腊月二十三日至正月十五日，则改立灯杆于其中，是古代多用途基座实例，

今仅存其座。

宁寿宫是清康熙二十八年（1689年）在明代仁寿殿、哕鸾宫基址上改建的奉养太后之所。乾隆三十七年（1772年）改建宁寿宫区时，将其修葺后改为皇极殿，移"宁寿宫"匾于原后殿，为乾隆归政后起居处。但他到死也没有居住过。

乾隆于嘉庆元年（1796年）元旦举行授受大典退位，正月初四日在皇极殿举行盛大的千叟宴，这次与宴者为70岁以上的王公、百官、兵、民、匠役等共3056人，另有未入宴、只列名邀赏的5000人。并有朝鲜、暹罗（今泰国）、安南（今越南）、廓尔喀（今尼泊尔）4国参加贺礼的使臣。席位的布置是王、贝勒、贝子、公、台吉、一二品大臣在殿内，外国使臣在殿廊下，三品官员在丹陛甬路旁，四品以下官员在丹墀左右，拜唐阿、护军、马甲、兵、民、匠役等在宁寿门外。届时，太上皇、皇帝同御皇极殿。奏乐、行礼、进茶、进酒、进馔仪式略如太和殿筵宴，所不同者为赐酒时太上皇召90岁以上

151

的老人及王公、一品大臣至宝座前跪，太上皇亲手赐卮酒，并命皇子、皇孙、皇曾孙、皇玄孙在殿内给王公大臣行酒，侍卫等给百官及众叟行酒，进馔时演承应宴戏。宴上的膳食，王公、一二品大臣及外国使臣用一等桌张，有火锅2品、猪肉片2品、煺羊肉片2品，鹿尾及烧鹿肉1盘。煺羊肉乌叉（臀部肉）1盘、螺蛳盒小菜2个、肉丝烫饭1品。其余人用次等桌张，上为煺羊肉1盘、烧狍肉1盘，并减掉荤菜4碗，其余相同。宴毕，太上皇及皇帝还宫，管宴大臣分别颁发皇家赐予的诗刻、如意、寿杖、朝珠、缯练、貂皮、文玩、银牌等各不相同的赐物，并赏给106岁老民熊国沛、100岁老民邱成龙六品顶戴，赏90岁以上百岁以下老民兵丁等七品顶戴，以显示清廷的"优

宁寿门，前院曾于嘉庆元年（1796年）正月举行千叟宴

乐寿堂　　　　　　　　　　　　乐寿堂东次间卧室陈设，当年慈禧皇太后就在此住过

老"政策。最后众叟至宁寿门谢恩，行三跪九叩礼。

　　光绪二十年（1894年）在皇极殿行慈禧太后六十寿辰贺礼。光绪三十年（1904年）慈禧太后七十寿辰前后，在此分别接见奥、美等9国使臣，接受外国使臣祝贺。慈禧死后，曾在此停灵、治丧。乾隆皇帝退位后，仍住在养心殿"训政"，直至嘉庆四年（1799年）去世，也未曾在宁寿宫居住过。嘉庆七年（1802年）、光绪十年（1884年）先后修葺。太上皇的宫殿始终依照乾隆之制。皇极殿、宁寿宫现在是故宫博物院珍宝陈列馆。东西庑房为故宫博物院文物陈列室。

2. 后区中部

　　宁寿宫后有一东西狭长的小广场，广场北侧正中南向与宁寿宫相对者为养性门，西为宁寿宫花园的正门衍祺门，东可至畅音阁，东出为保泰门。

　　养性门是宁寿宫后区中路正宫门，乾隆三十七年（1772年）建成。殿宇式宫门坐落在汉白玉石须弥座上，面阔5间，进深3间，歇山顶，覆黄琉璃瓦。门前出三阶，中设丹陛，两侧置镀金铜狮一对。院内正中即养性殿。

　　养性殿是宁寿宫后区中路之正殿，仿养心殿规制，体量略小，面阔3间，每间以方柱支撑，隔为9间，歇山顶，覆黄琉璃瓦。前檐出抱厦，明间中设宝座，顶置八角浑金蟠龙藻井，片金升降龙天花。左右置板墙与东西次间相隔，墙各辟门，对称而设，门楣之上置毗庐帽。东次间为暖阁，隔为前后2层空间，前曰明窗，后曰随安室，后层有仙楼，有随安室等小室数间。室东悬乾隆皇帝御笔"俨若思"匾。西次间亦为暖阁，隔为数间小室，南室称长春书屋，北室为佛堂，仿养心殿西暖阁佛堂建，为二层仙楼，北向，内置佛塔及佛像。尽间仿乾隆年建养性殿时仿养心殿"三希堂"所设，因时适得毕沅进古墨而定名为墨云室，亦为养性殿内之温室。西山墙接有耳房1间，额曰"香雪堂"，仿养心殿"梅坞"建，面南开窗，西山开小窗，可观宁寿宫花园一隅。内以白石依墙堆砌为山景。室内西、北、东三面依山墙至顶为壁画。东开一小门，与养性殿相通。

养性殿为乾隆皇帝退位后准备居住的地方。殿额"养性"，取《孟子·尽心》："存其心，养其性，所以事天也。"道家有养性可以延年益寿之说。乾隆皇帝《养性殿》诗："养心期有为，养性保无欲；有为法动直，无欲守静淑。"又："惟待他年息肩时，诚哉养性谢万事。"可知"养性"含意。养性殿

前东西各有配殿5间，硬山顶，覆黄琉璃瓦。东为畅音阁院；西配殿后为宁寿宫花园，即乾隆花园。乾隆四十六年（1781年），乾隆皇帝曾御养性殿赐宴。光绪时慈禧太后居乐寿堂时，在养性殿东暖阁进早、晚膳。光绪二十九年（1903年），慈禧太后与光绪皇帝在此接见过外国使臣。宣统元年（1909年）十一月，隆裕皇太后上徽号，王公大臣均在此行礼。现建筑完好，已辟为文物陈列室。

乐寿堂位于养性殿后，仿西郊长春园淳化轩规制而建，乾隆皇帝以此为退位后的寝宫，御题"座右图书娱画景"联句，故此堂亦称宁寿宫读书堂。堂面阔7间，进深3间，歇山顶，覆黄琉璃瓦。明间屏后陈《大禹治水图》玉山1座，高2.4

乐寿堂东廊的石刻

乐寿堂慈禧照片原状

米，重 5000 公斤。

堂额曰"乐寿"，取《论语》："知者乐，仁者寿"之意，乾隆皇帝希望在此居住时，既得到快乐，又得以长寿。乾隆皇帝曾《题乐寿堂》诗自注："向以万寿山背山临水，因名其堂曰乐寿。屡有诗。后得董其昌论古帖，知宋高宗内禅后有乐寿老人之称，喜其不约而同，因以名乐寿宫书堂，以待倦勤后居之。"堂中北楼南向正中高悬匾曰"与和气游"，取自《汉书·王褒传》中的"恩从祥风翔，德与和气游"意。光绪二十年（1894 年）慈禧太后在此居住时，以西暖阁为寝室，阁中间有雕花落地罩，内设床。皇帝后妃每日到堂前请安。

堂西为宁寿宫花园，西山墙辟窗，西与三友轩东窗相望，亦可观花园景物。"三友轩"建于乾隆三十九年（1774 年），坐北面南，黄琉璃瓦顶，屋顶西为歇山式，东为硬山式，为宫中仅有。明间开门，两次间为窗。轩内以松、竹、梅题材装修分隔，喻岁寒三友。轩西次间西墙辟窗，以松、竹、梅纹为窗棂，透过西窗，可观窗外堆山、翠竹、松柏；轩东次间辟窗，可与乐寿堂西次间相望。堂后为颐和轩，有高台甬道相连。

颐和轩位于乐寿堂后，北与景祺阁之间有穿廊相连，为工字殿形制。颐和轩建于乾隆三十七年（1772 年），嘉庆七年（1802 年）、光绪十七年（1891 年）两次重修。颐和轩面阔 7 间，进深 2 间，单檐歇山顶，覆黄琉璃瓦。前檐出抱厦 5 间。轩内有乾隆皇帝御书匾"太和充满"，有乾隆皇帝自撰自书联"景欣孚甲含胎际，春在人心物性间""丽日和风春淡荡，花香鸟语物昭苏"。后檐接抱厦 3 间，明间接有后穿廊，进深 3 间，南北各接廊步 1 间，北至景祺阁。穿廊明间东西向开门，可通轩北东西两小院。轩东西山面廊南北封装，设有小门，西廊外建有如亭及围廊，形成小院。颐和轩前月台两侧设阶以通上下。台上左侧设有日晷，月台接甬路与乐寿堂相通。

轩之西山墙外有一小院，内建有一座小亭，额曰"如亭"，坐西面东，二层，平面呈方形，各 1 间。四角攒尖顶，覆绿琉璃瓦黄琉璃瓦剪边，上置琉璃宝顶。底层中放置石瓮 1 个，上层为小戏台。亭西、南、北接双层围廊与颐和轩西山廊相接。围廊下层墙壁绘山水人物画，上层三面各辟琉璃漏窗。颐和轩为观戏场所。于清乾隆三十七年（1772 年）添建。嘉庆七年（1802 年）重修。光绪十七年（1891 年）重修时，将乾隆年

宁寿宫养性门铜狮子

所绘的和玺彩画改为苏式彩画。1994 年重新修缮后，恢复了乾隆时期的风貌。现为故宫博物院文物陈列室。

景祺阁位于颐和轩北端。清乾隆三十六年（1771 年）建，嘉庆七年（1802 年）和光绪十七年（1891 年）加以修缮。为二层楼阁式建筑，面阔 7 间，进深 3 间，歇山顶，覆黄琉璃瓦。底层四面出廊，前檐明间开门，接穿廊直抵颐和轩后檐，次间开槛窗，上为方格玻璃窗，下为玻璃屉方窗。室内西次间设小戏台，西梢间山墙辟小门与阁后小院相通；东次间内以槅扇分成小室数间，东梢间有楼梯通二层。

阁前西侧小院内有回廊与乾隆花园符望阁相通，东侧有敞厅 3 间，与景福宫相邻。紧贴景祺阁东侧有假山一座，山顶原有翠环亭，后于道光年间拆除。山顶平台与景祺阁二层之间飞架汉白玉小石桥一座，山下有洞名曰"云窦"。景祺阁后小院内有房屋遗址，清末光绪皇帝之珍妃曾幽禁于此，小院西墙外即为珍妃井。

宁寿宫北端的贞顺门内，原有一口普通水井。清光绪二十六年（1900 年）八国联军攻打京城，慈禧太后与光绪皇帝仓皇西逃。临行之前，慈禧太后将幽禁在景祺阁北小院的珍妃召至颐和轩，命太监崔玉贵等人将她推入贞顺门内井中溺死，此井因而得名"珍妃井"。光绪二十七年（1901 年）西太后与光绪皇帝銮驾回京后，珍妃被追封为贵妃，其家人获准将尸体打捞出来，安厝于北京西郊田村，后葬于清西陵的崇陵妃园寝。

3. 后区东部

宁寿宫后区东部自南至北依次建有大戏楼畅音阁、皇帝观戏的阅是楼，三进院合围的寻沿书屋、庆寿堂，其后的景福宫及最北的佛楼——梵华楼。

阅是楼后为一组南北四层院落，每院一正两厢，以游廊相连。南面正门，设垂花门，门内第一进院正殿额"寻沿书屋"，第二进院正殿额"庆寿堂"。各院建筑均为青水砖墙，外檐绘以苏式彩画。琉璃瓦顶，颜色各座黄绿相间。西北角辟门可通景福宫；东北宫墙辟有角门，东出可至院外北十三排。

寻沿书屋建于清乾隆三十七年（1772 年），嘉庆七年（1802 年）、光绪十七年（1891 年）曾重修。乾隆御制"寻沿书屋诗"首句"寻绎黄家语，沿迴学海澜"，说明书屋命名之因。书屋面阔 5 间，进深 1 间，前后出廊，卷棚硬山顶，覆绿琉璃瓦，黄琉璃瓦剪边。明间安步步锦槅扇门，余为槛墙支摘窗。前垂花门，既是院门，亦为整个建筑群的主要出入通道。东西配殿各 3 间，卷棚硬山顶，覆黄琉璃瓦。慈禧太后住乐寿堂时，光绪皇帝每日清晨请安、侍膳，通常先至此处坐候。

庆寿堂建于清乾隆三十七年（1772 年），嘉庆七年（1802 年）、光绪十七年（1891 年）曾重修。正殿 5 间，进深 1 间，前后带廊，卷棚硬山顶，覆黄琉璃瓦，绿琉璃瓦剪边。光绪末年，慈禧太后居住乐寿堂时，这里曾为醇王福晋、恭王女、庆王女等来宫时居住之处。

清末养性门外

景福宫位于宁寿宫后区东路北部，始建于清康熙二十八年（1689年），为康熙皇帝奉皇太后（顺治帝孝惠皇后）所居。乾隆三十七年（1772年）仿照建福宫后的静怡轩加以重建，以待乾隆皇帝归政后宴憩之用。嘉庆七年（1802年）、光绪十七年（1891年）重修。

景福宫坐落于汉白玉须弥座台基上，坐北朝南，平面正方形，面阔、进深各5间，四周环以围廊。三卷勾连搭歇山卷棚顶，覆绿琉璃瓦，黄琉璃瓦剪边。檐柱柱础雕刻精美的覆莲花纹，为宫中少有。檐下绘苏式彩画。前檐金里装修，明间开门，次间、梢间为槛墙，支摘窗。后檐东梢间开门，余4间皆为槛墙、支摘窗，两山面皆为槛墙、支摘窗。前檐悬匾"景福宫"，堂内悬乾隆御笔匾"五福五代堂"。乾隆四十九年（1784年），乾隆皇帝因得玄孙，一堂五世，认为是稀世之福，大为高兴，特地书此匾悬于景福宫内。乾隆年间曾在宫内陈设西洋仪器。西窗外仿静怡轩植梅树，冬天设毡棚护之。宫前东、西两面为游廊，与景福宫前廊相接，围成小小的庭院，院内植松柏。西廊设垂花门，即景福门，歇山顶，绿琉璃瓦黄剪边，檐下绘苏式彩画，门内有屏门4扇。西出可通宁寿宫后中路，为景福宫进出之重要门户。

其后即清宫藏传佛教佛堂梵华楼和佛日楼。

倦勤斋内景

倦勤斋内景

倦勤斋内《通景画》局部

倦勤斋内《通景画》局部

奉先殿区是皇帝家庙，供奉其祖先牌位，是重要的祭祀场所

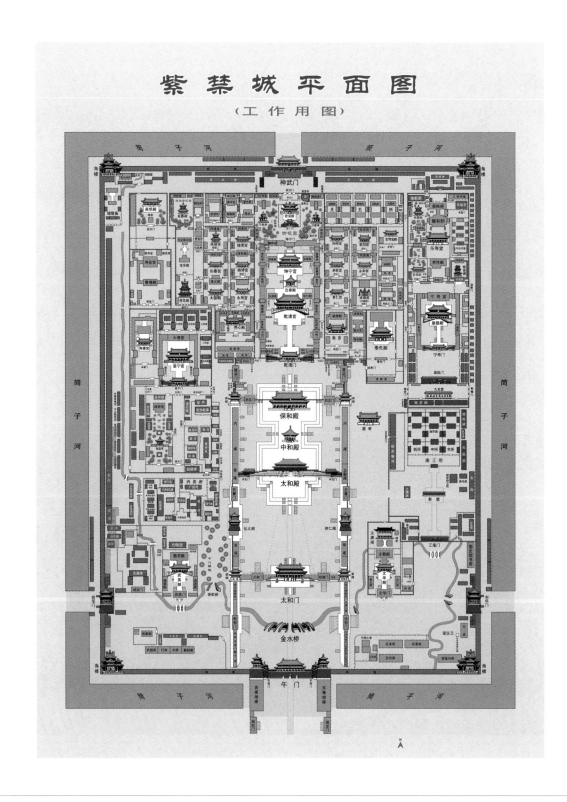

六　敬天法祖

——紫禁城里的宗教设施

敬天法祖是中国的政治传统，不仅在皇宫附近建造了祭祀天地神祇的天坛、地坛，祭祀日月的日坛、月坛，祭祀天地、五谷的社稷坛，祭祀祖先的太庙，即使在皇宫内也设计建造了供奉祖先的家庙奉先殿，为祭祀准备的斋戒处所斋宫。同时，为满足宗教信仰的目的，或者是为利用宗教的目的，在宫中创建了不少宗教场所，涵盖了道教、汉地佛教、藏传佛教等不同信仰，成为不同宗教的大集会。除分布于内廷各殿座内的小佛堂外，宫中宗教建筑主要集中于四处：位于西六宫外的中正殿区，位于紫禁城最北部御花园中的钦安殿，位于东六宫景阳宫外的天穹宝殿，以及位于宁寿宫后区东路北段的梵华楼和佛日楼。

（一）中正殿区

藏传佛教自13世纪传入内地，得到元代统治者的信奉，明清时期的统治者都奉行扶植藏传佛教的政策。清代统治者更是把信奉藏传佛教作为治理蒙藏地区、巩固政权统治的重要手段，故清廷对藏传佛教十分重视，藏传佛教的佛堂也因此在宫廷内逐渐增多。清康熙年间，特设专门管理宫中藏传佛教事务的机构"中正殿念经处"，主办宫中喇嘛念经、造办佛像、法器、供器等事务。乾隆时期是宫中藏传佛教活动的顶峰，乾隆皇帝师从三世章嘉·若必多吉活佛，学习密宗佛法，散见于宫中各处众多的佛堂大都是乾隆时期所建，形成了宫中各处专用佛堂，佛堂内的环境装饰、法器陈设均按教义布置，为皇宫内佛堂专门制作的神像、神器、唐卡也都为当时之最为精美华丽之作。

中正殿一组建筑是宫中最大的一处专用于佛教活动的建筑，是宫中佛教活动的中心。位于内廷西六宫的西侧，共有建筑十余座，从南至北位于中轴线上的依次为：雨花阁、宝华殿、香云亭、中正殿、淡远楼等建筑。中正殿是专供无量寿佛的殿堂，所念无量寿经也是为皇帝祝福长寿，是皇帝做佛事的佛殿，因此在宫中地位很高，殿前香云亭内设大小金塔七座，金佛五尊，又称为金塔殿，甚为精美，可惜于1923年与中正殿、淡远楼一同毁于建福宫花园的一场大火。

重建中的宝华殿、中正殿

雨花阁藏传佛像（双人）——雨花阁四层佛龛供案

香云亭前的宝华殿是一座3间小殿，内供释迦牟尼像。清代宫中每年一次在这里举办大型的佛事活动——"送岁"和"跳布扎"。"跳布扎"即俗称的"打鬼"。佛事活动所用的服装及铜鼓、面具、骷髅等道具都由宫中内务府准备，由喇嘛表演"跳布扎"。届时皇帝也会亲临观看，十分隆重。

宝华殿前有雨花阁及佛楼三座，都是乾隆十五年至三十三年之间所建。

雨花阁外观三层，在一、二层之间设有暗层，为明三暗四的楼阁式建筑，外观带有浓厚的西藏佛教建筑特点。雨花阁是目前我国现存最完整的藏密四部即事部、行部、瑜伽部、无上瑜伽部的神殿，严格按照藏密四部设计。一层称智行层，

清末雨花阁

雨花阁内现状

梵宗楼

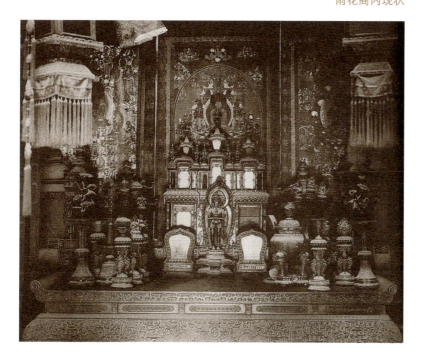

中正殿内景

宝华殿

香云亭

雨花阁外景

悬挂着乾隆皇帝御笔"智珠心印"匾额,供奉无量寿佛,乾隆十九年添做的三座极精美的珐琅坛城,至今仍完好地保存在这里。二层为夹层,称奉行层,供奉九尊,中为菩提佛,左右供佛母、金刚各四尊,墙壁上挂满了唐卡,夹层微弱、暗淡的光线,衬出佛堂的神秘。三层供奉瑜伽部的五尊佛像,又称瑜伽层。四层为无上层,供奉密集、大威德、胜乐佛三尊,为双身像,即"欢喜佛",青铜铸造,精美绝伦,为佛像中之精品。雨花阁既是一座神秘的佛楼,也是一座大型的汉藏建筑合璧

的代表作,雕龙穿插枋、柱头上的兽面装饰、山面镶嵌的佛龛、鎏金铜喇嘛塔宝顶以及铜镀金瓦顶及跃于脊上的4条金龙,都具有鲜明的藏式建筑风格。

雨花阁西北有一座坐西面东的小佛楼,称梵宗楼,内供宫中最大的一尊高1.72米的青铜佛像,称大威德怖畏金刚,以威猛降伏恶魔,是重要的护法神。乾隆皇帝将自己使用的盔甲、衣冠、兵器供奉在佛像前,将大威德作为战神来奉祀,因此这座小楼在宫中也有着极为特殊的地位。雨花阁前东西

两座配楼曾经作为影堂,乾隆年间曾供奉三世章嘉和六世班禅的影像,表达了乾隆皇帝对六世班禅和章嘉国师的敬重和尊崇,体现了清朝统治者对藏传佛教的重视。

(二)梵华楼、佛日楼

梵华楼为乾隆三十七年(1772年)仿静怡轩后慧曜楼而建。背倚宁寿宫北宫墙,南与景福宫相隔仅数米。楼二层,卷棚硬山顶,覆黄琉璃瓦。面阔7间,进深1间,西梢间山墙辟门,西与佛日楼之间有楼梯可通上下,并有过梁与佛日楼相通。楼内上下层7间各自分隔,内设佛堂,前檐设通道。下层明间供旃檀佛铜像,高2.1米。东西各3室,分别供乾隆三十九年(1774年)造掐丝珐琅佛塔6座。塔周围东、西、北三面墙挂通壁大幅唐卡,画护法神54尊。各室中央均为天井,直通二层。二层绕天井设紫檀木围栏,珐琅塔顶正在天井中央。二层明间供宗喀巴像,其余6间由西向东依次布置为:般若品(显宗部)、无上阳体根本品(无上瑜伽部父续)、无上阴体根本品(无上瑜伽部母续)、瑜伽根本品(瑜伽部)、

梵华楼

梵华楼内景

德行根本品（行部）、功行根本品（事部）。每室于北墙设长供案，主供密宗、显宗主尊铜像；东、西壁为紫檀木千佛龛，内供122尊小铜像。6室供佛合计786尊。至今仍为原状陈设。

佛日楼是乾隆三十七年（1772年）仿建福宫花园中的吉云楼而建，北倚宁寿宫北宫墙，东有石梯与梵华楼相连。楼二层，上下各3间，卷棚歇山顶，覆黄琉璃瓦，绿琉璃瓦剪边。金里装修，外檐苏式彩画。明间开门，次间为槛窗，步步锦格心。上层东首有石梁与梵华楼二层西小门相连。一层供奉藏传佛教五大密教主尊（密集金刚、上乐金刚、大威德金刚、喜金刚、时轮金刚）、五方佛和释迦牟尼佛。二层供奉三世佛（释迦牟尼佛、燃灯佛、弥勒佛）、十八罗汉和四大天王，北、东、西三壁设长供案，上供无量寿佛小铜像378尊。

清宫中不仅佛堂多，佛事活动也最频繁。如中正殿一处全年365天都有喇嘛念经，雨花阁、养心殿、慈宁宫花园等佛堂每月有固定的天数念经。由于佛堂设在内廷，念经的喇嘛也多由太监充任。遇有元旦、圣寿等各种节日，做佛事更是宫中的一项重要活动。遇有丧事，喇嘛做法事也是必不可少的。清代宫中的佛事活动，成为宫廷生活中的重要组成部分。

清宫中设立众多的佛堂和频繁的佛事活动，也需要大量的佛教用品，如供器、供品、唐卡、佛像等。这些用品多为清宫造办处、中正殿念经处承做，也有为各处贡献，由于是皇家佛堂使用，因此制作都十分精美，使清宫佛堂于神秘之中更显皇家高贵之气派。清宫佛堂及其用品大都完好地保留了下来，这是藏传佛教的艺术宝库，是极为珍贵的文化遗产。

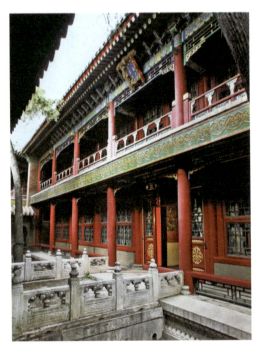

梵华楼外景（宗教场所）

佛日楼

（三）道场

清代宫中用于道教的主要建筑有钦安殿、天穹宝殿和城隍庙三处。

钦安殿位于御花园内，是紫禁城中轴线上最北的一座殿堂，建于明代，嘉靖年间添建周围矮垣，自成院落。钦安殿重檐盝顶，面阔5间，进深3间，坐落在汉白玉石的须弥座台基之上，前出宽敞的月台，四周围以望柱栏板，盝顶之上置一鎏金宝顶，造型别致，为宫中仅有。钦安殿石雕栏板刻技精湛，实为宫中精品。雕刻纹饰为穿花龙，其中北侧正中一块雕刻为水纹双龙图案，这在宫中栏板装饰中极为少见。从中国传

统的阴阳五行学说来看，北属阴，主水，钦安殿即为宫中最北的殿堂，供奉玄天大帝道场，其义当以保宫殿平安。

院内杆夹石石阶上雕刻的鱼、虾、龟、蟹、水怪、海水等图案，都体现了乞天赐水，以保宫殿平安。难怪清宫在每年立春、立夏、立秋、立冬日，都要在钦安殿设道场，架起供案，皇帝亲自到神牌前拈香行礼，"天祭"日也要在此设醮进表，祀天保佑。这座清宫中的最大道教建筑得以历代延续保存下来，正是由于钦安殿这种特殊的作用。

明代宫中有玄穹宝殿，祀昊天上，位于内廷东六宫东侧，清代改称天穹宝殿。殿为5间单檐歇山顶，另有配房和群房数间，为道教活动场所，曾在此办天腊道场（正月初一日）、天诞道场（正月初九日）、万寿平安道场（皇帝生辰）。殿内曾

钦安殿内景

天穹宝殿正殿神龛

邵元节钦安殿祈求圣嗣相

挂有玉帝、吕祖、太乙、天尊等画像，皇帝也曾到此拈香祈雪、祈晴。

城隍庙则为清初所建，位于紫禁城西北隅，清代雍正四年（1726年）建。庙为一处独立的建筑群，前后三进院落，有山门、庙门、正殿、配殿10余座，共30余间。正殿内曾供奉紫禁城城隍之神，陈设经卷、法器。在紫禁城内建城隍庙，是用来保佑紫禁城的平安，每年万寿节和季秋遣内务府总管在此致祭。庙内定期设道场，每年三月、九月、十二月供玉堂春花一对，朔望供素菜。至道光二十五年（1845年）后停止。

宫中建道场，或为祈雪、祈晴，或为祈水，或为祈神，保平安，保丰年，都是人对自然的祈盼，而不是追求对道教教义的传播和崇拜。因此，其在宫中的地位远不如佛教，从中可以看出清代帝王对道教的态度。

链接：宫里规矩

挂春联

每年腊月二十六日挂春联、贴门神。来年二月初三日撤下储存。宫中春联多用白绢书写裱于框架，锦边墨书，联语皆乾隆年间词臣撰拟，由翰林书写；所画之门神像多为将军，即秦叔宝与尉迟敬德，另有福神、仙子、娃娃等。画面多为绢质，有的用沥粉贴金或用泥金描画。

重建中的宝华殿、中正殿

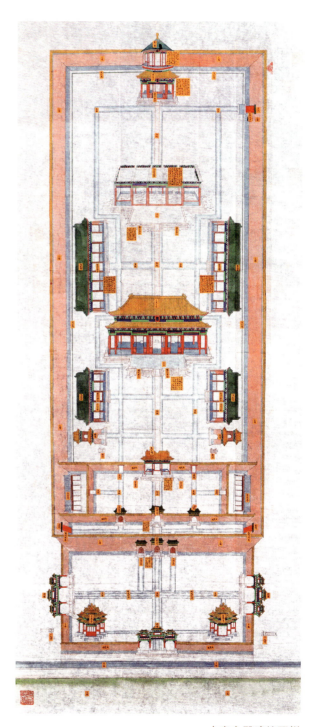

大高玄殿建筑图样

天穹宝殿正殿神龛

坤宁宫内景

坤宁宫萨满教祭坛原状

坤宁宫神厨

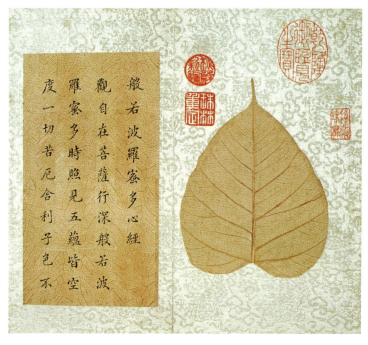

菩提叶经页

菩提叶画

（四）清宫萨满祭祀

　　清代宫廷举行萨满祭祀的地方有两处：一在大内后三宫的坤宁宫，一在皇城东南角的堂子。另在紫禁城内廷外东路的宁寿宫也有祭神的设置，但因乾隆帝归政后未移居此太上皇的宫殿区，故宁寿宫未曾有祭神活动。萨满祭祀也称萨满教，从前在北方有不少民族信奉它，是女真族的传统信仰，一个地区或一个部落，唯一的神职人员便是萨满。社会上的萨满多是经老萨满进行多种训练和考验的男性，而宫中萨满是经过一定训练的觉罗家族女性成员。宫中的萨满祭神活动有萨满头目妇人 2 名，萨满妇人 10 名，分工举行。祭祀名目十分繁多，主要活动有 19 项，每一项中又有很多烦琐、重复的仪节。坤宁宫祭祀有大祭、四季献神、月祭、日祭等。日祭中又有朝祭、夕祭，每天的朝祭、夕祭，在坤宁宫内各杀两口猪，在宫内肢解、煮熟。朝祭供神后，由参加祭祀的人和值班大臣、侍卫就地吃肉，夕祭肉则交御膳房。夕祭中，萨满诵神歌、摇腰铃、作舞，并有琵琶、三弦、鼓等伴奏。坤宁宫求福祭祀，程序则更为复杂。宫中所祀之神，据《清会典事例》载，坤宁宫朝祭之神有释迦牟尼佛、观世音菩萨、关圣帝君；夕祭之神有穆里罕神、画象神、蒙古神。此外，在各祭祀祷辞中呼唤的神还有 22 种称谓。这些称谓有的在乾隆时即"训义未详"。清代宫中为保存满洲文化，始终保持萨满祭祀，有时帝后亲自参加，但这些帝后是否笃信，则很难确知。从文献中看，当时萨满在满族民间是人神之间的使者，一切天灾人祸，特别是疾病，由萨满跳神驱灾。而清朝宫廷，从皇帝到后宫主位乃至官员等生病，都由太医诊治。遇天气大旱，皇帝均亲自去天坛、龙王庙等处祈雨。因为他们知道，这样至少可以取得民心，朝廷已经为百姓尽力了，而跳神却什么也得不到。

《御笔菩提叶笺心经并题句》

七 娱情益寿

为了娱情益寿，皇家在空间相对狭小的宫中也规划出不少娱乐场所：数处别致的花园，分布各处大大小小的演戏台。

（一）皇家花园

紫禁城中的花园是专供帝后们休憩游玩的场所，明清两代曾先后建有供帝后、太后、太子、太上皇等专用的花园。花园是根据宫殿建筑的使用分布的，至今保留的有御花园、慈宁宫花园和宁寿宫花园。这些花园处于高大的宫殿建筑群中，占地也十分有限，然叠石成山，凿石蓄水，花木成荫，不失园林之意境。宫廷园林尤以建筑取胜，园中的亭台楼阁轩馆斋堂，布局有序，轴线分明，建筑形式灵活多样，且纤巧华丽，体现出皇家园林之气派。

1. 御花园

御花园始建于明初，是宫中建成最早、规模最大的一座花园，位于内廷坤宁宫北，明代嘉靖以前称"宫后苑"。东西宽 130 米，南北长 90 米，占地约 12000 平方米。园内建筑经明代嘉靖、万历，清代雍正、乾隆等时期的改建或添建，已有亭台楼阁轩馆 20 余座，占全园面积的 1/3。建筑精巧多变化，以位于中轴线上的钦安殿为中心左右对称布置。殿的东北为堆秀山，山的东侧为摛藻堂、凝香馆，南侧为浮碧亭、万春亭、绛雪轩；殿的西北与堆秀山相对称者为延晖阁，阁西为位育斋、玉翠亭，南为澄瑞亭、千秋亭、养性斋；园开 4 门，南门坤宁门与坤宁宫相通，东南角、西南角有琼苑东门和琼苑西门，通往东西六宫；北门最为讲究，设四门相围，东为集福门，西为延和门，正面为承光门，于北宫墙设顺贞门，琉璃装饰，豪华富丽，北与神武门相对，是内廷出入的重要门户。皇后及内廷人员出入宫廷多走此门。无故禁止开行。

园内建筑以亭式为多，其中万春亭、千秋亭造型别致，屋顶变化复杂，装饰精美华贵，为亭中佳作，堪称宫中亭式建筑之首。堆秀山上的耸秀亭，建于山巅之上，端庄沉稳，亭内设有宝座，亭外设供桌，山两侧各有蹬道可至亭前。明代帝后于九九重阳节至此登高，烧香祈福。澄瑞亭、浮碧亭建于水

173

乾隆花园

池之上，凭栏静观，水中莲花盛开，游鱼穿行其间，别有一番情趣。园内松柏翠竹相间，常年碧绿；奇珍异石罗布其间，典雅秀美；牡丹、芍药、玉兰更显雍容华贵。园内花草清代由南花园办理，四季不衰。春暖花开之季，园内更是景色宜人，漫步其中，诗情画意油然而生，故乾隆皇帝有《上苑初春》诗曰："堆秀山前桃始华，延晖阁畔柳丝斜。晴光摇飏金城晓，花色分明玉砌霞。"园中建筑也各有所用，摛藻堂备皇帝藏书读书；钦安殿供奉道教玄武大帝；澄瑞亭曾设斗坛；千秋亭、万春亭、位育斋等都曾用作佛堂；清代选秀女也曾在御花园里进行。御花园是明清两代帝后游乐休憩的御苑，因此也是一座最为富丽的花园。

御花园延晖阁透视图

御花园绛雪轩透视图

御花园养性斋 20 世纪初景象

澄瑞亭

御花园里的三宝之——孔明拜月石

御花园里的三宝之——海参石

御花园里的三宝之一——木化石

《月曼清游图》乞巧页

宫眷在御花园

溥仪在天一门前

溥仪、溥杰等在御花园钦安殿

御花园连理柏树

179

2. 慈宁宫花园

位于内廷慈宁宫西南，始建于明代，是明清太皇太后、皇太后及太妃嫔们游憩、礼佛之处。南北长130米，东西宽50米，占地约6500平方米，建于明代。花园中原有临溪观、咸若亭等建筑，万历十一年（1583年）改名为临溪亭、咸若馆。清乾隆年间进行过大规模的增建、改建，现有咸若馆、含清斋、延寿堂、慈荫楼、吉云楼、宝相楼、临溪亭等大小建筑11座。左右对称布局，地面平坦，环境优美。

花园分为南北两部分。北半部以咸若馆为主，左右有宝相楼、吉云楼，后有慈荫楼，内设佛龛，供佛像，或设佛塔，或藏佛经。咸若馆位于慈宁宫花园北部中央，是园中主体建筑，为清代太后、太妃嫔们礼佛之所。清乾隆年间先后大修、改建。馆内设佛堂，东、北、西三面墙壁通连式金漆毗庐帽梯级大佛龛，庄严神秘。明间悬清乾隆皇帝御书"寿国香台"匾，陈设龛、案、佛像、法器、供物等。乾隆三十六年（1771年）添造挂龛24座。龛内皆有涂金佛像。

宝相楼位于慈宁宫花园北部，咸若馆东侧。明代原为咸若馆东配殿，清乾隆三十年（1765年）改建为楼式建筑。清代为太后、太妃嫔们的礼佛之所。楼下明间原供释迦牟尼佛立像，其余6间分置"大清乾隆壬寅年敬造"款掐丝珐琅佛塔6座，塔顶直达天井口。塔周围三面墙壁上均挂通壁大唐卡，

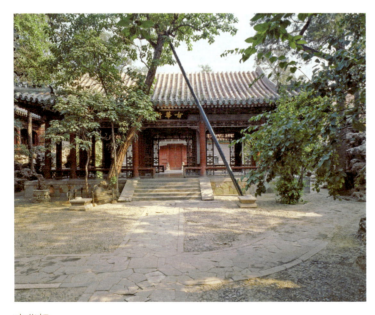

古华轩

流杯渠

共画护法神像 54 尊。楼上明间原供木雕金漆宗喀巴像,三面墙壁挂释迦牟尼画传、宗喀巴画传唐卡。其余 6 间正面设供案,供显宗、密宗主尊像,每室 9 尊,共 54 尊,与楼下 6 室所供 54 尊护法神像相对应。宝相楼除明间外,其余 6 室依显宗、密宗、事部、行部、瑜伽部、无上瑜伽部父续、无上瑜伽部母续分别配供佛像、唐卡、供器,集显宗、密宗于一体,体现了藏传佛教格鲁派显密兼修的修持特色,成为清宫佛堂的一种重要模式,清宫称之为"六品佛楼"。

吉云楼位于咸若馆西侧,坐西面东,面阔 7 间,东与宝相楼相对。明代原为咸若馆西配殿,清乾隆三十年(1765 年)改建为二层楼阁,三十六年(1771 年)悬满汉文"吉云楼"匾。楼室内上下正中均供有大尊佛像。佛像两侧各有一个长方形底座及多层台阶的金字塔式供台,供台顶部是一道长墙式的千佛龛。供台上层层摆放五彩描金擦擦佛母像。四壁、屋梁各处满做千佛龛,内供相同的五彩描金擦擦佛母像。"擦擦佛"是藏语的音译,是一种以泥土为材料,用模具或脱模制作的小型泥造像。体积小,重量轻。吉云楼有擦擦佛计一万余尊,是为宫内万佛楼。

慈荫楼位于咸若馆后,乾隆三十年(1765 年)建成。楼坐北朝南,上下两层,各面阔 5 间,卷棚歇山顶,覆绿琉璃瓦黄剪边。下层东梢间为过道,前后设门,可通慈宁宫,西墙开门通室内。上层明间开门,次、梢间为槛窗,西梢间设楼梯。北壁设通壁的供经龛。正中是佛龛,供奉释迦牟尼佛等金铜佛多尊。龛前有长供案,陈设佛塔、供器。此楼为藏经楼,满汉文横匾为乾隆三十六年(1771 年)悬挂。乾隆三十六年后曾将《甘珠尔》经一部收藏于此。

含清斋位于慈宁宫花园内东侧、宝相楼以南,与西侧延寿堂对称而立。建于清乾隆三十年(1765 年)。坐北朝南,房前为一狭长小院,院西侧开随墙小门。主体建筑以天井分作前后两部分。斋前楹联"轩楹无藻饰,几席有余清"。后房西墙开一花窗,外设清水砖砌窗罩,可于室内观园景。整座建筑灰瓦、青砖,不饰彩画,装饰朴素,色彩淡雅,颇具江南建筑的情趣。乾隆皇帝《建福宫题句》自注:"慈宁宫花园葺朴宇数间,以备慈躬或不豫,为日夜侍奉汤药之所,丁酉正月即以为苫次。"乾隆四十二年(1777 年)正月,乾隆之母崇庆太后逝世,奉安于慈宁宫正殿,乾隆皇帝于含清斋守孝。后因王公大臣恳请,返回养心殿居住。此后这里也曾作为皇帝侍奉太后进膳、礼佛休憩之所。

延寿堂位于慈宁宫花园内西侧、吉云楼以南,紧邻花园西墙,东与含清斋对称。建于清乾隆三十年(1765 年)。延寿堂亦曾为乾隆皇帝侍奉太后和守制之所。清朝后期咸丰皇帝奉太后至咸若馆等处礼佛,亦曾侍膳于此。花园南半部以临溪亭为主,地势平坦开阔,莳花种树,叠石凿池,太后、太妃嫔们在幽娴寂寞中亦得山林之趣。

花园南部有一东西窄长的矩形水池,当中横跨汉白玉石桥,桥上建亭一座,名曰临溪亭,北与咸若馆相对。亭的东西两侧原有翠芳亭、绿云亭,现为面阔 5 间的庑房各一座。花园的东南、西南两隅原各有井亭一座,绿云亭内流杯渠之水即从东南井内引出,光绪年间倒塌。流杯渠遗址亦不存。临溪亭南砖砌花坛,高 1 米,6.5 米见方,须弥座式,与北花坛相对称。再向南为湖石叠山,视为花园南屏。绕过叠山即为花园的南入口。

3. 宁寿宫花园

宁寿宫花园俗称乾隆花园，是乾隆三十七年（1772年）改建宁寿宫时添建的一座专供太上皇使用的花园，南北长160余米，东西宽不足40米，占地约6400平方米。园地狭长如带，南北纵深大致分隔为4个景区。花园正门衍祺门，内为第一景区，古华轩居中，辅有禊赏亭、承露台、旭辉亭、抑斋等；古华轩北为垂花门，门内即第二景区为住宅式院落，主座遂初堂，坐北面南，配房、廊房相接；遂初堂后为第三景区，院中以山为主景，环山西面建有延趣楼，东有三友轩，北有萃赏楼；楼后为第四景区，符望阁位于此院中心，为全园最高建筑，前有碧螺亭，西南有云光楼，西有玉粹轩，西北有竹香馆，北为倦勤斋，东南为颐和轩，东与景祺阁相望。全园共有建筑20余座，依南北两段轴线布置。衍祺门至耸秀亭为南部轴线，萃赏楼至符望阁为北部轴线，北轴线向东移3米。北部建筑多仿建福宫花园而建，其中符望阁仿建福宫花园的延春阁、倦勤斋仿敬胜斋、竹香馆仿碧琳馆、玉粹轩仿凝晖堂、云光楼仿静室、碧螺亭仿积翠亭等。

古华轩是花园第一进院主体建筑，位于花园中轴线上。轩坐北面南，敞厅，面阔5间，进深3间，卷棚歇山顶，覆黄

慈宁宫花园咸若馆佛楼

慈宁宫花园临溪亭

乾隆花园碧螺亭

符望阁内景

链接：

宫内宠物如意

　　"如意"头似灵芝，柄微弯曲，质地品种多样，制作工艺精美。这"如意"源于何时？它的作用又是什么呢？据《晋书·王敦传》载："每酒后，辄咏魏武帝乐府歌……以如意打唾壶为节，壶边尽缺。"这可以说是文献中有关如意的最早记载，但始有如意则可能比此时要早。据说最初它是一种搔痒的工具，一般一尺多长，头部呈手掌状，持于手中用来搔抓背部，很有点像现在的"老头乐"。因它可以使人解除瘙痒、舒适、如意，故得名"如意"。人们喜爱如意，因而制作也就越来越精美，品种也越来越多。久而久之，它的外形和功能都发生了变化，演变成一种纯粹的室内陈设，成为象征吉祥如意的工艺品了。皇宫里的帝后们也愿借它的好名字来表示好的兆头，因而如意在宫中的用途十分广泛。

琉璃瓦,绿琉璃瓦剪边。周围带廊,檐柱间置倒挂楣子与坐凳,金柱间安装透空灯笼锦落地罩。内天花为楠木镶嵌,雕百花图案,不饰彩绘。外檐饰以苏式彩画。前后檐明间设阶级。前檐阶下右侧有古楸树一株,古华轩因此得名。乾隆、嘉庆均有御制《古华轩》诗。古华轩内悬挂有乾隆皇帝题古楸诗匾四块,诗云:"轩堂纵新构,宫禁原自古;因之有古树,三两列庭宇。"可知古楸植于建轩之前,至今当有 300 余年。

禊赏亭位于古华轩西南,坐西面东,面阔 3 间,进深 3 间,中为四角攒尖式顶,南北两面歇山顶,前出抱厦一间,卷棚歇山顶,覆黄琉璃瓦,绿琉璃瓦剪边,平面呈凸形。饰以苏式彩画。明间后设黑漆云龙屏门。抱厦内地面凿石为渠,称"流杯渠",取"曲水流觞"之意。渠水来自南侧假山后掩蔽的水井,汲水入缸,以暗沟引水入渠,经北侧假山下暗沟流出。亭之装修及下槛、石栏杆等纹饰均为竹纹,以象征王羲之兰亭修禊时"茂林修竹"之环境。

旧时汉族岁时风俗,每年三月三上巳节,人们坐在环曲的水渠旁,在上游放置酒杯,任其顺流而下,杯停在谁的面前,谁即取饮,以此为乐,故称"曲水流觞"。觞,即酒杯。晋永和九年三月初三,王羲之等在会稽(今绍兴)兰亭修禊,他们吟诗、饮酒,遂作《兰亭集序》。又以书圣王羲之书《兰亭序帖》流传甚广,后演变为园林景点。清代此习俗作为景点亦引入宫廷园林,颇具风雅。

禊赏亭北侧有爬山游廊接旭辉亭,因坐西面东且高居于堆山之上,可迎日出,遂得"旭辉"之名。亭 3 间,卷棚顶歇山顶,覆黄琉璃瓦,绿琉璃瓦剪边。后倚宫墙。前檐明间开门,余为槛墙、支摘窗,装修均为步步锦格心,檐下苏式彩画。亭前出廊南侧西转接爬山游廊与禊赏亭相连。

承露台亦称仙台。位于古华轩东侧,坐落于湖石堆砌的

峰峦之上,四周围以白石栏杆,台内地面铺砌花斑石。台有石阶可通至山下石洞,洞的正面与南面各辟洞门,沿门前小径出,即古华轩前庭院。洞内北墙设有佛龛,南向,东壁上嵌有乾隆御书经文刻石。

遂初堂是宁寿宫花园第二进院主体建筑,位于花园中轴线上。坐北面南,面阔 5 间,进深 3 间,卷棚歇山顶,覆黄琉璃瓦。前出廊,金里装修,明间开门,次间、梢间为槛墙、支摘窗。东西有游廊接东西厢房,各 5 间,北侧 3 间为金里装修,前出明廊,中间开门。南侧 2 间为檐里装修,形成暗廊,南侧接带槛窗的封闭式游廊,虎皮石墙基。东西转至遂初堂院正门——垂花门。门内置假山为屏,院内建筑外檐装修均为步步锦格心,饰以苏式彩画。檐下乾隆御笔匾曰"遂初堂"。以遂六十年归政心愿得名。乾隆、嘉庆两帝经常临幸此处。嘉庆、光绪年间先后重修。明间为过厅,穿厅而过可至宁寿宫花园的第三进院落,有延趣楼、萃赏楼、耸秀亭。

延趣楼是第三进院西侧二层楼,东向。楼上下二层,面阔 5 间,卷棚歇山顶,覆绿色琉璃瓦,黄色琉璃瓦剪边。初建时楼上前檐明间有石天桥,架于楼与堆山之间,可供从二层直接登山至耸秀亭。嘉庆二十二年(1817 年)将石桥拆去,补安琉璃挂檐板,遂隔断楼与山的联系成今之现状。下层南北接游廊,南可至遂初堂及西南角门,北可至萃赏楼。嘉庆七年(1802 年)修,光绪十七年(1891 年)重修。

符望阁为花园第四进院主体建筑。乾隆三十七年(1772 年)仿建福宫花园中延春阁添建。阁高二层,平面呈方形,四角攒尖顶,下层出檐及上层上均覆黄琉璃瓦,蓝琉璃瓦剪边,上层中置黄琉璃宝顶。下层四面各 5 间,上层四面各 3 间。周围廊。明间为门,次间、梢间为槛墙、支摘窗,步步锦格心。檐下饰以苏式彩画。一层室内以装修间隔为数室,置身其中

往往迷失方向,故有"迷楼"之称。室内装修多为嵌玉,嵌珐琅饰件,甚为精美。一层装修隐蔽处,设有楼梯可上至暗层。暗层设梯上至顶层,楼梯口设于顶层中部,正北设木雕多宝格屏风,前置宝座。顶设藻井,室内无装修,甚为宽敞,沿顶层周围廊远望,可尽观宫中景色。

阁前为假山,山上碧螺亭,又称"碧螺梅花亭",因其形制似梅花,亭中构件多饰以梅花纹而得名。檐下悬乾隆御笔"碧螺"匾。乾隆三十七年(1772年)添建。位于符望阁前山石主峰之上。亭平面呈五瓣梅花形,五柱五脊,重檐攒尖顶,上层覆翡翠绿琉璃瓦,紫色琉璃瓦剪边;下层覆孔雀蓝琉璃瓦,亦以紫色琉璃瓦剪边。顶置翠蓝地白色冰梅纹琉璃宝顶。柱间安装折枝梅花纹的倒挂楣子,下为白石栏板,亭内顶棚为楠木雕刻梅花纹天花,额枋饰点金加彩折枝梅花纹苏式彩画,是极为少见的亭式建筑。亭南架一白石飞桥,通萃赏楼,东西沿石阶可上下。符望阁后有倦勤斋,西有玉粹轩,东临颐和轩。乾隆年间,每岁腊月二十一日在此赏饭于御前大臣、御前行走及蒙古王公、贝勒等。嘉庆七年(1802年)修、光绪十七年(1891年)重修。

云光楼是符望阁前堆山西南曲尺形转角楼,乾隆三十七年(1772年)仿建福宫花园玉壶冰而建。楼东西各3间,南北各5间,覆黄琉璃瓦顶,东为硬山,与萃赏楼西小廊相连,北为歇山顶。楼内乾隆皇帝御笔额曰"养和精舍",楼下有对联:"四壁图书鉴今古;一庭花木验农桑"。其东为佛堂,匾额写着:"西方极乐世界安养道场"。

玉粹轩是符望阁西侧3间小殿。乾隆三十七年(1772年)仿建福宫花园凝晖堂而建。坐西面东,与符望阁相对,后檐倚宫墙,卷棚歇山顶,覆黄琉璃瓦,绿琉璃瓦剪边。前出廊,北有通道连斜廊,与竹香馆相通。

竹香馆为乾隆三十七年(1772年)仿建福宫花园中碧琳馆而建。西倚宫墙,面东,上下各3间。卷棚歇山顶,上覆绿琉璃瓦,黄琉璃瓦剪边。一层外堆石为山,二层如在山峦之上,下层窗口开在山石空隙中,十分隐秘。南北两端出爬山游廊,可通玉粹轩与倦勤斋。

倦勤斋是宁寿宫花园最北的一座建筑,位于符望阁后,北倚宫墙。乾隆三十七年(1772年)仿建福宫花园中敬胜斋而建。坐北面南,面阔9间,卷棚歇山顶,覆绿琉璃瓦,黄琉璃瓦剪边,檐下饰以苏式彩画。内以仙楼隔为小室数间,设宝座床多处。其中竹丝挂檐、玉璧镶嵌,裙板百鹿图,为乾隆时期内檐装修之精品。

4. 建福宫花园

建福宫花园也称西花园,因位于内廷西侧而得名。乾隆七年(1742年)始建,占地约4020平方米,园内建筑以延春阁为中心,有静怡轩、慧曜楼、延春阁、敬胜斋、吉云楼、碧琳馆、妙莲华室、凝晖堂、积翠亭等建筑十余座。

延春阁是花园内主体建筑之一,位于建福宫西侧,建于乾隆七年(1742年)。阁2层,平面呈方形,下层各面阔5间,周围带廊,出单檐,上覆琉璃瓦,上层各面阔3间,周围廊,四角攒尖式顶,覆以琉璃瓦,中置琉璃宝顶。一、二层之间为夹层。阁内一层隔为数室,南面匾额上写着"惠如春",有对联:"瑶阶鹤绕三株树;玉宇鸾鸣九子铃"。另一副对联为:"玉砌风清,五色祥光连栋宇;铜鉴昼静,四时佳气集蓬壶"。东室门上的匾额写着"清华";西室门上的匾额写着"朗润"。东次室有对联:"四序调和怀育物;万几清暇爱摊书"。东面室内匾额写着"洁素履",有对联:"山水之间发清响;古今以上多同人"。右室的对联是:"拂槛露浓晴树湿;卷帘风细落

花香"。西面匾额上写着"静观自得",有对联:"闲为水竹云山主;静得风花雪月权"。又有对联:"燕贺莺迁,乐意相关禽对语;兰芽桂蕊,生香不断树交花"。左室的匾额为"芝田",右室的匾额为"兰畹"。二层楼上有匾额"澄怀神自适",对联有三副,一曰:"吟情远寄青瑶障;悟境微参宝篆香"。二曰:"春霭帝棴,氤氲观物妙;香浮几案,潇洒畅天和"。三曰:"绿水亭前罗带绕;碧山窗外画屏开"。最上楼匾额为"俯畅

群生"。阁前植牡丹,为建福宫花园佳景之一。乾隆三十一年(1766年),乾隆皇帝曾奉太后在此观灯;咸丰四年(1854年),咸丰皇帝奉贵太妃在此进膳。有乾隆御制《延春阁对雪诗》《雪后登延春阁眺望诗》)。

延春阁前叠石为山,岩洞登道,幽邃曲折,间以古木丛篁。山上有亭"积翠",山左右有奇石,西边的叫"飞来",东边的叫"玉玲珑"。山之西穿石洞而南,洞镌御笔"鹫峰"。南有静

187

室，东向匾额"玉壶冰"。

静怡轩是建福宫花园中建筑体较大的一座，面阔5间，进深3间，周围廊，三卷勾连搭式屋顶，前檐出抱厦3间，左右有游廊与前矮垣相接。西侧游廊亦为静怡轩院的西院墙，辟垂花门。轩内匾曰："与物皆春"，西室匾曰："四美具"。屏间为乾隆御书"视、听、言、动、思五箴"，是乾隆皇帝为守制所居而建，但未遂初葺之意。建成后，乾隆皇帝曾于四十二年、四十三年在此避暑。

静怡轩后与北宫墙相隔不足5米，为一处东西狭长的空地，乾隆二十二年在这里增建佛楼一座，称慧曜楼，这是建福宫一组建筑中最后建成的建筑。楼坐北面南，面阔7间，进深1间，上下二层，下层东间设楼梯，西6间供佛像。慧曜楼西为吉云楼，上下两层，各3间，歇山顶。吉云楼西敬胜斋。敬胜斋面阔9间，斋外观9间，内分为东西两部分。东5间乾隆七年（1742年）建，与延春阁相对，西4间偏于花园的西北角，为乾隆八年西墙西移后所添建。东5间两侧前接游廊与阁延春阁相连。室内阁上额曰："旰食宵衣"。阁下西室额曰："性存"。阁之西额曰："德日新"。敬胜斋西有碧琳馆，馆依西垣而建，面东，二层，小巧玲珑，曲折随形就势，遮挡住高大的宫墙。楼上东向匾曰："静中趣"。碧琳馆南妙莲华室，坐西面东。妙莲华室南为凝晖堂，面东3间，有南室曰"三友轩"。乾隆十二年，乾隆帝以旧藏有曹知白《十八公图》《元人君子林图》《宋元梅花合卷》藏轩中南室，遂以"三友轩"题额，并御制三友轩长诗，巨幅长诗悬挂在轩内。

（二）宫中演戏台

明清两代帝后都喜欢戏曲。明代礼部仪制清吏司下设教坊司，为专承应朝会宴享乐舞的机构，有歌工、乐工千余人。凡遇宫中三大节，即万寿节、冬至、正旦行朝贺礼，大宴也由教坊司作乐。太后、皇后圣节庆贺等用教坊司女乐140余人。清初沿用明制。康熙时改为南府，专司内廷音乐、戏曲的演出。下设专门管理和培养教习戏曲的机构，称内学、外学。内学学生从年幼的太监中挑选，专供内廷承应戏曲。外学又有旗籍和民籍之分，八旗子弟选征入学学习戏曲的称旗籍，江南及不在旗的民间戏曲艺人供奉内廷的称民籍。南府设在西华门外的南花园，在景山内设钱粮处和掌仪司筋斗房，形成景山、南府两处学戏、练功处，并从南方召来伶人充入宫中戏班教习。所学戏种主要为昆腔、弋腔。到乾隆时期，宫中演戏活动进入了兴盛时期。外学人数有七八百人，加上内学太监，总数达1000余人。嘉庆时期外学人数减少。道光帝即位后，将景山归并于南府。道光七年（1827年），将南府改为升平署，撤销了外学，裁减了所有民间伶人，仅留百名太监伶人在宫中演戏。咸丰年间，由于咸丰皇帝喜好看戏，升平署又再次在民间艺人中挑选教师、鼓师、筋斗人、筋斗教师等人进入选升平署。清末，慈禧太后更是喜欢戏曲。因学生人员不足，无法承应大戏，因此又重新挑选民人进宫演戏，清末许多著名的戏曲表演艺术家，如谭鑫培、杨小楼等都曾进宫演过戏。

宫中演戏不断，演戏的舞台也增添不少。其中多为乾隆

畅音阁大戏台

年所建。乾隆初年在乾西头建漱芳斋戏台、风雅存戏台；乾隆二十五年（1760年），乾隆皇帝为了给太后举办七十万寿庆典，在寿安宫添建了三层大戏台1座（后于嘉庆四年拆除）；乾隆四十年（1775年）营建太上皇宫殿时，在宁寿宫内建了畅音阁大戏台，倦勤斋、景祺阁室内小戏台以及如亭戏台；等等。清晚期，慈禧太后在改造长春宫和储秀宫时，添建了长春宫戏台、丽景轩室内小戏台。戏台既有室内室外之分，也有高大小巧之别，分别承应大戏和各种排场的演戏，非常方便。

1.畅音阁大戏台

畅音阁是宫中最大的一座戏台，"崇台三层"歇山顶，覆绿琉璃瓦，黄琉璃瓦剪边，坐北朝南，四面各显3间。前檐上层悬匾"畅音阁"，中层悬匾"导和怡泰"，下层悬匾"壶天宣豫"，两侧有对联："动静叶清音，智水仁山随所会；春秋富佳日，凤歌鸾舞适其机"。内有三层戏台，上层称"福台"，中层称"禄台"，下层称"寿台"，寿台台面达210平方米，不设立柱，采用抹角梁。北、东、西三面

紫禁城畅音阁大戏楼

年代：清乾隆四十一年（1776年）
地点：紫禁城宁寿宫东路
方位：坐南朝北

① 福台
② 禄台
③ 寿台
④ 水井
⑤ 地井
⑥ 二层天井
⑦ 三层天井
⑧ 轱辘架
⑨ 隔楼
⑩ 扮戏楼

畅音阁剖面图

檐下装有木雕彩绘鬼脸卷草纹饰匾。寿台后部设有平台，有楼梯供上下；"禄台"前檐三间及东西两间为廊，演员可在此表演，"福台"四周为廊。演大戏时三层各有演员，可容千人。寿台210平方米，台板下四角及正中各置有地井一眼，中一眼为水井，起共鸣作用。其余四眼为空井，可升降演员及道具。中层、上层各设天井，贯通上下，井口安设轱辘，可升降演员。戏台后接盖扮戏楼5间。东西有回廊，北接阅是楼。

畅音阁为乾隆三十七年（1772年）建。初建时仅有戏楼一座，嘉庆七年（1802年）重修。嘉庆二十二年（1817年）在阁后台接盖扮戏楼5间，扮戏楼南面添盖值房2座，两边添修牌楼门1座，添砌卡子墙2道。嘉庆二十三年（1818年）拆去阅是楼前东西配楼，改盖回廊，群臣看戏一般在回廊内。光绪十七年（1891年）重修，仍存嘉庆时改建的规制。1981年重修，油饰一新。现为"清宫戏曲陈列展"的组成部分，对

畅音阁天花

外开放。

阅是楼是清宫观戏场所。坐北面南,二层,卷棚歇山顶,覆黄琉璃瓦,绿琉璃瓦剪边,绘金龙和玺彩画。楼面阔5间,进深3间,前出廊。下层明间开玻璃门3扇,次、梢间为槛墙、支摘窗,上支摘窗为步步锦格心,下为玻璃窗。东、西次间靠南窗均设有宝座床。楼东西辟门与两侧转角庑房相通,再与东西厢廊相连。上层明间为门,次、梢间安支摘窗。

阅是楼为皇帝、后妃、皇子等人观戏处,厢廊是王公大臣陪观处。

阅是楼建于乾隆三十七年(1772年),初建时楼前有月台,东西有配楼。嘉庆十三年(1808年)重修时拆去月台,改安踏跺。嘉庆二十三年(1818年)拆东西配楼,改建厢廊。同治十三年(1874年),为慈禧四十寿辰观戏曾修整此楼。1981年重修,油饰一新。现辟为"清宫戏曲陈列展"陈列室。

碧螺亭

清代宫中逢帝、后生辰都要演戏，皇帝万寿、太后圣寿日，演戏要连续数日乃至十数日。所演大都为庆寿之戏。剧本有《九如颂歌》《群仙祝寿》《百福骈臻》等。遇帝、后整寿如六十、七十、八十大寿，庆寿规模更大。场面热闹，人物众多，非三层大戏台不能胜任，且连演不断，少则旬日，多则月余。

储秀宫戏台清心静境

2.漱芳斋戏台

漱芳斋即原乾西五所之头所。乾隆初年改乾西二所为重华宫后,遂将头所改称漱芳斋,并添建院内戏台1座,室内小戏台1座。为重华宫宴集时演戏之所。斋前后两进殿,中有穿堂相连,为工字殿形式。前殿面阔5间,进深3间,歇山顶,覆黄琉璃瓦。前檐明间开风门,余皆为窗。后檐明间接穿堂与后殿相连。室内明间与次间有落地花罩相隔,东次室原有匾额"静憩轩",乾隆七年(1742年)御题,为旧时读书处。现东墙设多宝格。殿前出廊,左右接转角游廊与东西配殿相通,直至院内戏台后台。

漱芳斋戏台位于正中,北向,后与南房相通,面各3间,方形亭式建筑,重檐四角攒尖顶,覆黄琉璃瓦。台面90余平方米,为宫中最大的单层戏台。东西有配殿各3间,前檐木雕挂檐板为后添。东配殿明间前后辟门,东出即御花园。

漱芳斋后殿面阔5间,进深1间,前檐明间接穿堂,余间为窗,后殿西耳房1间,西配房3间。清乾隆御题匾"金昭玉粹",为侍奉太后早膳、观戏之处。清道光、咸丰、同治等朝均曾奉太后或贵太妃等在此进膳。后殿东室与明间、西间相通,与东次室有灯笼框槛窗和槅扇门相隔,面西,有匾额"高云情",与西室戏台相向,为侍宴观戏之处。西梢间室内小戏台,面东,有匾额"风雅存",为承应演戏之处。戏台后有门通西耳房。东室原有匾额"随安室",现无存。

漱芳斋为新年等重大节日侍太后进膳、观剧之所,及宴

漱芳斋室内风雅存小戏台

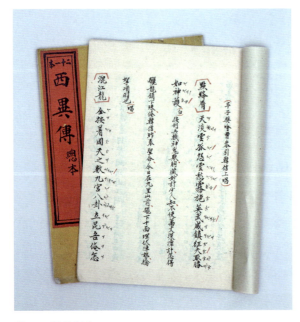

带工尺谱的剧本

赍廷臣、赋诗联句，赐宴蒙古回部番众之地。清乾隆以后，皇帝每年于此开笔书福，万寿节、圣寿节、中元节、除夕等常奉皇太后在此看戏侍午膳。由于室内小戏台多演小戏、岔曲之类，观戏者也很随意，或靠或坐，边听戏边饮茶、吃点心，确是十分惬意。清帝退位后，同治帝瑜妃、瑾妃曾在此处居住，值太妃诞辰，在此传戏。直至出宫。现为故宫博物院贵宾接待处。

此外，宁寿宫花园中的倦勤斋室内小戏台，是宫廷室内戏台中最为华丽者。戏台为四角攒尖顶的方形小亭，木质仿竹纹，又称作竹亭。戏台东面和后檐两侧有门，可供演员上下场。后台随亭左右绕以夹层篱墙。室内顶棚为海漫天花，绘以竹架、藤萝，与墙壁绘饰的园林楼阁景色连为通景，构成一幅天然风景画，室内小戏台如同建在室外藤萝架下，形成了既有立体感又有空间感的室内花园。壁画为乾隆年间宫廷画师王幼学手笔，十分珍贵。东侧为小楼，上下两层，各3间，中间设宝座床，为皇帝听戏处。乾隆时，南府太监常在此演唱岔曲。

（三）宫廷藏书、读书

宫廷藏书由来已久。早在汉代就建有天禄阁、石渠阁藏贮图书；隋代的观文殿，宋代的龙图阁、天章阁、宝文阁也都是专供宫廷藏书的地方。明代宫廷藏书也十分丰富，明初营建北京宫殿时，设置文渊阁藏书库，藏有宋元版旧籍甚多。清代宫廷很重视藏书，除了收集历代版本书籍外，自顺治至嘉庆都很注重编纂刊刻书籍，乾隆时期达到顶峰。康熙年间，在武英殿开设修书处，专司刊刻书籍，参加各部书编纂的主要人员均由皇帝指派，多为大学士或翰林院官承担。每部书的编纂都要动用众多的人力物力，仅《四库全书》编纂之时，参其事者就达 4400 余人，其中乾隆朝名儒参加编修者即有 360 余人，历时 10 年方完成。武英殿修书处设有刻印书籍的作坊，刻印的书籍用特制的墨和洁白细腻的开化纸印刷，质地精美，称之为"殿本"。清一代所修书约有 700 多部（种），其中有几部大书，一部可以包括数百种、数千种之多，如《四库全书》《四库全书荟要》《古今图书集成》等。

随着宫廷编书、刻书的兴盛和大量书籍收入宫廷，宫中藏书也越来越丰富，为此专门用来收贮书籍的楼堂殿阁，也在宫廷中相继而设。其中以文渊阁、昭仁殿、摛藻堂等最具特色。

昭仁殿是乾清宫东侧的一座 3 开间小殿，是清朝皇帝经常光顾读书的地方。乾隆九年（1744 年）下诏从宫中各处藏书中收集选出宋、元、明时期善本图书呈览，并列架于昭仁殿内收藏，乾隆皇帝亲笔题匾"天禄琳琅"，挂于殿内。乾隆四十年（1775 年），又命大臣重新整理，剔除赝刻，编成《天禄琳琅书目》10 卷，记载了每一部书的刊印年代、流传、收藏、

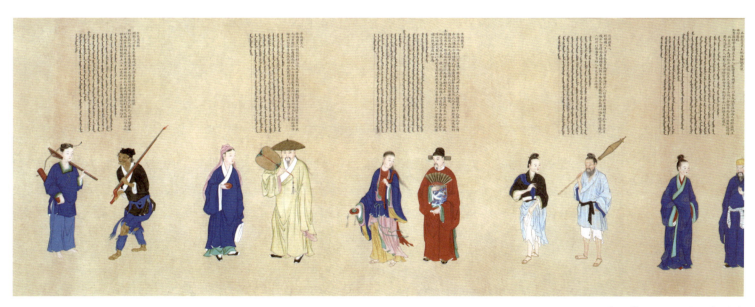

清人绘《职贡图卷》（局部）

清宫藏《康熙字典》

《钦定大清会典》

《钦定皇舆西域图志》

《皇清职贡图》

《御制数理精蕴》

乾隆御题文渊阁书影

《平定两金川方略》

《钦定古今图书集成》

溥仪学习时的教具

清竹管御制牡丹花诗紫毫笔

清乾隆御临快雪堂帖

乾隆的茶器

清宫书房文玩

雍正皇帝书联

乾隆帝汉装像

《乾隆观孔雀开屏贴落》

《嘉庆汉装行乐图》

嘉庆朝读书像

清人绘乾隆帝八旬万寿庆典图卷：划龙船

《雍正十二月令圆明园行乐图》——九月赏菊

《钦定天禄琳琅书目》前编、后编

鉴别等情况。当时昭仁殿共有宋、金、元、明版藏书429部。乾隆四十八年（1783年），乾隆皇帝认为南宋岳珂所校刻的《书》《诗》《礼》《易》《春秋》五经十分重要，命诸臣在昭仁殿后室特辟一小室，赐名"五经萃室"，御题匾额，悬于室内，并设围屏，上刻"五经萃室记"，旁有对联："有秋历览登三辅；

旰食惟期协九经"。后来嘉庆皇帝也常临室阅览，并作有《五经萃室观书诗》。嘉庆二年（1797年）十月，乾清宫失火，大火延烧昭仁殿，天禄琳琅珍贵藏书被焚为灰烬。同月嘉庆皇帝命学士彭元瑞重辑《钦定天禄琳琅书目续编》，于次年完成，所辑达659部，12258册，宋、辽、金、元、明五朝刊本俱全。

清人绘胤禛读书图像轴

康熙读书像

故宫藏《亲藩较射图》局部

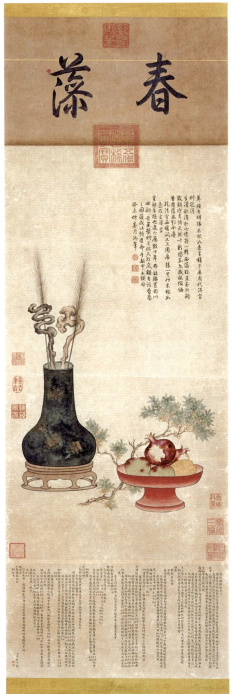

弘历岁朝图轴

其中好的宋本，都有乾隆皇帝提识，钤有"古稀天子之宝""乾隆御览之宝"等印，以示珍贵。昭仁殿藏书宋、金版本用锦函，元版本用青绢函，明版本用褐色绢函，分架排列，备皇帝到此随时览阅。

摛藻堂是宫中一处藏书之地，位于御花园东北隅，坐北朝南，左靠高耸的堆秀山，前临一池碧水，藏于浮碧亭后，环境幽雅宁静。摛藻堂藏书以经史子集四部分置。乾隆三十八年（1773年）在下令编修《四库全书》时，复命择其精华者录为荟要，并说："全书卷帙浩如烟海，将来庋弆宫庭，不啻连楹充栋，检玩为难。惟摛藻堂，向为宫中陈设书籍之所，牙签插架，原按《四库》编排，朕每憩此观书，取携最便。著于全书中，撷其精华，缮为荟要，其篇式一如《全书》之列。盖彼极其博，

此取其精，不相妨而适相助，庶缥缃罗列，得以随时流览，更足资好古敏求之益。"《四库全书荟要》一共完成两部，第一部成于乾隆四十四年（1779年）收贮于摛藻堂；第二部于次年完成，存圆明园内长春园的味腴书室。咸丰十年（1860年）英法联军火烧圆明园时被焚。存摛藻堂一部钤有"摛藻堂印"，现存台北故宫博物院。

此外，如乾清宫、养心殿、圆明园等处皇帝日常朝政、读书、居住、休息的场所，都要摆放许多书籍，备皇帝随时阅览。宫中各处所藏书籍都由内务府派专人保管，定时检查、晾晒，放置驱虫药剂，防止书籍潮湿、霉变、虫咬。有此措施，使宫中丰富藏书得以完好保存下来。

文渊阁

皇史宬

昭仁殿"天禄琳琅"藏书处

溥仪后宫健身旧照

链接：

清代宫廷大宴

　　在清代宫廷里，每逢除夕、元旦、中秋、冬至以及万寿节（皇帝、太后生日）、千秋节（皇后生日）等节日，都要举行大宴。其中以除夕、元旦及帝、后寿辰之大宴最为隆重。每当大宴之前，由御茶膳房总管向皇帝请旨，由皇帝钦定设宴的时间、地点及陪宴人员。一般除夕大宴由皇帝的后妃们陪宴，元旦大宴由皇子、阿哥陪宴，初二大宴由军机处大臣、大学士陪宴。皇帝平时一日两餐，早餐于卯正或辰初进食，晚餐在未初或未正进餐，临时需进饮食，则随时传进，而且平时皇帝吃饭没有固定的餐厅，也无人陪餐。而遇节庆之日，则改为一日三餐，早餐于卯正，大宴于午正，晚餐于酉初。大宴用什么样的餐桌，桌上摆什么陈设，点心、果盆、冷膳、热膳的品种数量以及使什么样的餐具等，都有严格的规定。皇帝用金龙大宴桌，在其座位两旁，分摆头桌、二桌、三桌……左尊右卑，皇后、妃嫔或皇子、贝勒等均按地位身份依次入座。皇帝的入座、出座、进汤膳、进酒膳均有音乐伴奏，仪式非常隆重，礼节也十分烦琐，处处体现所谓君臣、父子之尊卑。

八 帝祚绵长

——紫禁城中的皇子教育

中国传统社会有"不孝有三，无后为大"的观念，把延续家族香火作为对祖先的最大责任。而富有四海的皇帝对此更有强烈的愿望，不仅广纳天下美女以广子嗣，为龙子龙孙提供优厚的生活条件，同时提供最好的教育条件。紫禁城中就规划有年幼皇子专门的居所和专门的学堂。

（一）宫里的皇子所

宫里的皇子住所主要集中在西六宫北边的乾清宫西五所，简称乾西五所；东六宫北面的乾清宫东五所，简称乾东五所；东六宫前面、斋宫和奉先殿之间的毓庆宫，以及宁寿宫南面的南三所。

1. 乾西五所

乾西五所是内廷西六宫以北五座院落的统称。明初建，位于乾清宫一线之西，西六宫之北，西二长街北端百子门外。与东路的乾东五所相对称，由东向西分别称为头所、二所、三所、四所和五所，每所均为南北3进院，初为皇子所居。清初沿明制。乾隆帝即位前于雍正五年（1727年）成婚居二所。即位后，将二所升为重华宫，头所遂改为漱芳斋，三所改为重华宫厨房等，拆四所、五所改建成建福宫花园。乾西四所、五所遂不存。乾西五所原有规整格局不存，现唯重华宫厨房尚较多保留改建前原制。

重华宫位于内廷西路西六宫以北，原为明代乾西五所之二所。弘历为皇子时，初居毓庆宫，雍正五年（1727年）成婚后移居乾西二所，雍正十一年（1733年），弘历被封为"和硕宝亲王"，住地赐名"乐善堂"。弘历登极后，此处作为肇祥之地升为宫，屡经修葺，大学士张廷玉、鄂尔泰拟宫名"重华"，取《尚书·舜典》孔颖达疏："舜能继尧，重其文德之光华"之意。

重华宫南北3进院，重华门内第一进院，院内崇敬殿原为乾西二所前殿，面阔5间，进深3间，歇山顶，覆黄琉璃瓦，前接抱厦3间，为改建后所添。檐里装修，明间开门，古钱纹菱花槅扇门4扇，余4间为槛窗，内明、次间连通，正中悬挂

203

乾隆早年像

漱芳斋外景及戏台

雍正皇帝御笔匾"乐善堂",为改建前旧额。东、西梢间为暖阁,为重华宫佛堂,内供佛像。殿东西各有配殿3间,覆黄琉璃瓦,硬山式顶,均明间开门,次间辟窗;北接耳房各2间。第二进院正殿为重华宫,面阔5间,进深1间,硬山顶,覆黄琉璃瓦,檐里装修,明间开门,余皆为窗,前接抱厦3间。殿内明间与东、西次间均以紫檀雕花隔扇分隔,东次间隔扇于光绪十七年(1891年)拆除,改为子孙万代葫芦落地罩。东、西有配殿各3间,东为葆中殿,殿内匾额"古香斋",此处曾收贮《古今图书集成》。北接耳房3间。西为浴德殿,殿内匾额"抑斋",为乾隆皇帝的书室。宫前东西各有井亭1座,东亭内有井,西亭为对称而设。

重华宫东间陈设

重华宫第三进院后殿翠云馆，面阔5间，进深1间，硬山式顶，覆黄琉璃瓦，明间开门，余皆为窗。东次间内匾额"长春书屋"，为乾隆皇帝即位前读书处。乾隆三十六年（1771年）重修。黑漆描金装修。有东、西配殿及东、西耳房。重华门外横巷东出角门可通漱芳斋群房，再东至御花园；西为重华宫厨房大门，再西面东小门可通建福宫；南与百子门斜对，为重华宫进出之主要门户。

自乾隆八年（1743年）开始，每岁新正召集内廷大学士、翰林等人在重华宫赐茶宴联句，参加者多为诸王、大学士、内廷翰林等，由皇帝选定，初时12人，后增至28人。联句由皇帝出题，并先出御制句定韵，群臣依韵恭和。当时视为韵事，并列为典礼之一。乾隆皇帝往往还另作律诗一二首，书悬于崇敬殿内，至乾隆六十年（1795年）时已挂满四周。茶宴所用之"茶"用松实、梅花、佛手烹茶，故名"三清茶"。茶宴以

丁观鹏《太簇始和图》之宫内敬胜斋

重华宫乐善堂

果类为席，不赐馔、不赐酒。宴毕，赐每人所持用瓷杯，间或赐石砚、画卷等物。重华宫赐茶宴联句，据载乾隆年间共举行了 44 次。此后嘉庆皇帝将重华宫茶宴联句作为家法，于每年的正月初二至初十期间举行，嘉庆年间举行过 10 余次。道光年间仍时有举行，咸丰以后终止。现为故宫博物院原状陈列室。

重华宫后殿乾隆御笔《天人三策》

重华宫

《文选》六十卷（梁萧统），乾隆所读，封扉有其小像，压印

2. 乾东五所

乾东五所从西至东分别称头所、二所、三所、四所和五所。每所均有南、北 3 进院落，前院南墙正中开门 1 座，门内置木影壁屏门。前院、中院均为"一正两厢"式的三合院格局，中院东南隅有井亭 1 座，后院进深较浅，只有正殿，覆黄琉璃瓦，硬山式顶。除主要建筑之外，各所还分别有一些配房。各所之间有矮墙相隔，彼此独立；矮墙上开设小门，又使其互相连通成一体。三所后宫墙西北隅开随墙小门 1 座，为乾东五所通北横街的唯一通道，平日关闭，每月初四、十四、二十四日进行打扫或有事时开启。

清初，乾东五所为皇子皇孙居所，大约在乾隆三十年（1765 年）前后，自头所到五所分别改为如意馆、寿药房、敬事房、四执库和古董房。乾隆三十九年（1774 年）皇帝谕旨将三所、四所的装修拆挪到头所、二所，将两所建筑修缮见新，供皇十五子（即嘉庆皇帝）娶福晋。乾隆四十年（1775 年）皇十五子移居撷芳殿，头所、二所仍作为皇子居所，直至嘉庆年间。目前在三所内还完好地保留着慈禧太后的御笔"敬事房"匾额，正殿明间脊檩上尚有清代晚期的彩画。

如意馆为宫廷画师绘画之处。原属造办处，郎世宁、艾启蒙等西洋画家都曾供职于此。同治年间迁至乾东五所之头所。仍隶造办处，设画工，多为苏州人。所画有卷、轴、册页、贴落等，并设玉匠、刻字匠等。

寿药房亦称四执事库药房。收贮御用药物于此。设于乾东五所之二所。

敬事房是清内务府所属管理太监事务的机构，康熙初年设立时称敬事房，雍正初年改称宫殿监，然旧名仍存。其办事处所在乾清宫南庑，乾东三所的敬事房当为另一办理太监日常事务的处所，且此处有敬事房库房，收贮外国、各藩、各地贡物等。

四执库亦称四执事库。专司收掌上用冠、袍、带、履、铺陈寝宫帷帐等事，设于原乾东五所之四所。

古董房专司收贮管理古玩器皿之事。设于乾东五所之第五所。

3. 毓庆宫

毓庆宫位于内廷东路奉先殿与斋宫之间。始建于清康熙十八年（1679 年），乾隆五十九年（1794 年）添建并重修；嘉庆六年（1801 年）添建。原址为明代奉慈等殿。宫南北 4 进院，南辟门两道。第一道叫前星门，为琉璃随墙门，门内为第一进院，有值房 3 座，西墙开 1 门叫阳曜门，西出可至斋宫。北与前星门相对者为第二道门叫祥旭门。此二门是出入毓庆宫的门户。

毓庆宫

顾铭《允禧训经图轴》局部

毓庆宫嘉庆帝书房味余书室

祥旭门内即第二进院，正殿为惇本殿，光绪十六年（1890年）重修。殿面阔 5 间，进深 3 间，歇山顶，覆黄琉璃瓦，前出月台。殿内明间南向悬乾隆皇帝御书匾"笃祜繁禧"，为乾隆六十年（1795 年）嘉庆皇帝公开立为皇太子时乾隆皇帝所赐。东西两次间隔为暖阁，内皆供佛像。同年十月，皇太子千秋节曾御此殿受贺。后曾设孝静成皇后（道光后）圣容于此。殿东西配殿各 3 间，光绪年间西配殿曾为皇帝师傅的值庐。

惇本殿北为第三进院。内院有工字殿，前殿为乾隆六十年（1795 年）添建，面阔 5 间，进深 3 间，歇山顶，覆黄琉璃

瓦，前檐明间开门，额悬匾额"毓庆宫"，后殿明间内悬匾额"继德堂"。西次间为毓庆宫内藏书室。嘉庆年间阮元做浙江巡抚时进《四库全书》未收之书百种，贮于此室，嘉庆皇帝赐名"宛委别藏"。后殿东次室原为书房，清嘉庆皇帝御书匾额"味余书室"。嘉庆皇帝曾写《味余书室记》，即位后，这里作为斋宿之室。味余书室又东一室，清嘉庆帝御题匾额"知不足斋"。

毓庆宫原是清康熙年间为皇太子允礽特建。雍正年间乾隆皇帝为皇子时曾奉命居此。乾隆帝 12 岁入居此宫，17 岁成婚迁居乾西二所。嘉庆皇帝 5 岁时曾与兄弟子侄等人居于此宫，后迁往撷芳殿，乾隆六十年（1795 年）嘉庆皇帝即位后，在乾隆皇帝训政三年期间，亦曾在此宫居住。同治、光绪两朝，此宫均曾为皇帝读书处。光绪帝亦曾在此居住。

被清皇室聘为逊帝溥仪的英文教师的庄士敦（1874—1938 年），在宫中授课地点即毓庆宫。溥仪深受庄士敦的影

南三所

响，同时也很欣赏庄士敦，曾赐他头品顶戴、毓庆宫行走、紫禁城内赏乘二人肩舆等殊荣。

4.南三所

撷芳殿位于东华门内三座门以北。东华门以北有琉璃门3座，俗称三座门。内金水河从门前逶迤流过，上跨石桥3座。门内有琉璃影壁一座，再前宫门一座三间，门内有东西并列的三所殿宇，名撷芳殿，又称东三所，俗称南三所。因为诸皇子所居，俗称阿哥所，或称所儿。

撷芳殿三所殿宇形制相同，各前后3进院落，前有琉璃门一座。这一带为明代端敬殿、端本宫旧址，乾隆十一年(1746年)改建为三所殿宇。三所共有前院正殿3座，各3间。中院正殿3座，各5间。后院正殿3座，各5间。各院东西配殿共18座，各3间。顺山房6座，各2间。每所中院有井亭1座，以及值房、膳房、净房等总计房屋200余间。乾隆十九年(1754年)，又添盖后罩房3座。宫门、前院正殿为绿琉璃瓦单檐歇山顶，金龙枋心旋子彩画。中院、后院正殿为绿琉璃瓦硬山顶，金龙枋心旋子彩画。各院配殿为绿琉璃瓦硬山顶，龙锦枋心旋子彩画。余则为黑布瓦卷棚顶，不绘彩画。紫禁城殿宇多覆黄琉璃瓦，只有此处用绿琉璃瓦，规格稍逊，以示为皇子所居。

明代之端敬殿、端本宫，用为皇太子所居之东宫。端敬殿，万历二十七年(1599年)建。端本宫位于端敬殿之东，前庭甚旷，长数十丈。明光宗朱常洛当太子时曾住此宫。天启末年，懿安张皇后移居于此，时名慈庆宫，外为徽音门。崇祯十五年(1642年)懿安移居仁寿殿，又改为端本宫，以待东宫太子大婚。前门徽音门改名前星门，第二道门麟趾门改名重晖门，第三道门慈庆门改名端本门。门内为端本宫，中设皇太子座，左右设镜屏。

万历四十三年(1615年)五月，蓟州人张差持枣木棍闯入太子朱常洛所居之慈庆宫，击伤守门太监，张差被擒后交刑部审问。最初依照宫殿前射箭、放弹、投砖石伤人律定为斩立决。后刑部主事王之案诱得张差口供，此事系郑贵妃手下太监庞保、刘成唆使进宫行凶，因此怀疑郑贵妃欲谋害太子。明神宗朱翊钧与太子朱常洛为平息事态，遂以疯癫奸徒罪杀张差于市，杖毙庞保、刘成于内廷结案。史称"梃击案"。

清初，撷芳殿曾为废太子允礽宫人居所。乾隆十一年(1746年)，撷芳殿改建为三所殿宇。诸皇子年幼时居毓庆宫或乾东五所，长大成婚则移居撷芳殿。每日食用等项仍由内务府掌仪司预备。乾隆四十年(1775年)，时为皇子的嘉庆帝颙琰移居撷芳殿中所。乾隆六十年(1795年)，受封皇太子，自撷芳殿移居毓庆宫。道光皇帝旻宁生于撷芳殿。道光二十八年(1848年)，时为皇子的咸丰帝奕詝移居三所。

清朝末年，清政府内外交困、危机四伏。为了缓和矛盾，提出"预备立宪"，企图维护其统治。光绪三十一年(1905年)，派考察政治大臣分赴东西洋各国考察。同年，设立考察政治馆，馆址即在撷芳殿。光绪三十三年(1907年)，军机处考试汉章京，试场就设于撷芳殿宪政编查馆内。宣统皇帝溥仪继位以后，其生父醇亲王载沣监国摄政，以撷芳殿为起居休息之所。故宫博物院成立后，文献馆设在撷芳殿，主管宫廷历史文物和历史档案及有关宫廷的典籍。

（二）宫中教育

明清两代皇帝对皇子们的教育都非常重视。明代皇子出阁讲学，任用最为博学的大臣做师傅，并举行隆重的初出阁仪，当日一大早，执事等官在文华后殿行四拜礼。皇太子升文华殿，师保等官于丹陛上行四拜礼。皇太子至后殿升座，进书案，内侍展书，侍读讲官以次进讲，叩头而退。嘉靖时每日讲读，先读"四书"，由东班侍读官伴读十数遍。次读经书，或读史书，由西班侍读官伴读。务要字音正当，句读分明。每日巳时，先讲早所读"四书"，次讲早所读经史书。务要直言解说，明白易晓。讲毕，侍书官侍习写字。务要开说笔法、点画，端楷写毕，各官叩头而退。午膳后，从容游息或习骑射。每日晚，读本日所授书各数遍，至熟而止。三日后一温习，须背诵成熟，须晓大义。写字，春夏秋月每日写100字，冬月每日写50字。万历初年，内阁首辅、大学士张居正指导万历皇帝读书，安排课程，并为小皇帝编写了一部教材《帝鉴图说》。书中集历代皇帝所做的善事、恶事百余件，绘成图画，再用通俗易懂的语言讲给皇帝听，培养其治国安邦的本领。

清代自顺治时就设有专门管理皇子读书的机构，即上书房，设在西华门内南薰殿西侧的长房等处。雍正初年，皇子读书处先后曾有西华门内南薰殿西长房、咸安宫以及兆祥所

南三所撷芳殿，嘉庆帝曾于此读书、成婚

箭亭

等处，雍正皇帝为了便于自己直接监督皇子们的学习，将乾清门东、北向5间庑房作"上书房"，为皇子皇孙的读书处。

上书房设总师傅、师傅数人，所学课程分为两种，一是汉文经史，读的书籍为《四书》《五经》《性理大全》《通鉴纲目》《大学衍义》《古文渊鉴》等，由汉文师傅教习，一是蒙语、国语（满语）、拉弓射箭，由谙达数人负责。上书房汉文师傅一般都是翰林院出身。师傅之上设总师傅，多由皇帝亲信大臣兼任，负责稽察一切事务。师徒平日相见互揖为礼。师傅们教书各有规程，不勉强一律。大致每日满文不过四刻，其余均汉课。早餐后至午餐读生熟书，午餐后写字、念古文，年稍长加看《通鉴纲目》，作诗、作论日则减去写字。

上书房还设有为皇子拜孔子行礼的祀孔处。清朝规定，皇子、皇孙、曾孙及近支王公子弟年满6岁者都要入上书房读书。初次入学之日，上书房学生还要到上书房旁的祀孔处向至圣先师孔子、四配（颜子、曾子、子思子、孟子）诸圣贤牌位前行礼。乾隆元年，乾隆皇帝任命大学士鄂尔泰、张廷玉等6人为皇子师傅，告诫道："皇子年齿虽幼，然陶淑涵养之功必自幼龄始，卿等可殚心教导之"，"倘不率教，卿等不妨过于严厉"。并告知皇子们："师傅之教当所受无遗。"因此，上书房的师傅对皇子们的管理也是很严的，如有违反学规者，

链接: 宫里规矩

宫殿事宜

乾清宫等处每三年一次修葺（苫补渗漏，构根墙垣，修饰地面），由宫殿监豫行奏准，交总管内务府派员择吉修理。届日，内务府员役由内左右门分进，宫殿监率各处首领太监等关防。

每年春季换戴凉帽之日，各宫门俱换竹帘。秋季换戴暖帽之日，各宫门俱换毡帘。工部、内务府具体负责。届期，宫殿监传知各宫关防。

每年三月宫内等处淘沟，总管内务府选择吉日、吉时，知会宫殿监奏闻。届期，营造司率各员役由内左右门分进，宫殿监率各处首领太监等关防。

每年四月修鱼池，换新水。九月培葡萄，藏盖周密，至次年四月出之，引蔓架上，俱由奉宸苑知会宫殿监豫行奏闻。届期，奉宸苑官员督人役由顺贞门进入，宫殿监率首领太监等关防。

宫殿庭院设有贮水大铜、铁缸座，平时俱满贮清水，每岁小雪节安设缸盖，盖中设铁屉，贮火融冰。至开年惊蛰节撤去其缸盖铁屉。营造司首领太监等掌之。用火融冰，熟火处首领太监等掌之，统司于宫殿监。凡用火日期先后，俱宫殿监酌量气候寒暖传知熟火处遵行。

乾清宫等处安设激桶65架，慈宁宫等处安设激桶10架，宁寿宫等处安设激桶10架。每月二十五日，宫殿监率首领太监等查看，或有风干漏水之处，即行修理。其遮盖激桶布单，每遇岁暮染新。经五年后有损坏者，由宫殿监行文广储司换给。

每年冬季，各宫殿宝座炕上铺设红毡、白毡有

应更换之处，由武备院先期奏请知会宫殿监。宫殿监查看酌量应否更换若干，具牌奏闻，得旨后知会武备院，定期率员役舆毡由内右门进至各处，按丈尺铺设。宫殿监率各处首领太监关防。

每年冬季，各宫殿糊窗，由内管领理事关防处选择吉日、吉时，豫行奏请知会宫殿监。宫殿监查看酌量或更换新纸，或仍旧修补之处，具牌奏闻，得旨后知会武备院，届日，内管领员役进内右门，至各处糊饰。宫殿监率各处首领太监关防。

各宫坐更处，每岁小雪节，宫殿监传营造司首领太监等安设毡棚，至开年惊蛰节撤去。

每年十二月各宫殿扫尘，由内管领理事关防处选择吉日、吉时奏闻，知会宫殿监。宫殿监具牌奏闻。届日，内管领员役进内右门，由月华门至乾清宫、坤宁宫等处扫尘，宫殿监率首领太监等关防。其十二宫等处由宫殿监传知扫尘。

照例可以打手板，也可以罚站，只是不允许罚跪。

宫中学规很严，一年之中只有逢元旦、万寿节、端午节、中秋节及本人生日时放假一天。皇子们的早饭和晚饭均送至书房的下屋。如功课未完或被师傅罚书字，只能等师傅准许方能去吃饭，下书房亦须得到师傅的同意方可离去。上书房旁有皇子休息饮茶的阿哥茶房，并派太监4名，负责供奉祀孔处的香烛及上书房等处陈设、洒扫、坐更等事。

上书房的师傅准许戴便帽、抽烟。天热时准摘帽脱褂，但不准解带。每日读书之屋准备灯烛及预备师傅的早茶和午

茶。上书房各处太监不许在窗外行走。遇有差使,均由丹墀往返。随侍内外人等均在窗外及明间听差,闻唤始入。有语言喧哗不守规矩者,严加惩办。

咸丰年以后,同治、光绪、宣统朝均为幼帝登基且无子,上书房也就不再使用。同治皇帝亲政前曾在乾清宫西侧的弘德殿读书,以惠亲王绵愉专司皇帝读书事,以其子奕详、奕询伴读,祁寯藻、翁同龢授读,时有弘德殿书房之称。光绪皇帝亲政前读书是在奉先殿西侧的毓庆宫,所学内容虽以汉学为主,自光绪皇帝开始也学些英文等科目。光绪帝的英文师傅德菱每日进宫教习1小时。

清代最后一个皇帝溥仪只做了3年小皇帝,退位后仍住在内廷,闲暇轻松。此时书报很多,宫中也订些报刊,供皇帝阅览。被清皇室聘为逊帝溥仪的英文教师的庄士敦,在宫中授课地点也是在毓庆宫。为了让其陪伴小皇帝,特将御花园中的养性斋作为庄士敦休息的场所,表现出清廷对师傅们的厚爱。

南三所是清代皇子的读书处

九 云烟渐去

——紫禁城生活点滴

自永乐十八年（1420 年）建成以来，紫禁城经历了从曾经戒备森严的皇宫到博物院的身份转变，近 600 年名利场的喧嚣已经渐渐远去，600 年的神秘也留下来太多的谜案需要学界破解，而汗牛充栋的小册子已多有重复，本书不再赘述，仅摘取几则小故事聊作管窥吧。

（一）一步登天的孙皇后

明宣宗孝恭章皇后孙氏，是以秀女入宫，立为皇太孙朱瞻基妃的。朱瞻基即皇位后，封为贵妃，因得到宣宗皇帝宠幸，入主中宫，当上了皇后。

孙氏，祖籍山东邹平，父亲孙忠为永城县主簿，并随父亲住在永城县。孙氏长得端庄秀丽，乖巧伶俐，小时候就善解人意，小嘴巴又会讲话，谁见了谁喜欢。明仁宗诚孝张皇后的母亲彭城伯夫人，原籍永城，和孙忠相识，看到孙氏生得漂亮动人、讨人喜欢，就借着进宫看望女儿的机会，向张皇后推荐孙氏，遂以秀女的身份入宫，时年仅 10 岁。明成祖令当时

为太子妃的张皇后养育她。

永乐十五年（1417 年），皇太孙朱瞻基成婚。诏令选娶济宁胡氏为皇太孙妃，立孙氏为皇太孙嫔，孙氏时年 16 岁。洪熙元年（1425 年），朱瞻基即位，是为明宣宗，封胡氏为皇后，立孙氏为贵妃。由于孙氏美貌贤惠，处事圆滑，会说话，声誉鹊起，深得宣宗皇帝宠信。宣德元年（1426 年）五月，宣宗奏请皇太后，制金宝赐给孙贵妃。按照明朝皇宫制度，只有册立皇后才有金册金宝，贵妃以下只有金册没有金宝。贵妃享有金宝，始于孙氏。

孙贵妃聪明而有心计，她知道胡皇后有病，失去生育能力，她自己也没有生育，如若巩固皇帝的宠信，必须有一个儿子。于是，她诡称自己有喜。当时，宣宗已到而立之年，尚无子嗣，听说孙贵妃怀孕，喜不自胜，当场向孙贵妃发誓：若生皇子，当晋封她为皇后。

宣德二年（1427 年），有一位宫女，生了一个儿子，孙贵妃恃宠取为己子，这个孩子就是后来的明英宗。宣德三年（1428 年）三月，宣宗皇帝威逼胡皇后引咎辞去皇后位，遂册

明人绘《朱瞻基斗鹌鹑图轴》局部

明宣宗行乐图卷之观射箭

立孙氏为皇后。宣德十年（1435 年），朱瞻基病死，明英宗朱祁镇即位，尊孙氏为皇太后。

　　正统十四年（1449 年），发生了"土木堡之变"，明英宗被瓦剌掳走。孙太后命郕王朱祁钰监国，即皇帝位，是为代宗，尊孙氏为圣皇太后。当时，明英宗被瓦剌人掳到极北之地，天寒地冻，孙太后多次寄送御寒的皮衣给英宗皇帝。后来，英宗皇帝被放回来了，代宗朱祁钰将他幽禁在南宫里，孙太后曾多次到南宫去探视他。

　　天顺元年（1457 年），石亨等人趁代宗病重，密谋发动"夺门之变"，事先曾秘密奏请孙太后，得到她的同意。夺门之变后，英宗复位，给孙太后上徽号为"圣烈慈寿皇太后"。明朝宫闱之有徽号，也是从孙氏开始的。天顺六年（1482 年）九月，孙太后病逝，享年 60 岁，谥曰"孝恭章皇后"，葬于景陵。

明宣宗出行图

明宪宗成化皇帝朱见深

（二）青史留名的宦官"阿丑"

明宪宗时，宫中有个人称"阿丑"的小宦官，也值得一提。"阿丑"的真实姓名已不可考。大约是因为他善于谐谑，常在宫中演戏，所以大家才这样称呼他。他虽然身躯已残，但心灵没有扭曲，很有正义感。

宪宗时宦官汪直最得宠，宪宗让他执掌西厂。西厂是明代的特务机构，权力极大。从这里派出的特务、密探很多，几乎遍及全国各地。致使上至朝廷命官，下至平民百姓，无不人人自危，惶恐不安。大学士商辂等人上疏呼吁撤销西厂，宪宗大怒，欲追查是谁在背后出的主意，查出后定要严惩，百官从此再不敢提撤销西厂之事。

一天，阿丑在宪宗面前饰演一个醉汉，东倒西歪，跌跌撞撞，口中喃喃自语，活脱脱一个醉汉，逗得观者哈哈大笑，宪宗看了也觉得很有趣。这时，旁边有一个人提醒阿丑，"某某

官员来了，还这样放肆！"阿丑装作没听见，仍狂饮不止。那人又说："皇上驾到！"阿丑仍满不在乎地饮酒。那人又猛然喊道："不好了，汪直公公来了！"只见阿丑顿时做出惊恐万分的样子。那人问道："皇上来了你都不怕，为何听说汪直公公来了，就吓成了这样？"阿丑说："我只知道有汪直公公，不知道有皇上。"宪宗听了，顿时收敛了笑容，低头沉思了许久。

又有一次，阿丑扮作汪直，双手各执一柄钺（古兵器，状

明 仇英《汉宫春晓图》局部

如斧），大摇大摆，神气活现。有人问道："你为什么手拿两柄钺呀？"阿丑学着汪直的口气说："我带兵，靠的就是这两把钺了，一个叫陈钺，一个叫王钺。"

原来汪直作威作福，手下培植了不少党羽帮凶，其中最显著的就是都御史王钺和副都御史陈钺。这二人最无耻，鞍前马后为汪直效劳，极尽奴颜婢膝之能事。汪直作恶，此二人为虎作伥。人们都痛恨他俩，背地里戏称之为"二钺"。

阿丑这两场戏的寓意是很明显的。宪宗顿有所悟，而且他也担心这样下去会有大权旁落的危险，加上大臣们纷纷上疏弹劾汪直一党，终于促使宪宗下了决心，撤销了西厂，将汪直贬到南京去，并惩处了他的党羽。

皇家贵胄朱永任总兵官，又掌管京城团营兵。他私下里役使兵士为自己建造府第。阿丑知道这件事后，又演了一个小品。他扮作一个书生，口中朗诵道："六千兵散楚歌声"，旁边一人纠正他说："错了！是'八千兵散楚歌声'。"阿丑连连摇头，说："不对，不对，是'六千'"，那人说："什么'六千'，明明是'八千'嘛！谁还不知道楚霸王带了江东八千子弟兵？"阿丑仍坚持说是"六千"，两人争论起来。正争得起劲，阿丑突然说："你不知道，原先是'八千'来着，后来有两千到保国公朱永家盖房子去了，这不就剩下'六千'了吗？"宪宗听后，心里也暗暗吃惊，忙派人去调查此事。有人私下里禀告朱永，朱永慌忙将自己私下役使的兵士撤回军营。

还有一次，阿丑扮作一个主选官，主持选拔官吏之事。他先唤一人上场，问其姓名，那人回答说："姓公名论。"阿丑听了，皱了皱眉头，说："公论？现在这世道哪里用得着什么公论，下去吧！"那人应声退下。又唤一人上场，又问姓名。回答说："姓公名道。"阿丑说："'公道'现在也用不着了。"于是这个人也退下。又唤一人上场。此人一上场就连连打躬作揖，点头哈腰，一脸的谄媚之状，观之令人作呕。阿丑见了便有几分欢喜，又问姓名，那人说："姓胡名涂。"阿丑顿时眉开眼笑，连声说："好！好！现在正用得着'胡涂'！"显然，这个小品有着深刻的寓意，它有力地讽刺了当时是非颠倒、公道难行、糊涂混事的人多的社会现实。

阿丑身为宦官中的伶人，其身份地位在当时是十分低贱的，处于被侮辱被耍笑的地位。然而，他却有着那些所谓的"高贵者"所不具备的高洁正直的心灵。他敢于以小品这种文艺形式为武器，向社会丑恶势力宣战。以他的机智使昏庸的皇帝有所警觉，革除某些弊端。尽管阿丑的力量是微小的，但也可以说是暗夜中迸发出的一点反抗的火花。从这一点来说，阿丑这个小人物在史册上留下一笔也是理所当然的吧！

（三）贪玩的明武宗

明武宗朱厚照 15 岁即皇帝位，一个少年本来对国政大事就不感兴趣，况且，朱厚照自幼就在刘瑾等一批宦官的陪伴下长大，养成了贪玩的个性，一下子让他坐在皇帝的宝座上，每天到朝堂上听大臣们喋喋不休地奏事，看一大堆枯燥无味的奏章，这使得武宗感到十分厌倦。刘瑾等宦官正是看准了这一点，极力迎合武宗的嗜好，经常进献一些歌妓舞女、飞鹰猎犬之类，还让武宗乔装改扮，到城外去玩个痛快，以致

明武宗正德皇帝朱厚照

武宗一见到身边这些宦官就感到心情舒畅，一见到朝臣就头疼厌倦。

为了能使武宗有足够的钱财供其挥霍享乐，刘瑾等宦官极力怂恿武宗在京城附近强夺民田，设置皇庄 300 多所，每年从中征收大量的田租。为了设置这些皇庄，竟毁掉官、民住房 3900 多间，掘百姓坟墓 2700 多座，占地 37500 多顷。

明绘《入跸图》之百官迎驾图

此外，刘瑾还献策，让武宗以湖广闹灾需要赈济为由，从全国各地搜刮到白银数万两，激起民众和一些官员的义愤，一时间群情激愤，议论纷纷，以刘健为首的一些大臣上疏劝谏，反遭刘瑾等人的迫害。从此，武宗得以放纵地享乐，大兴土木，建造太素殿、天鹅房、船坞。又别建一座多层宫殿，两厢设密室，勾连栉列，名曰"豹房"，武宗就与一些宦官、佞臣在其中纵情淫乐。

有人见武宗玩腻了宫中女子，就献媚说："色目女子白皙幼润，姿色比内地女子强胜百倍。"于是，武宗就派人去搜罗了12个擅长西域舞蹈的色目美女进献，玩上瘾了，嫌12个女子太少，又下旨召公、侯、伯等大官僚家中的色目女子入宫，从中挑选极为妖艳者留在宫中。各地无耻官员也极力讨好武宗，优伶舞女献入京城的日以百计。

由于武宗沉溺于声色犬马之中，懒于政事，举凡政事全都委于刘瑾。刘瑾因此得以恣意专权，干了不少伤天害理之事。

（四）幸运的宫女王氏

明神宗的恭妃王氏，以良家子女入宫为宫女，分在慈宁宫，服侍神宗的生母李太后，后得神宗召幸，被封为恭妃。王氏的父亲王天瑞，籍贯不详。她长得身材颀长，瓜子脸有红似白，双眼皮，口若含珠，一头乌黑亮泽的头发。说话做事都很讨李太后的喜欢，遂成为李太后的贴身侍女。

万历九年（1581年）十月，有一天，神宗皇帝到慈宁宫给李太后请安，正值李太后不在宫里，王氏出来侍茶。神宗皇帝见王氏美貌动人。当时眼前并无闲杂人员，便召入偏殿，暗中私幸。这虽然是逢场作戏，谁知竟珠胎暗结。按照明朝后宫规矩，凡是被皇帝召幸过的宫女，必有赏赐，文书房也要把她写入起居注，以备查。但是，神宗私幸母亲的贴身宫女，作贼心虚，便没有赏赐。只是负责填写起居注的侍臣，怕将来追究起责任，自己吃罪不起，多了一个心眼，便把这件事写到起居注上了。

过了几个月，王氏的肚子一天天大起来，不时呕吐。这些现象被李太后发现了。她安慰王氏，不要害怕，只要讲出实情，由她给王氏做主。王氏便把被神宗召幸的事一五一十地对李太后说了一遍。李太后听完，不仅不怪罪王氏，反而十分高兴，于是把神宗皇帝叫到慈宁宫来，询问此事。神宗被问得面红耳赤，张口结舌，李太后见状，便把起居注翻给他看，神宗皇帝只好跪在地上认错。李太后让他起来，微笑地说："我老了，还没见到孙子。这也不是什么坏事，如果能生个男孩，也是家族和国家的福气。自古以来，都是母以子贵。这个理是不能错的。"神宗皇帝便封王氏为恭妃。

第二年，王氏生下皇长子朱常洛，就是后来的光宗皇帝。但是，神宗皇帝对王氏并没有什么爱情可言，很长时间，王氏并没有得到加封，被神宗皇帝冷落在一边。直到"争国本"的时候，皇长子朱常洛在李太后和王皇后的支持下，被立为太子，万历三十四年（1606年），朱常洛已经娶妻生子了，王氏才被晋封为皇贵妃。

万历三十九年（1611年），王氏病重。太子朱常洛闻讯，要入宫探望，被宫

清末宫女

明 佚名绘《宫蚕图卷》局部

监阻隔。太子震怒,自己找来钥匙,打开宫门,闯了进去。这时王氏已49岁,双目失明。在病榻上,王氏拉着儿子的手说:"我儿已长大成人,我死而无恨矣!"第二年,王氏病逝,享年50岁,谥"温肃端静纯懿皇贵妃",葬天寿山。熹宗即位,加谥"孝靖皇太后",迁葬定陵。

（五）魏忠贤专权致祸

明熹宗时的魏忠贤是河间府肃宁(今河北肃宁县)人,原是个流氓无赖,好酒色,嗜赌成性。因为赌输了钱,被债主逼得走投无路,才下决心自阉,混入宫中,做了宦官。当时他已经娶妻并生有一女。进宫后,变姓为李,易名进忠。初入宫时,只做清扫庭院一类的粗话,并不得志。后来,与皇长孙朱由校的奶妈客氏勾搭上了,两人暗中你来我往,打得火热,亲如夫妇,如胶似漆,成为他日后发迹的转折点。

朱由校从小就死了母亲,一直由客氏抚养。及光宗去世,朱由校以皇长孙的身份继位做了皇帝,是为熹宗。熹宗即位后,封客氏为"奉圣夫人",李进忠也因客氏不断在熹宗面前美言而扶摇直上,大字不识却被任命为司礼监秉笔太监,并特准其恢复魏姓,赐名"忠贤"。当时王体乾是司礼监的掌印太监,但因魏忠贤有客氏做靠山,只好屈身俯就,甘心听从魏忠贤的差遣。

天启三年(1623年),魏忠贤又兼掌东厂。天启六年(1626年)十月,魏忠贤被封为上公,获得大臣的最高荣衔。他的侄儿魏良卿被封为宁国公,魏氏家族三十余人都被加官晋爵,连他的侄儿魏良栋、侄孙魏鹏翼还只是襁褓中的婴儿,也被封为侯、伯。

除此之外,魏忠贤还网罗了一大批亲信心腹。崔呈秀、李夔龙、吴淳夫、倪文焕、田吉五员文官为之出谋划策,号称"五虎";田尔耕、许显纯、崔应元、杨寰、孙云鹤五员武官专司捕杀镇压异己,号称"五彪"。以下还有"十狗""十孩儿""四十孙"等。这些人都因甘心卖身投靠魏忠贤的门下而得以高升,分别占据中央内阁、六部、厂、卫等重要部门,还有的在地方上任总督、巡抚等要职,时人称之为"阉党"。这样,以魏忠贤为首的"阉党"几乎完全控制了从中央到地方的各个要害部门。

魏忠贤的专权激起了朝中一些正直官员强烈的愤慨。东林党首领、副都御史杨涟愤而上疏熹宗,历陈魏忠贤二十四大罪,其中有自行拟旨、擅权乱政、斥逐直臣、重用私党、滥加恩荫、权掌东厂、陷害忠良、生活糜烂、穷奢极欲,等等。言之凿凿,掷地有声,击中要害。魏忠贤得知杨涟弹劾其罪,虽然有些恐慌,但他心里清楚,只要有客氏这棵参天大树做荫庇,就什么也不用怕。他装出一副可怜兮兮的模样,在熹宗面前一把鼻涕一把泪地哭诉自己一片忠诚反遭诬陷的冤屈。客氏也在一旁百般为之辩解。

昏庸的熹宗对这一对男女的花言巧语和拙劣的表演竟深信不疑,不但不派人去核查魏忠贤的罪行,反而怒斥杨涟无故诬告忠正之臣。然而,朝中魏大中、黄宗素、袁化中、周宗建等七十余名正直大臣仍然冒死上疏,继续弹劾魏忠贤。但这一切都是徒劳的,不但没有扳倒魏的一根毫毛,反而遭到魏氏一党的疯狂打击报复。

就在这一年的10月,东林党人杨涟、左光斗皆被罢官。接着,阉党中的一些人更怂恿魏忠贤趁机将东林党人一网打尽。他们阴谋编造了《点将录》《天鉴录》《同志录》一类的黑名单,把凡是不肯阿附于阉党的人统统打入东林党人之内,罗织罪名,一一加以残酷的打击。天启五年(1625年),东林党领袖人物杨涟、左光斗、魏大中、周朝瑞、袁化中、顾大章6人被阉党以接受贿赂为名，抓进锦衣卫，严刑拷打，追索所谓的"赃物"。酷刑之下，顾大章自杀，其余5人全部惨死狱中。天启六年（1626年），又捕杀了东林党人高攀龙、周起元、周顺昌、缪昌期、周宗建、黄尊素、李应升7人。其他的东林党人也都遭到不同程度的打击，分别被处死、罢官、充军。还有一些并非东林党人，只是因为平时得罪了阉党，这时也被指为"东林党人"，加以残酷打击，以泄私愤。

明代太监像

为了进一步巩固阉党专权的地位。魏忠贤又打着根除东林党人的旗号，下令拆毁全国所有的书院，禁止私人讲学，以达到压制社会舆论的目的。魏忠贤的专横跋扈以及政治上极度专制黑暗的局面，使得反对派敢怒不敢言，而一些善于趋炎附势、见风使舵的人则大显神通，纷纷投靠阉党，一些人竟厚颜无耻地称魏忠贤为九千九百岁。天启六年（1626年），浙江巡抚曹汝桢在西湖为魏忠贤建生祠，各地无耻官吏群起效尤，每建一祠，花费银两多则十几万，少则几万。一时间建造了无数生祠，不知耗费了多少民脂民膏，仅拆毁的民房就多达二千多间。所建祠堂豪华壮丽，如同皇宫一般，里面日夜香火不断。

魏忠贤得意扬扬，越发抖威风、摆阔气。外出时乘坐装饰华丽的车子，驾四马，风驰电掣、烟尘滚滚。锦衣卫士夹护左右，还有各类随从人员数百人，前呼后拥，所到之处，士大夫遮道拜伏。朝中事无巨细，都必须向魏忠贤请示，方能最后裁定。有时魏忠贤不在朝，熹宗虽近在咫尺也无人请示，反而要派人打马飞驰去向魏忠贤请示。真个是满朝文武只知有魏忠贤而不知有皇帝。后来，在查抄魏府时，从他家中搜出花梨木、乌木、雕花彩、黑漆螺钿等各种大椅25把，上边均刻有龙纹凤彩。问一些老宦官，才知道是明神宗的宝座。此外，还搜出群臣献给魏忠贤的寿文寿锦寿词，与献给皇帝的一般无二。可见魏忠贤在当时专权到何种程度。

"多行不义必自毙"，正当魏忠贤得意忘形之际，熹宗皇帝病死于懋勤殿，这一年是天启七年（1627年）。熹宗无子，由其弟朱由检继位，是为思宗，年号崇祯。"树倒猢狲散"，魏忠贤突然失去了靠山，有一种末日来临的预感，终日惶惶不安。他故伎重演，想用老一套权术来控制崇祯皇帝。但崇祯很早就熟知魏忠贤的为人和罪行，因此，即位后时刻提防魏忠贤与客氏的算计。这年九月，崇祯以天启帝已驾崩，乳母无须再留为借口，将客氏逐出宫中。

　　朝中被压制的一些正直之士见形势有所转机，便又上疏弹劾魏忠贤。嘉兴贡生钱嘉率先上疏弹劾魏忠贤十大罪。崇祯让人把钱的弹劾奏章读给魏忠贤听，魏吓出一身冷汗。事后，他用贵重的珍宝贿赂崇祯的贴身宦官徐应元，请他在崇祯面前给美言几句。这件事被崇祯知道了，将徐应元杖责一百，发配凤阳。同年十一月，崇祯将魏忠贤也发配凤阳充当"净军"。

　　魏忠贤在去凤阳的途中，仍有一些平日豢养的亡命之徒相随，这些人身怀利刃，前呼后拥，招摇过市。有人报知崇祯，崇祯下令将魏忠贤一伙全部抓捕回京审判。魏闻讯后，料知死罪难逃，自缢于荒野客店之中。接着，朝廷开始清洗阉党，重新起用东林党人。喧嚣一时的以魏忠贤为首的阉党至此才土崩瓦解。然而，魏忠贤的专权肆虐和祸国殃民之举，已使明王朝元气大伤，留下的是国政凋敝、民不聊生的残局。

（六）生性贪玩的明熹宗

　　明熹宗朱由校生性贪玩，尤其喜欢精巧新奇的玩具，魏忠贤投其所好，四处搜寻一些能工巧匠，专门制作各类玩具来进献熹宗，使熹宗高兴得不得了，后来竟迷恋到亲自动手制作的程度。他常常在宫中光着膀子，斧砍刀削，制作玩具，甚至有时做的玩具连巧匠都不如。他曾用大木桶、大铜缸之类的东西，凿上一些孔，装上机关，形成水珠竟喷或瀑布倒悬的景观，或借水的冲力，使一小木球随水势忽上忽下，盘旋不止，他便乐不可支。

　　熹宗做这些东西，无非是为了玩乐，做完后自我欣赏一

明熹宗天启皇帝朱由校

番。魏忠贤见了，必定大大恭维一番："这真是上天赐给万岁爷如此的聪慧，凡人哪能做得出这样精巧之物啊！"这便使熹宗得到一种特殊的满足，从此更加迷恋此技，不停地做，做完了就扔掉，然后又重做，日日如此，专心致志，不知疲倦。只可惜命运偏偏让他生在帝王之家，不然，也许他会成为一个出色的木工。可是，作为一国之君，专心于此，不理朝政，正给魏忠贤这类心怀叵测的野心家提供了专权的方便。

魏忠贤执掌司礼监大权，每当看到熹宗做木工兴致正高的时候，就向他奏报国事，并请求指示。熹宗一边兴致勃勃地做木工，一边心不在焉地听他喋喋不休地奏报，勉强听完之后，便随口说一句："我知道了，你们用心去办吧！"这正是魏忠贤求之不得的，魏忠贤也由此而得以专权肆虐于朝野。

魏忠贤还引导熹宗极尽声色犬马之事，让熹宗沉湎于糜烂的生活之中不能自拔。天启七年（1627年）八月二十日，熹宗突然暴死。据说是由于魏忠贤私进一种春药，使熹宗放浪纵欲，因此暴亡。

（七）寇连材抗颜谏慈禧

寇连材是清末京北昌平县南土家庄人。他入宫后，先在司房当差。他所管理的账目清楚明白，有条不紊。慈禧太后见他有能力，为人处世又细心周到，便起用他做了自己身边的心腹宦官。

光绪皇帝即位后，慈禧派寇连材到光绪身边服侍，名义上是照顾皇帝，实际上是想在光绪身边安插耳目来监视他。

清人绘《道光帝喜溢秋庭图》

慈禧

慈禧下棋图

寇连材起初还忠于职守，细心观察光绪的一举一动。后来渐渐觉得光绪具有忧国忧民之心，转而成了光绪的忠实助手。康有为、梁启超等人发起"戊戌变法"运动，寇则成了光绪与康、梁等人之间穿针引线之人。

不幸的是，"戊戌变法"运动失败了。慈禧企图废掉光绪皇帝。一时间，朝野为之轰动。就在这时，寇连材上了一份奏折，当面呈给慈禧。他在奏折中力谏慈禧改弦更张，坚持认为变法之路是正确的。其中的内容多为时人所不敢言，如劝慈禧再勿揽权，要归政皇上；勿重修圆明园；停止宫中演戏；续修战备；皇上无嗣，当择天下贤者立为皇太子；等等。慈禧看罢寇的奏折，怒不可遏。她指着寇连材的鼻子，厉声责问："你知罪吗？"寇连材从容答道："如果老佛爷认为我有

慈禧出行

慈禧—李连英—崔玉贵

慈禧扮观音像

慈禧书"福禄寿喜"字轴——清光绪十四年

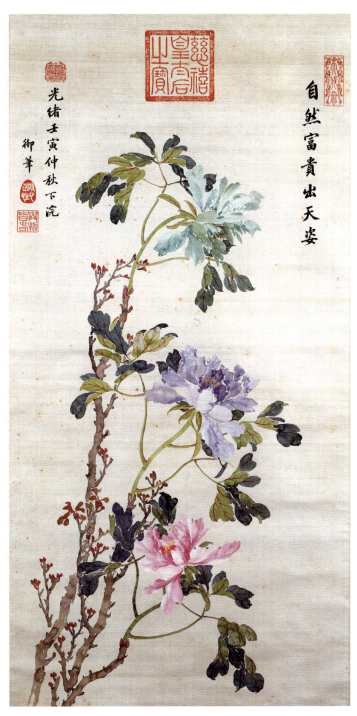

慈禧画牡丹图轴——清光绪二十八年

罪，那么，我罪当剐。"慈禧气得脸都青了，连声喊："来人呐！把他拉出去斩了！"

寇临刑时，脱下碧玉扳指给刽子手，嘱其从速，又以一玉佩、一金表赠给前来送行的太监，从容就刑，神色不改。寇连材虽身为宦官，但他秉性刚直，他所写的日记，揭露了清王朝的腐败内幕。后来这本日记流传到民间，很有史料价值。

（八）宦官的家庭生活——"结对食"

宦官与宫女结成伴侣，始于汉朝，以后历代都有。特别是到了明代，宦官与宫女结对之事特别多。本来明太祖朱元璋曾严禁宦官娶妻，违者处以剥皮之刑。但明中叶以后，宦官娶妻的、与宫女结成伴侣的事又多起来了。在万历年间以前还多是秘密的，万历以后就渐渐公开化了。甚至哪个宦官没有娶妻或者没有和宫女结对，反倒成了被嘲笑的对象。有的好事者还专门为宦官与宫女牵线搭桥，还有的两个宦官同时爱上一个宫女，为之争风吃醋。

宦官与宫女相恋，一般是宦官追慕宫女，为之献殷勤，愿意为自己所追慕的宫女做任何事情，任劳任怨，甚至从此再也不顾自己家中的父母兄弟，专心属意于该宫女，其专心的程度也并不亚于一般的男子对女性的追求。同伴见其为追慕宫女而心甘情愿地任宫女驱使，便称之为"菜户"，这原本是斥责其人没有骨气、下贱窝囊的意思。但是后来宦官大多去追求宫女，争当"菜户"成为风气，"菜户"也成了宦官与宫女结合的代名词了。结合成"菜户"的宦官与宫女，在生活上恩爱体贴，双方的财物共同使用，俨然夫妻一般。

慈禧在中海乘平底船

清代皇后亲蚕图局部

　　明代宦官魏朝与熹宗朱由校的乳母客氏结为"对食"，后来魏忠贤入宫，客氏喜新厌旧，又与魏忠贤勾搭上，从此将魏朝撇在一边。魏朝醋意大发，吵闹起来，惊动了熹宗。熹宗亲自出面调解，让客氏自己选择，落选者就不准再闹。客氏自然选择了魏忠贤。于是，魏忠贤与客氏正式结为"对食"，魏朝只好悻悻退出这场"三角恋爱"。

　　清末的小德张娶了好几房姨太太，后来有个姨太太因为受不了他的虐待，跑到英国巡捕房寻求庇护，没承想小德张手眼通天，终是将那可怜的女人寻回，活活打死。小德张蓄养了子嗣，这些子嗣又娶妻生子，竟使小德张也"儿孙满堂"了。辛亥革命后，小德张被赶出紫禁城后，移居天津，过着豪华的生活，家中有若干奴仆杂役侍候。他每天早9点定时在客厅内坐着，接见他的这些子孙。吃饭时，子孙们先要向他请安，双手捧碗，对他说："请老爷赏饭"，他便在每人碗里夹上一筷子菜，子孙们便说："谢老爷赏饭！"然后才能吃饭。据说这是小德张从皇宫中学来的派头。

宦官为什么要组建家庭呢？这其中的原因也是颇为复杂的。有人说宦官虽然阉割了，但也会有性欲，也会对女性感兴趣，特别是那些青年宦官就更是这样。至于那些净身未净的，就更有这种可能，甚至比一般正常人有更强的欲望。当然，也有的宦官并无这方面的要求，只是被一种逆反心理所驱使，所谓越是得不到的东西越想得到，才促使他去娶妻或者与宫女结成"对食"。

更多的宦官与女性结合是追求一种感情的慰藉、心理上的平衡。生理上的残缺，对于他们来说，无论怎样都不能不感到终生遗憾。他们居处深宫，也向往能像正常人一样过着安稳的田园牧歌式的夫妻家庭生活，来抚慰自己半生所遭受的屈辱和那孤独苦闷的心灵。至于养子，也还有一种传统的

传宗接代的观念在。所谓"不孝有三，无后为大"，仍然是许多宦官头脑中根深蒂固的观念。

至于那些权势熏天的大宦官，娶妻养子除了具有一些宦官们所共有的心态之外，还有借此炫耀富贵权势的目的，是为了向世人展示：常人能得到的东西，他照样会得到，甚至还能得到常人所得不到的东西。但这样一来，可就苦了那些被迫嫁给宦官的女人了。据《末代太监秘闻》记载：宦官们娶妻之后，经常有虐待妻妾的事情，而且其手段之残忍令人吃惊。鞭抽、吊打、针刺、烟头烫，等等，变着法儿折磨她们，好像是对由于人为造成的自己性无能的一种发泄，又像是要把自己在宫中曾受过的酷刑都在妻妾身上重新演试一番似的。

乾清门，当年也曾是清帝御门听政的地方

（九）话说御门听政

御门听政是封建帝王表示勤于政务的重要形式。汉宣帝刘询"五日一听事"，东汉光武帝刘秀"每日亲朝"，唐太宗李世民"幸朝堂，亲览冤屈，亲录囚徒"。明清两朝，更有常朝和御门听政制度。

明朝的常朝和御门听政同时举行，地点在奉天门（现太和门），名为"常朝御门仪"。御门仪开始，午门上先击鼓，文武百官分别在午门外排队等候，鸣钟后开门，百官按文东武西的次序进入左右掖门，过内金水桥至太和门丹墀，按照品级分东西相对站立，列队丹墀左右，公侯在前，以下按品级排列。等皇帝来到，升宝座，鸣鞭，百官一跪三叩头向北朝拜，然后各衙门依次奏事。如有机密事，可在一般奏事完毕后再到御前细奏。奏事完了，由御史纠举礼仪，最后鸣鞭，皇帝回宫，百官照序退出。

明朝朝仪规制很严，如有喧哗、耳语、咳嗽、吐痰等均属失仪，更不许在朝班内横穿。官员奏事要绕道班尾，再行至皇帝御前跪奏，奏完退回。如有违反，御史当时纠举，让皇帝发落惩处。

常朝御门仪在明朝初年举行较勤，在景泰年间还规定举行午朝。但到嘉靖以后，可能是发生"壬寅宫变"的缘故，朝事渐废，以至于到万历年间，由于皇帝久不临朝，朝臣竟不知班次，找不到自己的位置，甚至因此而争吵不休。

御门听政图

清人绘《康熙帝出巡图》小屏

清朝沿袭明朝制度，不同的是，常朝和御门听政不在同一处举行。常朝在太和殿，御门听政在乾清门（乾清门是通往后宫的大门）。皇帝如果在外巡游，在驻跸地也举行御门听政。康熙举行御门听政最勤，几乎每天都要举行。那时，很多重大事件的决策，都是在御门听政时做出的。一般皇帝为表示体恤民情、勤理政务，都十分重视御门听政。如届时遇有风雨，还可改朝举行。在御门听政时，皇帝还常施以恩惠，赐以物品。

但是，对大臣们参加御门听政的纪律要求是极为严格的，认为"御门办事，典礼攸关"，"非寻常疏忽可比"。乾隆、道光对参加御门听政而迟误不到的官员，曾给以降职或罚俸的处罚。

十　守望传统

——紫禁城里的艺术收藏

　　紫禁城不仅拥有号称"东方建筑艺术瑰宝"的宫殿建筑群，更有大量的可移动的传世文物。目前北京故宫博物院的馆藏文物主要是清宫遗存。自 1925 年故宫博物院成立以来，文物由宫藏转为院藏，大半个世纪中，经历了南迁、西避、北返、运台、存宁、古物陈列所并入，以及 1949 年新中国成立后，通过政府拨交、接受私人捐赠、本院收购等曲折过程，并多次清理、分类、划级统一入藏，到 2019 年，藏品综合成 24 大类、59 小项，约 186 万余件（套），其中一级品有 8288 件（套）、二级品有 61900 余件（套）。

（一）名品荟萃的古代绘画

　　故宫博物院收藏的绘画作品以明清宫廷收藏的中国古代绘画为主，创作时间上起东晋，下讫清末，跨越 17 个世纪。亦有少部分中国现代绘画和外国绘画作品入藏。质地则以纸绢类水墨、设色画为大宗，其他尚有壁画、油画、版画、玻璃画和唐卡等品种。绘画装裱的形式主要有手卷、立轴、屏条、横披、镜片、贴落、屏风、册页、成扇、扇面、扇页等。较贵重的画作多以绫绢、织锦、缂丝作为裱工材料，再装以硬木、陶瓷、象牙、犀角乃至金玉质的轴头、别子，裹以丝织画套、包袱，装以杉木、楠木、花梨、紫檀的册页封面或画盒。其中的创作题材也十分丰富和齐全，山水、人物、花卉、翎毛、走兽、楼台以及各类风俗画等，无不具备。截至 2003 年，在账藏画 43140 件，其中纸绢画就有 37039 件之多。

　　所藏作品中，东晋顾恺之的《洛神赋图》《列女图》和隋展子虔的《游春图》，分别是我国现存最早的名家人物画和山水画作品，为画史探源的珍贵资料。其他如唐阎立本的《步辇图》、周昉的《挥扇仕女图》、韩滉的《五牛图》、卢楞伽的《六尊者像》，五代黄筌的《写生珍禽图》、顾闳中的《韩熙载夜宴图》，北宋崔白的《寒雀图》、赵昌的《写生蛱蝶图》、李公麟的《临韦偃牧放图》、王诜的《渔村小雪图》，宋徽宗赵佶创作的《雪江归棹图》《芙蓉锦鸡图》《听琴图》，张择端所绘的《清明上河图》等，以及元代画坛黄公望的《天池石壁图》《九峰雪霁图》《丹崖玉树图》，吴镇的《渔父图》《古木竹石

展子虔《游春图》

故宫藏《千里江山图》局部

《韩熙载夜宴图》

北宋 张择端《清明上河图》绢本

图》《芦花寒雁图》，倪瓒的《古木幽篁图》《夏日山居图》《葛稚川移居图》等俱为名作。

其中，《步辇图》真实记录了汉藏民族关系的重大事件，具有艺术与历史双重价值；《写生珍禽图》为黄筌传世孤本，其画风笼罩宋代画院百年，影响非同一般；《韩熙载夜宴图》中主人公韩熙载（公元902—970年），字叔言，潍州北海（今山东潍坊）人。后唐同光年间进士，因父亲为后唐明宗所杀，投奔江南。先后仕于吴、南唐。李煜以其才名欲用为相，但遭到权臣的猜忌反对，而"不得与政"。韩氏由是以声色自娱，以颓放自保。该图所表现的，正是韩府一次夜宴的场景。该图以对人物外貌和内心的精微刻画，成为中国人物画的经典，自宋代以来叠经著录。本幅前有明程南云引首，后有元班惟志、清王铎等人题跋。流入清宫后，乾隆帝将其编入《石渠宝笈·初编》，列为上等并加御题。清亡后被逊帝溥仪携至东北，后归名画家张大千。20世纪50年代，张大千经过中间人自香港将它出让祖国大陆，由文化部文物局拨交故宫博物院收藏。颇具传奇性。

《清明上河图》则详细描绘了北宋都城汴梁（今河南开封）内外万物昭苏、百业繁盛的市井生活场面，用来表现对太平盛世的颂扬。作者刻画一笔不苟，墨线遒劲，设色淡雅。人物虽仅盈寸，头面如豆，但神态毕具，表情生动；各色建筑，透视合理，比例得宜；山水树木，亦无一不臻妙境。

此卷为宋徽宗宣和年间内府旧藏之物。入南宋归权臣贾似道。又先后为元内府，明朱文正、李东阳、严世蕃，清毕沅等收藏。嘉庆时进入清内府。1931年，溥仪将其携至长春伪满皇宫。抗战胜利后归东北博物馆。1958年由文化部文物

元　赵孟頫《浴马图卷》局部

局调京拨交故宫博物院收藏。也是几经周转，颇具传奇性。

　　故宫博物院的收藏中，明清绘画数量最大，精品也最多。不仅有各大画派的代表作品，还有不少地方画派的作品入藏，对于系统研究中国画史十分有价值。尤其是大量的清代宫廷绘画，包括：帝后"御笔"（以乾隆帝款为最多），清廷词臣如蒋廷锡、张宗苍、董邦达、钱维城、董诰等人，外国传教士如郎世宁、王致诚、艾启蒙、贺清泰等人，内廷供奉画师冷枚、

金廷标、丁观鹏、姚文瀚、方琮、杨大章等人的作品。这些作品多吸收西洋绘画技法，写实为主，具有艺术、历史双重价值。

　　可以说，通过国家调拨、收藏家的捐助、征集，故宫藏画虽尚未完全恢复清代《石渠宝笈》旧观，但在画家与作品的系统性，尤其是明清作品的完备程度方面，或有过之。故宫博物院因而成为中国古代绘画收藏的重镇，成为中国美术史的研究中心之一。

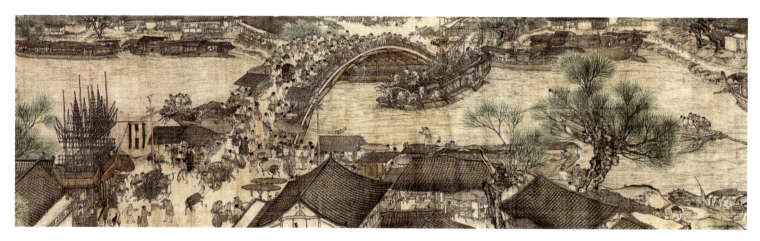

北宋　张择端《清明上河图》局部

唐　阎立本《步辇图》绢本

（二）林林总总的书法、碑帖

清代乾隆帝热心书画，广事访求，囊括了清初几大藏家的藏品。《石渠宝笈》和《秘殿珠林》三编，洋洋大观，其中法书占了相当比例。

清内府所藏法书在近现代遭遇外寇洗劫、逊帝溥仪窃取和国民党政府运台几次较大冲击，以致精品流失颇多。新中国成立后，党和政府积极发展文博事业。1951 年，周恩来总理亲自派人赴港以重金购回典押在香港外国银行、即将落入外国人之手的王献之的《中秋帖》和王珣的《伯远帖》，转送故宫收藏。随即，毛泽东主席将友人送他的明王夫之的《双鹤瑞舞赋》和清钱东壁的临《兰亭十三跋》转赠故宫。1958 年又将张伯驹先生送给他的李白的《上阳台帖》转送故宫收

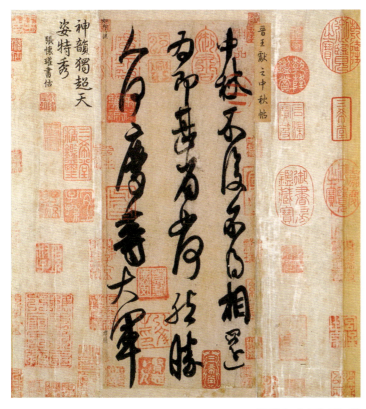

王献之《中秋帖》卷

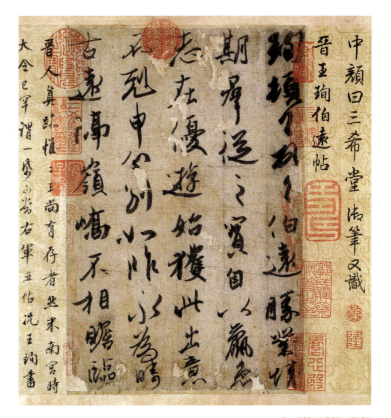

王珣《伯远帖》局部

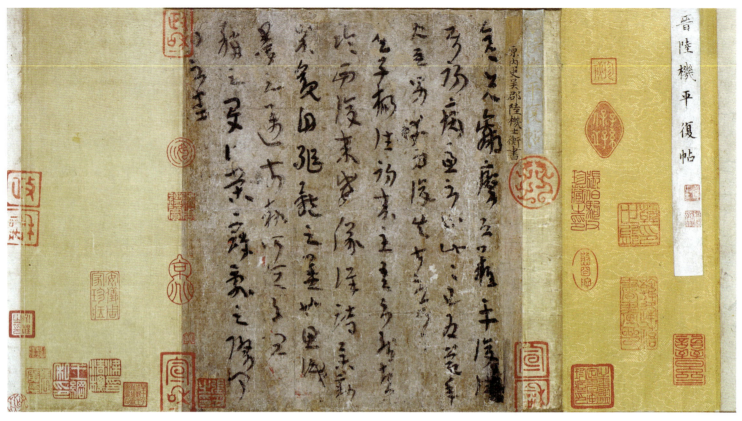

《平复帖》

藏。于此前后，文化部文物局向故宫调拨交了包括宋徽宗赵佶的《夏日诗帖》，张即之的《书杜诗卷》、元鲜于枢的《杜甫魏将军歌卷》、康里巎巎的《谪龙说》卷在内的大批古代法书。故宫也不断地通过各种渠道购藏法书佳作，弥补藏品的空白。2003 年以 2200 万元拍得隋人《出师颂》就是一个突出的例子。此外，个人捐赠也对充实院藏法书起到了非常重要的作用。如张伯驹先生一人所捐法书"大件"就有晋陆机的《平复帖》，唐李白的《上阳台帖》、杜牧的《张好好诗》，宋范仲

淹的《道服赞》、蔡襄的《自书诗卷》、黄庭坚的《诸上座帖》、吴琚的《杂诗帖》，元赵孟頫的《草书千字文》等多件。

截至 2003 年，院藏法书在账者达 52845 件。其创作时间上起西晋、下讫当代。书体则篆、隶、楷、行、今草、章草毕具。除一般意义上的书法艺术作品之外，尚有尺牍、写经、稿本、抄本、奏折、公文、题跋等手写文献。装裱形式丰富多样，有立轴、屏条、横披、斗方、贴落、匾额、楹联，也有手卷、册页、成扇、扇面、扇页、扇册等。质地有纸本、笺本、织本、绫本之分，

墨色有墨笔、泥金、泥银之别。

与海内外各大博物馆相比,故宫博物院的收藏至少有三个特点:第一,拥有一批晋唐宋元大家名作。如《平复帖》是现存最早的名家法书;王羲之《兰亭序》三种最佳唐摹本皆在故宫;王珣的《伯远帖》是王氏家族唯一的传世真迹。欧阳询行楷的《卜商读书帖》和《张翰帖》也堪称至宝。北宋李建中、范仲淹、文彦博、欧阳修诸人墨迹世所罕见。蔡襄、苏轼、黄庭坚、米芾四家真本,林林总总,有数十种之多。第二,明清法书系统全面。帖学、碑学、台阁体、文人字、画家书的各个流派和代表书家皆有收藏。第三,藏有大批珍贵的明清尺牍。它们具有文献及书艺双重价值,尚有待开发研究。此外,还

有大量帝后"御笔"及"臣字款"法书、贴落,是研究这个历史时期庙堂书风的宝贵资料。

最传奇的是乾隆皇帝最珍爱的"三希"中的王献之的《平复帖》和王珣的《伯远帖》。

《平复帖》为《晋贤十四帖》合装卷中的一件,曾经唐代梁秀、殷浩等人收藏(钤有印章)。五代时归王溥、王贻永祖孙。宋时先归李玮,后入宣和内府,徽宗赵佶题有金签,并钤诸玺。元代曾经张斯立、杨肯堂、郭天锡、马昫等人观题。明代先后归韩世能父子和张丑,并经董其昌题跋。入清后递藏于冯铨、梁清标、安岐等家,再入清内府。乾隆帝将其送给生母皇太后钮祜禄氏赏玩,太后薨逝,归成亲王永瑆。后辗转

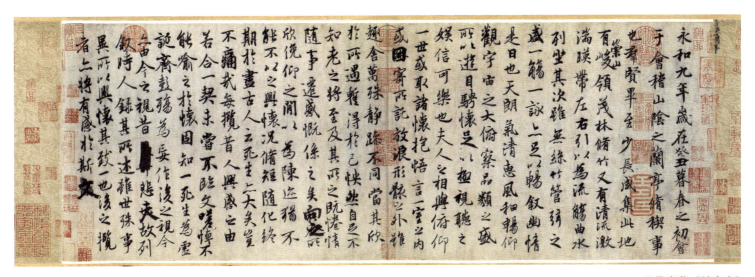

冯承素摹《兰亭序》

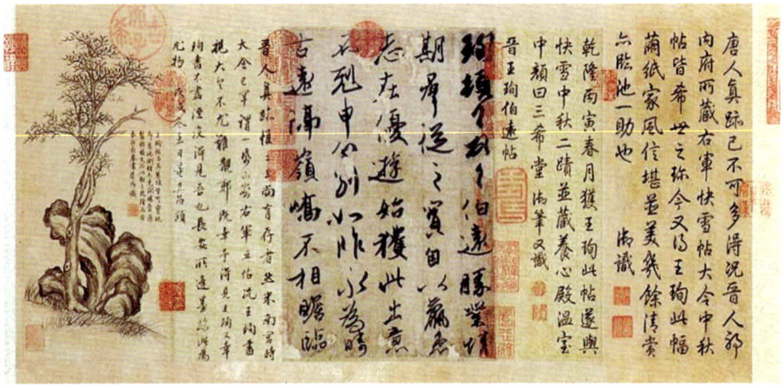

故宫藏晋王珣《伯远帖》

于诸王府第。1937年，恭亲王奕訢之孙溥儒售与张伯驹先生。1956年，张先生将包括此帖在内的一批法书名画捐献国家，由文化部文物局拨交故宫博物院收藏。

《伯远帖》在宋代为徽宗赵佶所藏，《宣和书谱》有著录。据明人记载，原有宋人章清跋及宣和诸玺。归安岐时只存明董其昌、王肯堂二跋。收入清宫后得到乾隆帝珍爱，将其与唐摹王羲之《快雪时晴帖》、宋临王献之《中秋帖》并称“三希”，在养心殿专室庋藏，反复题咏，并刻入《三希堂法帖》。清亡后，此帖与《中秋帖》被瑾太妃盗售出宫，归收藏家郭葆昌。郭氏后人在新中国成立前将其携至香港，与《中秋帖》一起抵押给一家外国银行。1951年，押期已到，即将落入外国人之手时，周恩来总理派员赴港以35万港币将二帖赎归，拨交故宫博物院收藏。遗憾的是，“三希”之唐摹王羲之《快雪时晴帖》被国民党政府运往台湾，藏于台北故宫博物院，大陆人士难见其真容。

值得一提的是，故宫博物院藏25344件碑帖类文物。原刻石的刊刻时间自先秦迄近代，传拓时间自北宋迄当代。碑和帖之外，尚有少量甲骨拓本、铜器拓本、古陶砖瓦拓本、画像石拓本、线刻画拓本等杂项。拓本的装裱形式，有整纸原拓，整纸括裱折装本，整纸裱立轴、横披或屏条，整纸或剪裱手卷，剪裱册页，剪裱粘册，等等。总体上说，院藏碑拓数量、品种和系统程度优于法帖。

名品如《西岳华山庙碑》（华阴本），建于东汉桓帝延熹八年（165年）四月二十九日，是我国古代山川祭祀的重要文献资料，也是汉代隶书的优秀代表作品，又是现存最早的署有书家姓名的碑刻。其他如《宋拓大观帖》，宋代该帖刻成不久，即遭靖康之乱，拓本传世无多。时至今日，仅北京故宫博物院、国家博物馆和南京大学等处尚有零卷、残本数种收藏。故宫所藏为新中国成立后购入之“王弇州本”及“杨氏海源阁本”。“王弇州本”为明代州山人王世贞旧物，后经华夏、董其昌、梁清标、李宗瀚等人递藏。三册一函，皆有缺失。册上钤名人印章110余方，承传有绪。每册更有清代帖学大师翁方纲的考据性长跋多段，极具学术价值。“杨氏海源阁本”为清代聊城人杨协卿旧藏，亦为三册，包括《大观帖》54开。册上钤印300余方，并有崇恩等人的题跋。

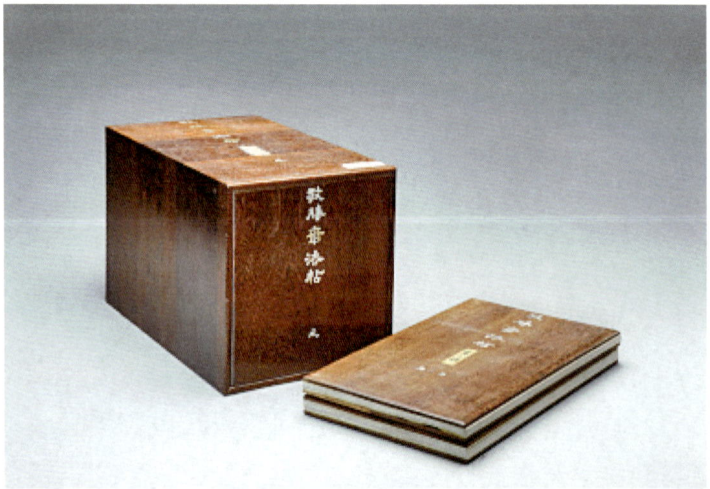

《敬胜斋法帖》

（三）品类齐全的古代玉器

古代玉器是北京故宫博物院收藏文物的一个重要门类，总数超过 3 万件，其中清宫遗存数量最大。所收藏的宫廷玉器品类齐全，包括了各品类中的精品，可分为礼器、陈设、日用、佩饰、珍玩、宗教、少数民族玉器以及外国玉器等多个品种。

清代礼器有大型玉编磬、玉特磬、玉册、宝玺，大型玉陈设有玉山、玉瓮、玉瓶、玉屏四大类。玉山首推大禹治水图玉山，所用玉料重量过万斤，其次为南山积翠玉山，两件作品制成后即安放于外东路乐寿堂内，至今未移动。大玉瓮如外东路乐寿堂存云龙大玉瓮，乾清宫东暖阁存刻诗大玉瓮、碧玉鱼龙瓮、碧玉云龙瓮等都很典型。大玉瓶是室内置于案上的陈设品。清宫用玉瓶，一则表示富丽，一则表示太平。所藏的清代大玉瓶分为挂瓶与座瓶两种，一般瓶心嵌玉版，多以绿玉为之：瓶心嵌玉版平而薄，大者边长超过数十厘米，瓶面雕图案。而宫廷日用玉器也非常精彩，包括餐具、茶具、文具、乐器、烟具和玉首饰、玉佩饰等多方面用具，是其他博物馆的藏品所不能达到的。

故宫收藏的明代玉器多属清宫所存明代宫遗器物，也有清代各地的供入。故宫博物院成立后的收集，是现存数量最大、最重要的明代玉器群，经过多年的整理、研究，其面目已大体清晰，主体作品为礼器、日用品、陈设品、仿古玉器，其中有较多数量的明代制造的"子刚"款玉器，通过这些作品，反映出陆子刚作品的重要艺术成就及其对当时社会、后世治玉业的影响。

收藏的中国古代玉器，包括了各代玉器中的精品。新石器时代玉器包括了红山文化、良渚文化、龙山文化及安徽凌家滩遗址的典型作品。红山文化玉龙、兽头，良渚文化玉琮、璧，龙山文化大玉刀皆属国家一级文物。所藏片状玉人是已知商代玉器中仅有的数件作品之一，中心带有通孔的玉牛、玉龙，属立体造型玉器，这类作品在商代玉器中也是非常少见的。所藏安徽六安杨公乡战国墓出土玉灯，汉代"益寿"铭玉璧、"长乐"铭玉璧，目前仍是孤品，而唐代玉梳为目前仅见。

青玉十二辰

明 青玉十二辰

乾隆御笔题诗青玉如意

清 青玉十二辰

青玉如意

院藏明子刚款合卺杯

紫檀雕座白玉星槎

乾隆御题青玉填金岁寒三友图笔筒

清 玉雕桐荫仕女图

故宫藏玉璧

大禹治水山子

清 白玉壶

（四）数量庞大的古陶瓷

古陶瓷是故宫博物院所藏文物大宗，约35万件，绝大多数为原清宫旧藏的宋代"五大名窑"以及明、清时期景德镇御窑厂烧造的瓷器。1949年以后，通过国家有关部门调拨、私人捐献以及流散文物收购等渠道，清宫旧藏陶瓷得以充实、补缺。故宫所藏古陶瓷的最大特点是流传有绪、品种齐全、数量庞大、质量精湛。而且其中包括大量闻名于世的珍品和孤品。

例如，定窑白釉孩儿枕为宋定窑代表作品之一，其雕塑手法细腻入微，生动地刻画出胖孩儿的体态特征：两臂交叉卧于榻上，头枕于左臂上，右手持结带绣球，额头开阔，神态安详；身着长衫，外套坎肩，衫上印有团花纹，衣纹雕刻自然；双目炯炯有神，头两侧各有一绺孩儿发，显示出天真可爱的神情；下身着长裤，足蹬软靴。枕的周边印有螭龙、垂云、卷枝等纹饰。而且此枕以孩童的脊背做枕面，颇具匠心。

明成化江西景德镇窑制品斗彩鸡缸杯，高3.4厘米，口径8.3厘米，足径4.3厘米，为明代成化斗彩瓷器中的名品。因杯形似缸，外绘子母鸡而得名。属御用酒具。该杯胎体轻薄，釉质莹缜如玉。杯内光素无纹饰，外壁以斗彩技法装饰。环绕杯身绘鸡群两组，均为一公鸡、一母鸡、三雏鸡。鸡的姿态各异。鸡群周围，洞石清秀，兰草幽倩，月季吐艳，春意盎然。疏朗的构图与娟秀的杯体相配，浑然有致。图案设色以淡雅的釉下钴蓝配以富丽的釉上红、黄、绿、紫等色，给人以恬淡鲜丽之美感。故有"成窑鸡缸杯，为酒器之最"的赞誉。而且流传至今的成化斗彩鸡缸杯已不足10件，愈显其珍贵。

其他珍品就不一一叙述了。

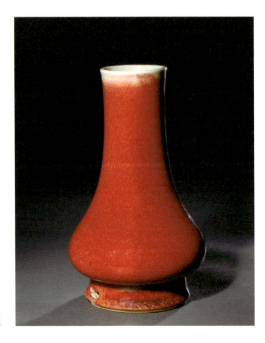

郎窑红釉瓶

乾隆六年瓷胎洋彩
盘口双圆瓶

明 斗彩鸡缸杯（成化）

宋 定窑白釉孩儿枕

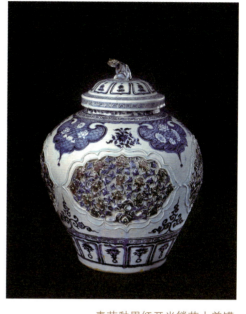

青花釉里红开光镂花大盖罐

故宫藏金三彩瓷枕

钧窑鼓钉洗

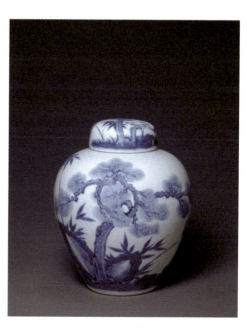

雍正款青花松竹梅纹盖罐

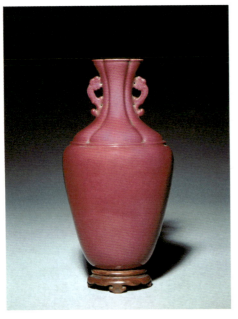

乾隆款胭脂红釉壁瓶

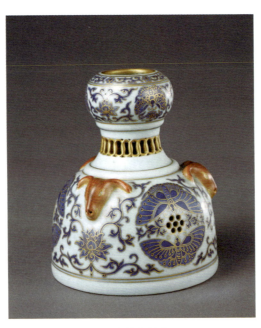

乾隆款青花描金团蝶纹镂空花薰

五彩人物瓶

嘉庆款粉彩鹭莲纹尊

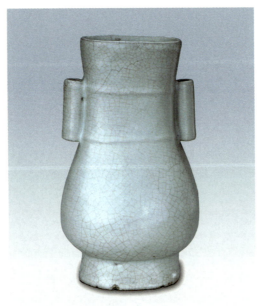

官窑贯耳尊

康熙款青花云龙纹梅瓶

（五）序列完整、器类齐全的青铜器

清代皇家收藏的青铜器，在乾隆年间已达数千件之多，除一部分在1949年迁至台湾地区，一部分流失海外，大部分仍保留在故宫。加上新中国成立以后由政府调拨、私人捐献和本院收购的青铜器，目前故宫博物院共收藏历代铜器15000余件，多数为传世品，其中先秦青铜器即有10000件左右，是国内收藏青铜器数量最多的博物馆之一。而且时代序列完整，器类齐全，已可分出商代前期、后期，西周早、中、晚期，春秋前期、后期，战国前期、后期，秦、汉、魏晋南北朝、唐宋、明清等。先秦铜器的内容包括礼器、乐器、兵器、杂器数类，秦汉青铜生活用品和唐宋以来的仿先秦青铜礼器也有一定规模。此外，还有历代钱币万余枚、铜镜4000面。

铜胎鹤鹿同春如意耳瓶

莲鹤方壶

国内各博物馆现藏先秦有铭文的青铜器估计不超过6000件，而故宫博物馆现藏即有近1600件，数量列各馆之首。这些青铜器的铭文大多已收入《殷周金文集成》一书，但器形大多尚未公布。代表作有如下几种：

商代后期（约公元前13世纪）的三羊尊，大口广肩型，厚唇外折，细颈上有三道凸弦纹。肩部等距离地装饰三只高浮雕形式的卷角羊头，间以回形纹为饰。腹部较肥硕，纹饰更为华丽，在回纹地上有三组兽面纹，用夸张的手法突出了兽面上最能传神的眼睛，增加了肃穆庄重的气氛。圈足较高，上边有两条凸弦纹，中间有三个等距离的较大圆形孔，这是商代铜器的典型特征之一。全器图案布局错综复杂，繁而不乱，反映了3000年前我国冶铸工艺已达到很高的水平。

西周早期（约公元前11世纪）的堇临簋，在隆起的腹部前后各用一个很大的兽面做装饰，这个兽面，过去称为饕餮纹来附会"有首无身，食人未遂，害及其身"的传说神话。颈部和足部也都有一道纹饰，用蟠屈的夔龙纹和圆涡纹相间。在颈部纹带中间也用兽面为装饰，在足部简化为只剩一个鼻子的形象。簋的里面有8个字的铭文："堇临作父乙宝尊彝"。为清宫旧藏的青铜礼器之一，著录于《西清续鉴甲编》卷六。

春秋中期（约公元前7世纪）的莲鹤方壶，整体呈椭方形，有盖。壶体四面饰相互纠结的夔龙纹，两侧腹部饰二对昂首、垂尾的鹤。器颈饰浮雕细镂孔的二龙为器耳。龙作高冠、卷尾形，整体有一种"凌于云气，入于深泉"的雄伟气魄。器四角各铸一似龙形的怪兽。环绕盖纽铸镂孔莲花瓣两层，盖的中心有一块与壶盖相吻合的铜板，板上铸一只亭亭玉立的仙鹤，展其双翼，微张其嘴，引颈欲鸣，姿态婀娜。盖沿饰一圈典型的窃曲纹。圈足下有两只作吐舌状的伏虎支撑壶体。

清 金镂花嵌宝石如意

青铜炉

十　守望传统

青铜错金羊尊

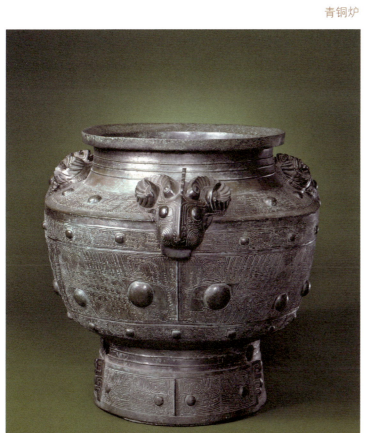

三羊尊

董临簋

253

（六）富丽堂皇的清代金银器

北京故宫博物院现藏清代金器约 2200 件，主要为清宫遗存，可分为礼器、祭器、册、宝、生活用具、金币、首饰、宗教用器等。因数量多、品种全，成为清代金器作品的主要集合地。

礼器的代表作是乾隆五十五年所制的金编钟，为演奏宫廷雅乐时使用的乐器。共 16 口，分别为黄钟、大吕、太簇、夹钟、姑洗、中吕、蕤宾、林钟、夷则、南吕、无射、应钟十二正律并倍夷则、倍应钟、倍南吕、倍无射四倍律。

角端、香亭为宫廷礼仪用品，置于皇帝宝座前，所用材料主要为珐琅、碧玉等。清同治年所制金角端、金香亭各一对，目前陈列于珍宝馆。

册、宝是宫廷重要礼器，金册多用于封册，宝玺多是国家政权象征。目前故宫博物院存有金册、金印、金印匣多件套。

金祭器主要用于皇帝陵墓、家庙供奉和祭祀活动。故宫博物院存有清代宫廷使用的金盆、金爵杯、金五供。其中金盆有嘉庆款、光绪款、无款金盆多种；金爵杯有乾隆款、嘉庆款、道光款、咸丰款、同治款、光绪款、宣统款多种。

宫廷宗教用品金器主要为金塔、金佛像、金佛器、佛龛、坛城、满达、经版、念珠。金塔有藏传样式与内地多檐塔之分，大、小依用途而不同。

室内陈设金器主要是大吉葫芦、挂屏、盆景、嵌宝烛台。葫芦谐音福、禄，主吉祥，大吉葫芦是在金质的葫芦上锤出"大吉"二字，作品一般为透雕锦纹地，其上嵌珠宝。

帝后出行仪仗中有卤簿，其中金提炉二、金盂一、金水瓶二、金香盒二、金盥盆一，称为"金八件"。故宫博物院存有全套用品，其中部分作品为银镀金。

清 铜镀金莲花缸表

明 錾刻铜镀金铜炉——胡文明款铜錾花嵌银丝龙凤耳炉

金质日用品以酒具、餐具数量最多，金龙纹执壶、"金瓯永固"杯、"万寿无疆"杯是最著名的作品。金龙纹执壶仿中亚地区酒壶风格，高腹细颈，细口长流，壶身饰龙纹。"金瓯永固"杯杯形似鼎，略有变化，浮雕文字并嵌珠宝。"万寿无疆"杯下有金托盘，嵌珍珠，杯两耳分别透雕"万寿""无疆"等字。此外还有杯、碗、箸、叉、餐刀等多种餐具及成套金餐具。

银器则有881件，其中一级品1件、二甲88件、二乙539件、三级253件。年代从元到清末均有，其中以清代藏品为主。在清代藏品中，又以官造作品为主，间有少量民间作品。官造作品主要有执壶、杯、碗、盘、暖砚及各式大小不等的盒子。民造的器物以盒为主。

如元代的银镀金双凤穿花玉壶春瓶，圆形，外撇口，细颈，下垂腹，圈足。器身錾刻镀金的通饰花纹，上有盛开的牡丹、菊花、栀子花、茶花、牵牛花，双凤在花丛中起舞飞翔。该瓶造型优美，

线条流畅，为著名的玉壶春造型。其錾刻精细，镀金均匀，为元代银器中的优秀作品。

如清乾隆年间的银錾花铜镀金暖砚，长方形，口沿内架银质双砚屉，屉下可储放大量热水，使冬季墨汁不冻，故名暖砚。通体錾刻银镀金花纹，四面及顶面均饰双螭相对，其中心又都圆形开光，上饰突起的银烧蓝龙纹。该暖砚制作考究，花纹立体感较强，整体装饰富丽堂皇，

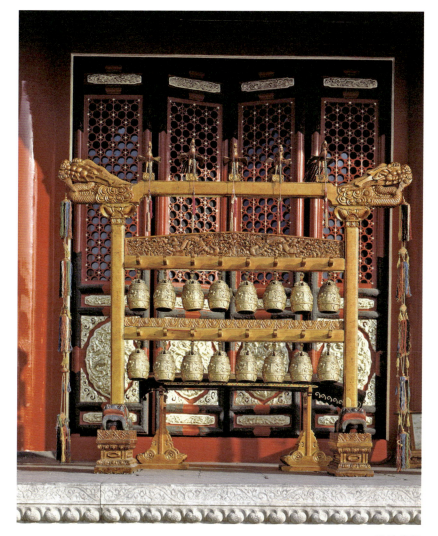

编钟编磬

具有浓厚的宫廷色彩和皇家气息，为典型皇家御用品。

（七）数目众多的漆器

故宫博物院珍藏有漆器20000余件，其中一级品337件、二甲814件、二乙10913件、三级5614件。年代上起战国，下讫近代。作品以明清官造传世品为主，兼有部分民间作品。而在官造作品中，又以清代的数量为最多。漆器按制造工艺划分为14大类，上百个品种，而其中的主要品种在故宫博物院都有收藏。如单色漆、戗金漆、嵌螺钿、雕漆、描金漆、描金彩漆、剔犀、款彩、填漆、百宝嵌、描漆、描油等。这些作品充分反映了明清漆工艺的艺术风貌和辉煌成就，为我们学习

和研究提供了最为宝贵的实物资料。

如元代浙江嘉兴著名制漆艺人张成制作的剔红栀子花圆盘，盘内黄漆素地上雕红漆花纹，正面满饰一朵盛开的栀子花，四周有含苞微绽的花蕾及枝叶。盘外壁雕红漆勾云纹。足内髹褐色漆，内缘左侧针划"张成造"三字款。该盘髹漆肥厚，雕刻精湛，磨制圆润，漆色鲜亮纯正。花朵硕大饱满，枝繁叶茂，真实而自然。为张成代表作品。

如明永乐年间制剔红孔雀牡丹盘，盘内黄漆素地上满雕朱漆花纹，两只美丽的大孔雀在牡丹花丛中翩翩飞舞。盘外壁雕缠枝牡丹花一周。盘底髹黄褐色漆，内缘左侧针画"大明永乐年制"直行款。该盘构图豪放，布局严谨，雕刻精细，两只孔雀羽毛纤细如丝，层次分明，表现出髹漆艺人高超的

填漆戗金梅花式香几

黑漆髹金龙纹交椅

乾隆款剔红洗桐图梅花式盒

乾隆款剔红山水人物洗桐图扁圆盒

黑漆嵌五彩螺钿书格

九九如意

技术水平,为永乐时期杰出作品。

（八）精美的珐琅器

北京故宫博物院又是目前国内（包括港澳台地区），乃至世界上收藏中国古代金属胎珐琅器数量最多的地方,共收藏有自元代至民国时期的金属珐琅器 6000 余件。其中掐丝珐琅器 4000 余件,画珐琅器 2000 余件。这些藏品,除一部分为民间作坊制造外,绝大部分是明代御用监、清代内务府造办处珐琅作,以及广州等由皇家控制的机构生产。所藏金属胎珐琅器,品种齐全,主要有掐丝珐琅器和画珐琅器两大类,此外,还有少部分的錾胎珐琅器、锤胎珐琅器、透明珐琅器,以及在一件珐琅器上同时使用两种珐琅器制作工艺的作品;用途非常广泛,涉及宫殿陈设、宗教祭祀、殿内装修,以及日常生活的方方面面。

如元代制掐丝珐琅缠枝莲纹兽耳三环尊,颈部装饰铜镀金螭耳二,腹上部装饰铜镀金兽头三,并各衔一珐琅环,足置三飞兽铜镀金足。尊腹以蓝色珐琅为地,掐丝缠枝莲花纹,内填以红、黄、绿、蓝、紫等颜色的珐琅。图案布局疏朗,枝叶展转自如,珐琅色彩纯正,质地细腻,有似水晶般的透明感,

瓷胎洋彩锦书式金钟笼

乾隆款铜胎书珐琅方壶

乾隆款珐琅彩瓶

乾隆款珐琅彩轧道花卉纹合欢瓶

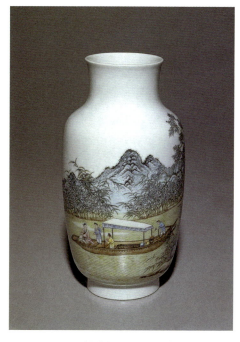

乾隆六年瓷胎书法白地山水瓶

雍正款珐琅彩松竹梅纹瓶

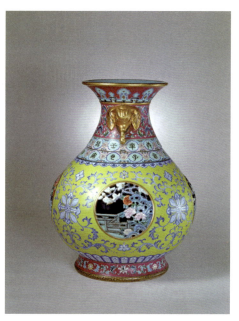

乾隆款江黄地粉彩镂空干支字象耳转心瓶

康熙御制款紫地珐琅彩缠莲瓶

是"大明景泰年制"款精品。

如清乾隆年制掐丝珐琅佛塔，前设佛龛，内置金佛。塔刹13级，顶设华盖、天地盘，上托日、月、宝珠。塔座正面镌"大清乾隆甲午年敬造"楷书款。佛塔通体以黄色珐琅为地，装饰缠枝莲花纹，掐丝严谨工整，色彩亮丽。佛塔体积巨大，气势宏伟，工艺复杂，堪称中国金属珐琅器之最。

清乾隆年造办处珐琅作制錾胎珐琅牺尊，铜胎，牛形。牛直立回首垂尾，通体以绿色珐琅为地，錾勾云、绒毛纹。背上做书卷式方圆筒，方桶正面镌"乾隆仿古"楷书款。牺尊纹饰简洁，色彩纯正亮丽，为乾隆时期錾胎珐琅器的代表作品。

乾隆七年洋彩红地锦上添花喜相逢腰圆瓶

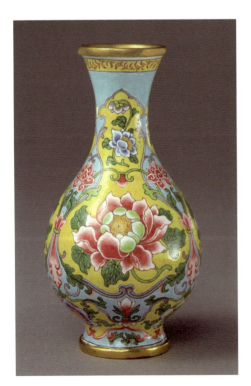

清 画珐琅牡丹纹小瓶

康熙款瓷胎画珐琅瓶

（九）独具特色的玻璃器

我国是玻璃器的发源地之一，故宫博物院现藏玻璃器4009件，其中一级品17件。年代上起战国，下讫清代末期。在这些器物中，绝大部分是清宫玻璃厂烧造的玻璃器，以及通过各种渠道而采进的外国玻璃器。官造玻璃器造型多种多样、色彩丰富、质地精纯，工艺精湛。特别是康、雍、乾三朝的玻璃器，更是异常精美，代表着清代玻璃工艺的最高水平，具有非常高的观赏性和研究价值。

如清乾隆年制孔雀蓝玻璃长颈瓶，吹制而成。圆形、口微外撇，长颈，垂腹，圈足。通体为不透明孔雀蓝色，色泽鲜明亮丽，自然逼真，玻璃质地纯净细润。外底阴刻方印楷书款"乾隆年制"。瓶壁厚而均匀，造型挺拔，线条刚柔相济，优美流畅，端庄大方，为传世精品。

黄套红玻璃莲花纹缸

（十）异彩纷呈的鼻烟壶

　　鼻烟壶是随着清朝贵族闻鼻烟的爱好应运而生的宫廷生活用品，为玩赏品。由于清代统治者喜闻鼻烟，清代宫廷造办处制作了大量质地各异、造型奇特的鼻烟壶。仅画珐琅一类，乾隆时期就制作有孔雀屏式、葫芦式、荷包式、玉兰花式等多种。目前故宫博物院藏几百件，代表作有：

　　清康熙年养心殿造办处珐琅作造画珐琅开光梅花纹鼻烟壶，通体白色釉地，口边绘两周宝蓝色下垂莲瓣纹；腹部两面圆形开光，光内饰梅花图，弯曲的树干上盛开着粉红色的梅花，并有含苞待放的花蕾；鼻烟壶的两侧面绘有彩色勾莲花、小团花；圈足上饰蔓草纹，足内白色地上有宝蓝色直双行"康熙御制"楷书款。这件鼻烟壶小巧玲珑，是目前所见最早带有款识的制品。其构图疏朗，图案采用了写生的画法，梅花的枝干苍劲有力，运用了国画中的皴法技巧，使其真实生动。梅花的花蕾纹理清晰，描绘细致，充满情趣，富于生命力，且施色淡雅柔和，釉质光润平滑，是康熙画珐琅的杰出作品。

　　清雍正年养心殿造办处珐琅作造画珐琅牡丹鼻烟壶，通体黑色珐琅地，口边饰蓝色云纹；腹部两面各绘 1 朵盛开的牡丹花；两侧面饰以小朵菊花、梅花。烟壶虽为掌中之物，但其构图主次分明，牡丹花大而饱满，充满整个画面，梅花、菊花则作为陪衬，收到了突出主题的效果，牡丹花描绘细腻，花、叶的纹理清晰而自然，并运用了晕染的技法，使整个图案既真实又富有活力；通体用色对比强烈，以黑色为地，以粉、红、白、绿、黄、橘黄、宝蓝、藕荷 8 种色彩交错绘制，而以黑、红、绿为主色调，形成漆画的艺术效果。据清宫造办处档案记载，雍正时期制作了大量的鼻烟壶，可惜流传至今的屈指可数。

剔红洗桐图鼻烟壶

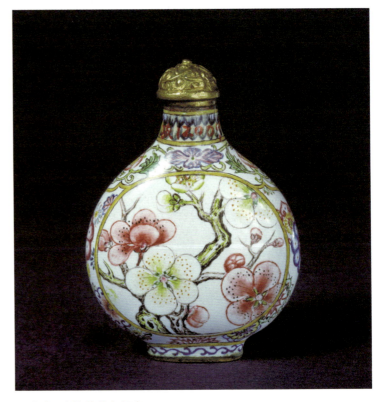

画珐琅开光梅花纹鼻烟壶

这件烟壶虽无款识，但以黑色珐琅做地色，是雍正画珐琅工艺的突出特征。此鼻烟壶是极为珍贵的工艺品。

清中期制发晶鼻烟壶，壶以无色透明水晶制成，内含大量黑色矿物质短线，如同毛发，故又称"发晶"。鼻烟壶两侧雕琢有兽面衔环耳，足下附有紫檀木镂雕3叶形座。以水晶制成的鼻烟壶在清代被视为极其珍贵的工艺品，也是流传至今的珍宝。

马少宣款内画人物玻璃鼻烟壶

（十一）独具一格的雕塑文物

故宫博物院是中国雕塑文物的重要收藏机构之一。所藏雕塑文物，以宗教雕塑和墓葬雕塑为主，主要品种包括陶俑、佛教造像、画像石、画像砖、建筑雕塑等。其中陶俑有近6000件，时代几乎包括从战国到明清的各个时代，但以汉俑和唐俑的数量最多。不少精品为1952年郑振铎先生所捐献。

佛教造像有近4000多件，时代最早的是一尊铜菩萨立像，被定为公元2—3世纪，是一件国内难得发现的较早的佛教造像。另外一件陈万里先生捐献的青瓷禅定佛坐像，制作年代大约在西晋时期，也是目前能够见到较早的佛造像。1953—1954年在河北曲阳修德寺遗址出土了一批石造像，时代从北魏晚期一直到唐，是故宫博物院雕塑库房的重要收藏。广东韶关南华寺北宋木雕罗汉像也是一批极有价值的文物。故宫博物院所藏，从早期到清的各个时代的佛教造像都极具价值，特别是一些带有年款的汉地造像，是一批非常重要的实物资料。

竹雕是传统工艺门类中重要的一支。故宫博物院收藏各式竹雕工艺品1972件，主要为明清时期的优秀作品，富于宫廷工艺的独特风貌。

象牙雕刻品有3006件，其中包括少量犀角、兽骨、玳瑁、蚌壳等质地，主要为清代宫廷所遗留明清时期的作品，出自广州、苏州、北京和供职于皇室的著名匠师之手。代表作品有大家熟悉的编织象牙席，以及以清代院体画家陈枚《十二月美人图》为底稿，由造办处牙匠陈祖章、顾彭年、常存、肖汉振、陈观泉等制作而成的《象牙雕月曼清游册》，共12册，每册展开一面为染牙雕刻，配以各种彩石，青、白玉，红蓝宝及玛瑙、玳瑁、珊瑚等，表现宫中仕女从正月至十二月的生活娱乐场景。另一面于深蓝地色上镶嵌螺钿正、草、隶、篆各体乾隆御题诗句。作品精工典雅，是清代宫廷牙雕的代表作。

在清代皇宫遗留的500余件各式匏器中，分属康熙、乾隆、嘉庆、道光等不同时期。形式有翻模（亦称"官模"）、轧花、刻花和绳勒等区别，其中康熙年间的制品最为精致，品种齐全，式样新奇，纹饰饱满丰富。品种有壶、碗、瓶、杯、盘、罐、笔筒、盒、鼻烟壶、蝈蝈笼等种类，而每一类别又有所不同。如碗就有直口碗、撇口碗、墩形碗及高桩带托盘碗。瓶则有多瓣的蒜头瓶、棱形瓶、直口的锥形瓶、宝月瓶、扁瓶，还有上圆下方的葫芦形瓶。浅状的盘有菊瓣椭圆形的盘、有圆形的盘,也有花瓣口的盘。

如清康熙年间的匏制蒜头瓶,长颈、硕腹、平底,肩有仰府云纹,腹有莲纹。瓶身分瓣,色如蒸栗,莹澈照人,瓶底楷书"康熙赏玩"款。属于康熙朝匏器中的精品,是在西苑太液池瀛台西北丰泽园中所制。

（十二）质地多样的文房用品

笔、墨、纸、砚是我国传统的书写工具,在历史发展进程中经历诞生、发明后,形制与功用性能得到逐步完善,成为具有特定属性的工艺产品。故宫博物院收藏的古代各类文具多达 8 万余件,以功用划分为笔、墨、纸、砚、图章料、文杂 6 类。除一小部分是通过征集和收藏家捐献的方式入藏外,最主要的还是明清宫廷遗存。

其中墨的收藏最为宏富,计 5 万余件,藏品年代上起明宣德,下讫民国时期,跨越 500 年。可以分为朱墨、彩墨、集锦墨、宫廷御墨、文人墨等多种类别。汇聚了明代程君房、方于鲁,清代曹素功、汪节庵、汪近圣、胡开文等著名制墨家的代表作品,如方于鲁文采双鸳鸯墨、文犀照水墨等,即是明代制墨业的经典之作。

珊瑚尊

龙德墨

春晖阁是清代保有
文房用品的集中地

　　毛笔均系明清时期徽州、湖州两地制作，约 4000 余件。造型有斗笔、管笔两种。笔管以竹、木为主，还有象牙、玉石、玳瑁等名贵材料及瓷艺、漆艺、珐琅等传统工艺，制作十分精湛；装饰笔管的纹样大多寓意喜庆、吉祥，具有浓郁的宫廷色彩。而笔毫原料的选择则十分广泛，有兔毛、羊毛、黄鼬尾毛、貂毛多种；流行兰花式、葫芦式、笋尖式笔头造型。

　　纸绢的收藏数量有 1 万余件，除部分宋、元、明纸外，主要为清代制作的宫廷纸绢。有粉笺、蜡笺、粉蜡笺，明花与暗纹之分，分别用人物故事、云龙花鸟、博古图等装饰纹样。清康熙曹寅恭进各色粉笺、清乾隆仿明仁殿画金如意纹粉蜡笺、清梅花玉版笺、清乾隆淳化轩刻画宣纸均系经典作品，它们代表了清代各类艺术加工纸制作的最高水平。

清 松花石蟠螭纹长方砚

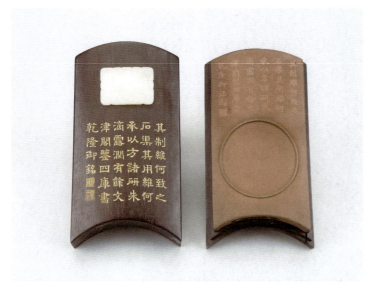

澄泥仿古各式砚

松花江石长方暖砚

黄杨木雕东山报捷笔筒

砚的收藏数量约4000件。最为著名的端、歙砚数量较大，还有部分澄泥、洮河、松花江、菊花石、陶瓷、金属砚。其中，驼基石砚属砚中稀见品类，故宫仅存一方；清康熙年间始出的松花江石长方暖砚则因专为清宫御用而享有殊誉。

砚的年代在汉代至民国之间。汉唐之际砚，虽石质欠佳，陶砚居多，但涵括了三足砚、凤字砚、箕形砚、圈足罋瓮砚等具有典型时代特征的砚式。明清砚是故宫藏砚的精彩部分。著名琢砚工匠顾二娘的作品、清代工艺美术家刘源设计制砚、名人用砚均有收藏。

图章料的收藏数量约1000件，制作年代在六朝至明清之间，以明清时期的作品为主。章料质地有玉石、象牙、瓷、玻璃、铜、砗磲、蜜蜡多种。砗磲、蜜蜡等是章料中奇见之材，石材类中有珍贵的鸡血石、田黄石章料。同时藏有的数方清杨玉璇、周尚均款图章，雕刻生动传神、技艺甚为精湛，体现了清代图章雕刻的工艺水平。

（十三）颇具特色的宗教文物

故宫博物院藏宗教文物有藏传佛教、道教、萨满教文物三大类。

道教文物 500 多件存于钦安殿、天穹宝殿两处殿堂，包括供奉道教的神像、供器、法器、经书。钦安殿主供 3 尊高大的玄天上帝镏金铜像，8 尊一人高的铜侍从神像，明代铜钟、大鼓等文物，北墙绘道教诸神五彩描金壁画。天穹宝殿供铜镏金天至尊玉皇大帝、三官大帝、文昌帝君铜像，侍从神铜像，各种供器、神牌。道教文物中有部分明代文物，大部为清代文物，文物种类齐全，保存完好，是研究明清两代宫廷道教文化的重要实物。

菩萨像

藏文《甘珠尔》经

萨满教文物存于坤宁宫西暖阁，有萨满祭祀仪式所用布偶像、七仙女神像、五仙神像、铁箍台鼓、拍板、腰铃、铁神刀、三弦、琵琶等几十件，是清宫萨满教祭祀活动的珍贵遗物，对研究满族的萨满教信仰极为重要。故宫的道教、萨满教文物一直在原来的存放地。文物与古建未脱离，保存了大量的原始信息，具有比一般传世文物更高的历史文化价值。

宗教文物中主要为藏传佛教文物，占文物总数的 90% 以上。原存于清宫多处藏传佛堂。现存比较完好的原状佛堂有雨花阁、宝华殿、宝相楼、吉云楼、佛日楼、梵华楼等 20 多处。不仅建筑完整，而且室内保留着清代的原貌，匾联、供案、神

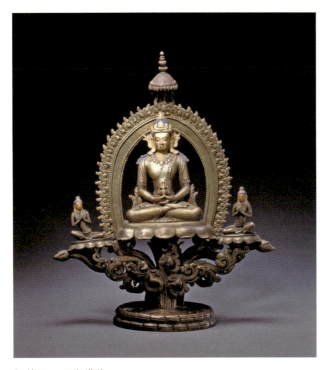

铜侍从无量寿佛像

清 镀金坛城

宋写本——《金刚经》

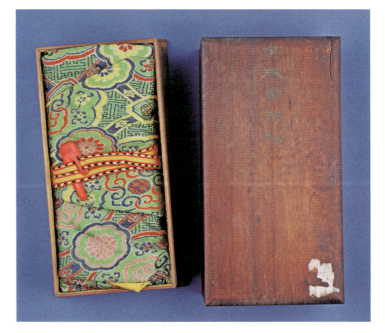

宋写本——《金刚经》

佛造像、佛塔、供器、法器、唐卡、壁画维持原样,甚至摆放位置都未变,真实地反映了清代藏传佛教在宫廷内的深刻影响。而且与道教、萨满教不同,这些文物大部为清代蒙藏地区的民族宗教领袖进献皇帝的珍贵礼物,以及内地宫廷所造的佛教艺术精品。汇聚了藏蒙地区以及内地的藏传佛教文物珍品,并收藏了不少域外佛教艺术的精品,如印度、尼泊尔古代佛像等。其中,藏传佛教造像 2 万多尊,有金铜、石、木、泥、各种质地的佛雕像,而以金铜佛像时代最早,最有代表性。

唐卡 1000 余幅,汇聚了 18 世纪西藏与内地艺术家创作的一大批珍贵画作,是 18 世纪唐卡艺术的精华。内容包含藏传佛教的各类图像,以及各种坛城唐卡。

供器与法器 7000 多件,品类丰富多彩,凡是西藏寺庙佛事所用各种器物一应俱全,许多在一般寺庙中难以见到的珍贵法器,都藏在宫廷佛堂中。

(十四)科技类文物

在故宫收藏的众多文物中,有一类是体现中西文化交流的科技类文物,包括钟表、科技仪器等。其中表类 2000 件左右,年代最早的为乾隆时期,最晚的为 20 世纪初,其中尤以乾隆时期藏品为最。院藏钟表类型多样,有造办处、做钟处所造的各式钟表,广钟、苏钟、英国钟、法国钟、瑞士表等。不同产地的钟表有着各自的特点。

故宫藏象驮表

清宫遗存绘图仪

简平地平合璧仪

故宫亭阁式钟表

故宫藏西洋钟表

科技仪器共计 700 余件，年代从清初一直延续到清末。产地有英国、法国及清宫造办处等，清前期的居多。分天文学类、数学类、地学测量类等。每类中又分为若干小类，如天文学类中有天体仪、浑仪、日月星晷仪等。数学类分度量仪器与计算仪器两大类。度量仪器有算尺、比例尺、分厘尺、角尺、矩尺等；计算仪器有比例规、假数尺、算筹、计算机等。地学测量方面的文物有象限仪、全圆仪、半圆测角仪等。材质通常是铜镀金或银质，装饰纹样简洁，錾刻卷草纹。

清宫遗留几何模型

铜镀金盘式计算器

新法地平日晷

清代钦安殿陈设木令牌

十　守望传统

271

（十五）其他类文物

故宫博物院藏品实在难以悉数，以下即以"其他类文物"赘述之。

一是玺印，约5000余件，主要是明清两代的遗存。这些宝玺都是皇帝和后妃的御用之物，制作时多由皇帝下旨，由内府各作御用工匠完成，一般要经过选料、雕钮、选择印文、书篆、呈皇帝御览、修改、刻制、磨光、进呈等程序，要求严格，做工精细，极具皇家雍容华贵之特色。其质地包括玉（白玉、青玉、碧玉、翡翠等）、石（寿山石、青田石、昌化石等）、木（檀楠木、竹根等）、骨（象牙、驼骨等）、金属（金、银、铜等）等，几乎囊括了能够制作印章的所有材料。

二是武备兵器类，计15000余件，而且种类齐全，制作精良，多为明清两代遗留，主要以清代制造的兵器为主，还有少数民族上层、外国赠送清帝的刀枪、火器等品。

三是清代各种乐器，计2000余件，按其使用功能大致以典制乐器为主体，包括礼乐所用钟、特磬、编钟、编磬、建鼓、琴、瑟、箫、笛、排箫、篪、埙、笙、搏拊、戏竹、大鼓、方响、云锣、杖鼓、拍板、管等，以及较小的云锣、箫、笛、笙、鼓等。

匏制缠枝莲纹槌壶

清雍正款宜兴窑紫砂"雨前"铭茶罐

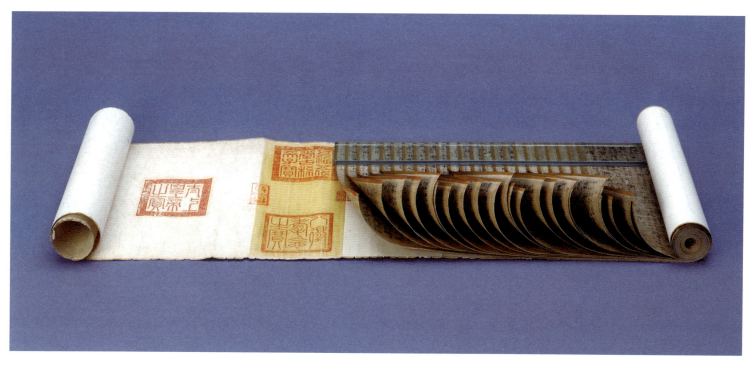

龙鳞装《刊谬补缺切韵》

四是明清家具，计 6000 余件。大体可分为床榻类、椅凳类、桌案类、箱柜类、屏联类和台架类 6 个品种。年代最早的为明代宣德年，最晚为清末民国时期。以高档硬木家具为主，主要有紫檀木、花梨木、黄花梨木、酸枝木、铁梨木、乌木、鸡翅木及桦木、榆木等。另有一定数量的漆木家具。其风格特点可分为明式家具、清式家具和清末民国家具。

五是织绣文物，分为服饰、材料和卷幅三大类。服饰类包括成衣 16360 件、冠帽 844 件、冠杂 1529 件、靴鞋袜 2098 件、佩饰 6034 件、佛衣 349 件、活计 27090 件、铺垫帷幔 7844 件、民族织绣 556 件，共计 62704 件。材料类包括匹料 32200 件、衣料 12571 件、绦带 21295 件，共计 66066 件。卷幅类共计

1683 件。三项共计 130453 件，其中一级品 457 件。织绣藏品中除少量为汉、唐、宋、元、明代物品外，90％为清宫旧藏，几乎都是清代皇宫用品。

六是清宫生活用具，包括宫中日常生活用的银器、锡器、铜器、梳妆具、玩具、茶叶、火镰、鞘刀、香、蜡烛、地毯、药材、药具若干类。其中银器 6000 余件，少数是清中期制造品，大多数为清晚期宫廷造办处制作或民间银器作坊制造。繁多的银器中，有帝后日常或外出用食具、饮具，照明用具、洗浴用具、宫廷宴筵用具，也有为同治十一年（1872 年）举行大婚典礼，宫中特制的一批"银錾双喜团寿字碗、盘"，还有清朝廷祭祀活动中用的银器。器物中凡出自清宫造办处的制品，用

料上乘、造型规正、做工精细、纹饰寓意吉祥如意,部分器物还施以镶嵌技术,诸如"嵌珊瑚柄银小勺""镶虬角银箸""错金银暖碗""花梨木食挑盒"为典型制作物。民间制器以小件物居多,在用料、做工上不及宫廷,但在造型设计上不拘一格,纹饰题材多样化,在一定程度上反映了清晚期民间制作银器的工艺水平与生活情趣。

七是文献类文物,包括刻本、抄本等各类善本古籍约20万册,2000余张建筑图样及百余件烫样,各类服饰图样370余种3400余件。这些图样是研究清代宫廷建筑建造、器物服用制作程序、工艺水平翔实的第一手资料。

八是形象文物,包括历代帝后画像、清代后期西洋摄影技术传入宫中后留下的照片有18000余张,主要是人物照,另外还有建筑、历史事件情景、动物、风景、书影照,等等。这些照片极少数拍摄于1898年戊戌政变以前,其余的全部是1900年以后拍照的,是研究当时史实最真实的资料。

需要说明的是,北京故宫博物院所收藏文物目前在账者有186万余件套,如果按照国内外大多数博物馆登记文物以一张纸、一个个体来计算,加之没有登记在册、用作资料的文物,北京故宫博物院所收藏文物应该超过目前的数字。对于数量如此之大、种类如此之多,大半属于精品、孤品的艺术藏品来说,任何人都难于尽数,见识如我,只能挂一漏万,管窥一豹了。

穿珠梅花盆景

附　录
故宫建筑大事记

明永乐五年（1407 年），永乐皇帝下诏建造北京宫殿，采办物料等前期准备工作展开。

十五年（1417 年）六月，正式兴工。

十八年（1420 年），北京宫殿竣工。

十九年（1421 年），奉天、华盖、谨身三大殿毁于火。

二十年（1422 年），乾清宫毁于火。

正统六年（1441 年），奉天、华盖、谨身三大殿和乾清、坤宁两宫竣工。

十四年（1449 年），文渊阁毁于火。

正德九年（1514 年），乾清宫、坤宁宫毁于火。

十四年（1519 年），重建乾清宫、坤宁宫。

嘉靖四年（1525 年），营造仁寿宫。

十四年（1535 年），重建未央宫，并改东西六宫宫名，东六宫长安宫改为景仁宫，永宁宫改为承乾宫，咸阳宫改为钟粹宫，长寿宫改为延祺宫（后改延禧宫），永安宫改为永和宫，长阳宫改为景阳宫；西六宫长乐宫改为毓德宫（后改永寿宫），万安宫改为翊坤宫，寿昌宫改为储秀宫，未央宫改为启祥宫（后改太极殿），长春宫改为永宁宫（后恢复长春宫），寿安宫改为咸福宫。修建钦安殿以祀真武大帝。改咸熙宫为咸安宫。

十五年（1536 年），建慈庆宫、慈宁宫为皇太后宫。

十六年（1537 年），增修内阁公署。新建养心殿竣工。

三十六年（1557年），外朝三殿二楼十五门全部毁于雷火。同年兴工重建。

三十七年（1558年），午门、奉天门（今太和门）及周围庑房、廊门等竣工。

四十一年（1562年），三大殿及周围建筑竣工，嘉靖皇帝下旨更改殿名。

万历十一年（1583年），修武英殿，同年竣工。修宫后苑，建堆秀山、御景亭、东西鱼池、浮碧、澄瑞亭及符望阁、金香亭、玉翠亭、乐志斋、曲流馆。

二十四年（1596年），乾清宫、坤宁宫被焚，二十五年重建，二十六年竣工。

二十五年（1597年），三大殿火灾，周围廊门庑房尽焚。

四十三年（1615年），重建三大殿。

天启七年（1627年），重建三大殿及廊门庑房等工程陆续开始，七年全部完工。

清顺治元年（1644年），重修乾清宫。

二年（1645年），定紫禁城外朝三大殿及各门楼额名。

八年（1651年），重修午门。

十年（1653年），重修慈宁宫为皇太后宫。

十二年（1655年），重修内廷乾清宫、交泰殿，坤宁宫，东六宫之景仁宫、承乾宫、钟粹宫；西六宫之永寿宫、翊坤宫，储秀宫于西一长街之西。

十四年（1657年），重修奉先殿。

康熙八年（1669年），重修太和殿、乾清宫。

十八年（1679年），建毓庆宫，供太子居住。太和殿发生火灾。

二十二年（1683年），重建文华殿。

二十四年（1685年），建传心殿。

三十四年（1695年），重建太和殿开工。

三十六年（1697年），重建太和殿完工。

雍正四年（1726年），建紫禁城城隍庙。

八年（1730年），建箭亭于景运门外。

九年（1731年），建斋宫。

乾隆十一年（1746年），改撷芳殿为三所，供皇子居住。

十二年（1747年），乾清门外东西各建南向值庐十二间，东为九卿值舍，西为军机处值房。

十三年（1748年），建御茶膳房于箭亭东侧。

十五年（1750年），建雨花阁。

十六年（1751年），为皇太后庆寿，修葺咸安宫，并改名寿安宫。

二十三年（1758年），太和殿院库房失火，延烧贞度门、西南崇楼、西南围房及熙和门等房屋四十二间，同年重修。

二十六年（1761年），保和殿后御路大石雕，重新雕刻铺砌。

三十年（1765年），慈宁宫花园添建慈荫楼、吉云楼、宝相楼。

三十二年（1767年），改建慈宁宫，改单檐顶为重檐顶。

三十六年（1771年），改建宁寿宫，作为太上皇宫殿。

四十一年（1776年），宁寿宫一区改建竣工。

嘉庆二年（1797年）十月，乾清宫火灾，延烧交泰殿、弘德殿、昭仁殿。

三年（1798）十月，重修乾清宫及交泰殿、弘德殿、昭仁殿竣工。

道光二十五年（1845年），延禧宫毁于火，共烧房间25间，未再建。

咸丰八年（1858年）三月初五日，景运门内五间房及井亭毁于火；春，千秋亭及九间房毁于火。

九年（1859 年），拆西六宫中的长春门，连通长春宫、启祥宫。

同治八年（1870 年），武英殿火灾，延烧房屋三十余间，当年重修。

光绪十年（1884 年），重修储秀宫，拆除储秀门，连通储秀宫、翊坤宫院。

十四年（1888 年），贞度门火灾，延烧太和门，十五年（1889 年）重修。

二十六年（1900 年），武英殿火灾。

二十九年（1903 年），重建武英殿。

三十三年（1903 年），重建武英殿竣工。

民国三年（1914 年），建宝蕴楼。

十一年（1923 年），建福宫花园毁于火，延烧中正殿、香云亭、淡远楼。

（本条据周苏琴《紫禁城建筑》附录而来，再次致谢）

主要参考书目

[清] 张廷玉等撰:《明史》,中华书局 1974 年版;

《明实录》,上海古籍书店影印本 1983—1984 年版;

[明] 李东阳等撰:《大明会典》,江苏广陵古籍刻印社 1989 年版;

[清] 谷应泰撰:《明史纪事本末》,上海古籍出版社 1994 年版;

[明] 刘若愚:《明宫史》,北京古籍出版社 1982 年版;

[清] 高士奇:《金鳌退食笔记》,北京古籍出版社 1982 年版;

[明] 萧洵:《故宫遗录》,北京出版社 1963 年版;

赵尔巽等撰:《清史稿》,中华书局 1977 年版;

《清实录》,中华书局 1986 年版;

[清] 昆冈等撰:《大清会典事例》,光绪二十五年 (1899 年) 石印本;

[清] 于敏中等编纂:《日下旧闻考》,北京古籍出版社 1981 年版;

[清] 鄂尔泰、张廷玉等编纂:《国朝宫史》,北京古籍出版社 1987 年版;

[清] 庆桂等编纂:《国朝宫史续编》,北京古籍出版社 1994 年版;

裕诚等:《总管内务府现行则例》,故宫博物院 1937 年版;

章乃炜等编:《清宫述闻》初、续编合编本,紫禁城出版社 1990 年版;

[清] 吴振棫:《养吉斋丛录》,北京古籍出版社 1983 年版;

[清] 孙承泽:《春明梦余录》,北京古籍出版社 1992 年版;

王先谦:《东华录》(天命至同治),光绪十年 (1884 年) 长沙王氏刊本;

翁同龢:《翁文恭日记》,上海涵芬楼影印本 1925 年版;

朱偰:《明清两代宫苑建置沿革图考》,商务印书馆 1947 年版;

北京市地方志编纂委员会:《北京志·世界文化遗产卷·故宫志》,北京出版社 2005 年版;

万依、王树卿、刘潞:《清代宫廷史》,辽宁人民出版社 1990 年版;

万依、王树卿、陆燕贞主编:《清代宫廷生活》,香港商务印书馆 1985 年版;

于倬云:《紫禁城宫殿》,香港商务印书馆 1982 年版;

单士元:《故宫札记》,紫禁城出版社 1990 年版;

潘洪钢:《明清宫廷疑案》,中国社会科学出版社 1992年版;

王树卿主编:《清代宫史丛谈》,紫禁城出版社 1996 年版;

清代宫史研究会编:《清代宫史求实》,紫禁城出版社 1992 年版;

清代宫史研究会编:《清代宫史论丛》,紫禁城出版社 2001 年版;

单士元:《故宫史话》,新世界出版社 2004 年版;

李文君辑注:《紫禁城六百楹联匾额通解》,紫禁城出版社 2006 年版;

周苏琴:《紫禁城建筑》,紫禁城出版社 2006 年版;

郑欣淼:《天府永藏:两岸故宫博物院文物藏品概述》,紫禁城出版社 2008 年版;

清代宫史研究会编:《清代宫史探析》,紫禁城出版社 2007 年版;

王子林:《紫禁城原状与原创》,紫禁城出版社 2007 年版;

第一历史档案馆、故宫博物院图书馆藏:清宫旧藏档案《奏销档》《陈设档》《活计档》。

后　记

　　《未开放的故宫》就要编辑出版了，而作为作者的我们反而有一种忐忑不安的感觉，原因就在于紫禁城文化的博大精深，实在非我一人所能说得清、道得明，更因自己的学识有限，研究不够深入，表述是否清楚、准确？是否真正给大家提供了一些没有了解到的新知识？笔者不敢自夸，只有留待读者批评指正了。

　　本书的编写是在故宫几代专家学者的研究基础上完成的，特别是已故单士元先生的《故宫史话》，万依等先生的《清代宫廷生活》《清代宫廷史》，于倬云先生主编的《紫禁城宫殿》，郑欣淼先生的《天府永藏：两岸故宫博物院文物藏品概述》，周苏琴先生的《紫禁城建筑》，王子林先生的《紫禁城原状与原创》，以及清代宫史研究会编辑出版的几册论文集，使我们受益匪浅，再次深表感谢！

　　值得提出的是，本书在图片资料的搜集过程中，曾得到故宫博物院古建筑研究专家周苏琴研究员、故宫出版社编辑林京先生等诸多朋友的帮助。在文字编写过程中，曾得到文化部文化司阎平博士等诸多朋友的热情鼓励，并提出不少有益的建议。值本书出版之际，谨在此表示感谢。

作　者

2019 年 3 月于北京陋室

责任编辑：王世勇

图书在版编目（CIP）数据

未开放的故宫/陈连营，张楠 编著 . —北京：人民出版社，2021.1（2025.9 重印）

ISBN 978－7－01－022461－9

I. ①未…　II. ①陈…　②张…　III. ①故宫－介绍－北京　IV. ① K928.74

中国版本图书馆 CIP 数据核字（2020）第 167184 号

未开放的故宫　WEI KAIFANG DE GUGONG

陈连营　张　楠　编著

出版发行　**人民出版社**　（北京市东城区隆福寺街 99 号）

经　销　新华书店

印　次　2021 年 1 月第 1 版

开　本　884 毫米 ×1192 毫米 1/12

字　数　408 千字

定　价　199.00 元

印　刷　北京雅昌艺术印刷有限公司

版　次　2025 年 9 月北京第 2 次印刷

印　张　24

书　号　ISBN 978－7－01－022461－9

邮购地址　100706　北京市东城区隆福寺街 99 号　　人民东方图书销售中心

电　话　（010）65250042　65289539